高等院校公选课系列教材

GAODENG YUANXIAO
GONGXUANKE XILIE JIAOCAI

重庆市高等教育学会高校美育专业委员会 组编

主 编 丁月华 吉永华

副主编 王天祥 庄涛文

大学美育二十讲

（第2版）

重庆大学出版社

图书在版编目（CIP）数据

大学美育二十讲/丁月华，吉永华主编. -- 2 版.
重庆：重庆大学出版社，2025.1. --（高等院校公选
课系列教材）. -- ISBN 978-7-5689-4953-8

Ⅰ. G40-014

中国国家版本馆 CIP 数据核字第 2024PS3605 号

高等院校公选课系列教材

大学美育二十讲（第 2 版）

DAXUE MEIYU ERSHI JIANG（DI-ER BAN）

重庆市高等教育学会高校美育专业委员会组编

主　编：丁月华　吉永华
副 主 编：王天祥　庄涛文
策划编辑：席远航　周　晓
责任编辑：席远航　　版式设计：品木文化
责任校对：谢　芳　　责任印制：赵　晟

*

重庆大学出版社出版发行

出版人：陈晓阳

社址：重庆市沙坪坝区大学城西路 21 号

邮编：401331

电话：（023）8861719088617185（中小学）

传真：（023）8861718688617166

网址：http://www.cqup.com.cn

邮箱：fxk@cqup.com.cn（营销中心）

全国新华书店经销

重庆天旭印务有限责任公司

*

开本：787mm×1092mm　1/16　印张：16　字数：362 千

2025 年 1 月第 2 版　2025 年 1 月第 3 次印刷

ISBN 978-7-5689-4953-8　定价：48.00 元

PREFACE 序

近年来，高校的美育工作有了长足发展，这首先表现为美育课程建设形成了热潮，为"开足"美育课程创造了条件。不少高校在开足美育课程的基础上开始了教学改革的积极探索，大大提升了美育课程的教学成效。其中，教材的改革和探索也有显著进展。

美育，就其特殊性而言，是一种偏于感性体验的教育形态，主要途径是艺术，其目标是提升学生的审美和人文素养。审美素养主要包括对高雅艺术的兴趣、欣赏和理解经典艺术品的审美能力以及有品位的审美趣味。审美能力本身就是一种创造力，所以，美育是促进学生创造力发展的重要途径。美育培养的人文素养主要有高雅的生活情趣、超越私欲的宽阔胸怀和超越世俗的精神气质。对大学生来说，审美和人文素养层次应该更高，主要体现为具有较高的审美判断、艺术批评和文化理解能力，初步形成审美价值观。因此，高校的美育教学内容应该有更多有关审美和艺术的知识，所以，美学和艺术学的理论应该进入高校美育课程。《大学美育》就是因应这样的需求而出现的，自 20 世纪 90 年代起，已经出现了不少《大学美育》教材。这类教材的内容可以概括为"美学知识＋艺术鉴赏"，而且随着时间的推移，艺术鉴赏的成分占比有扩大的趋势。

重庆市高等教育学会高校美育专业委员会组编的《大学美育二十讲》是另辟蹊径的大学美育教材，编者认为审美和艺术无处不在，所以美育也无所不在。用编者自己的话说，这部教材"以自然与人、社会与人、人与人、人与自我的关系思考为线索，强调学科融合，集结生命科学、医学、数学、物理学、化学、地理学、土木工程、艺术学、社会学、美学、教育学等不同领域的专家、学者谈美育"。这样编写大学美育教材的一个优势是能够引导学生在知识和生活的多个方面发现审美和艺术，体会到美的魅力。也正因为此，审美和艺术超出了纯粹审美和艺术的范围，而与众多学科知识发生关联。特别是编写组成员来自不同学科，能够把对各自学科中的审美和艺术现象用非美学的话语揭示出来，引导学生满怀兴趣地探索各种领域里的审美和艺术现象，领悟审美和艺术现象深层次的宇宙观和人生真谛。这种别开生面的编写尝试是值得肯定的。如果承担课程教学的教师能够结合教材内容，向学生展示更多生动、高雅的直观案例，让学生获得更多兴味盎然的深层体验，相信会取得较好的教学效果。

祝贺《大学美育二十讲》的出版！

杜 卫

2022 年 6 月 5 日

杜卫，杭州师范大学教授，中国美术学院美育研究院院长，教育部全国高校美育教学指导委员会副主任委员，中华美学学会副会长，中国高等教育学会美育专业委员会理事长。

美育是以美育人。美育不是一般的知识教育、艺术教育、技术教育，而是以积极的生命意象创构为核心，提升人的审美素质和综合素养的教育。

美育的赋重是培养学生的审美和创美的能力，触发美感，净化心灵，美及他人。一个人从内心的一种不平衡/不适应状态，到平衡/适应状态的过程中，依据自身对内外环境变化的认识和体验，积极地自我调节，使心理/行为动态地与环境保持相互协调、和谐发展，建立起适度平衡，会产生美感体验，会对认知对象进行有意味的形式提取或观照，在这一过程中会表现出敏感、细致、好奇、进取、愉悦的心理状态，升华到美的愿景。通过美育，可以帮助年轻一代树立起美的理想，发展美的品格，培养美的情操，塑造完美的人格。只有厚实的审美底蕴，才能显现完美的人格魅力。

步入新时代，国务院办公厅颁发了《关于全面加强和改进学校美育工作的意见》（国办发〔2015〕71号），党的十九大报告中，美育成了被提及的重要词语。2019年6月3日，教育部办公厅发布《关于开展体育美育浸润行动计划的通知》（教体艺厅函〔2019〕41号），2020年10月15日，中共中央办公厅、国务院办公厅印发了《关于全面加强和改进新时代学校美育工作的意见》，2023年，教育部发布了《关于全面实施学校美育浸润行动的通知》（教体艺〔2023〕5号），这些文件和意见极大地推动着美育在中国社会各阶层的重视与普及。

《关于全面加强和改进新时代学校美育工作的意见》指出了高等教育阶段应充分挖掘和运用各学科蕴含的体现中华美育精神与民族审美特质的心灵美、礼乐美、语言美、行为美、科学美、秩序美、健康美、勤劳美、艺术美等丰富美育资源，强化学生文化主体意识，培养具有崇高审美追求、高尚人格修养的高素质人才。我们以为，科学家的发现、艺术家的创作、平凡人非凡的人生故事等都是美育的内容。我国药理和毒理学家吉永华说："美的世界是一个协调的、统一的世界。人类生存的自然、社会的混合架构，如果是美的架构，相对来说养眼一些、活得舒适一些，架构扭曲的话，环境越恶劣，自然界产生毒素的概率就很大，相互伤害的毒性也就很大。"本教材以"适应与复元"为美育主题，以自然与人、社会与人、人与人、人与自我的关系思考为线索，强调学科融合，集结生命科学、医学、数学、物理学、化学、地理学、土木工程、艺术学、社会学、美学、教育学等不同领域的专家、学者谈美育——为了诗意地栖息于大地，我们如何发现美、创造美。

自然与人。环境为人的生存之本，生命之源。把环境作为感性的审美体验对象，发现和欣赏环境之美，可以激发人们保护环境的责任感。这一部分的内容包括荒野之美、星空之美、大地之美、动物精神以及师法自然，这五讲侧重讲述自然环境本身的复杂性与协调性、自然的力量、自然的语言之美、自然与神话之美、自然的价值之美、敬畏生命等内容，以此陶冶学子的情操，提升学子保护自然环境、保护生物多样性的意识。

社会与人。"真""善""美"是人类在实践活动中形成的三个主要价值范畴。"真"是指客观事物具有的内在规律性；"善"是道德领域里辨别是非的尺度；"美"是感受和观赏对象时的情感体验（最终为愉悦的）和判断。马克思认为，在生产和再现物质生活时，人们必须建立"独立于意志"的生产关系，人与人互动过程中的社会行为衡量标准指向真善美，以利他、公共利益、社会发展与进步等为参照。这一部分内容有共情之美、权衡之美、劳动之美、科学之美、艺术之美五讲，讲述了社会本身的复杂与动态协调之美，社会秩序之美，科学进步与发展之美，艺术的表现，劳动创造美等。人类共情的培育对塑造正确的世界观和人生观极为重要，对价值观的形成至关重要。

人与人。针对个体与个体之间的交往，尤其是在两难选择的处境中思考悲剧、喜剧、正剧的缘由，获得心灵的启迪，升华生命境界。内容包括至善仁爱、情爱之美、向死而生、有我之境、无我之境五讲，讲述了中华民族的审美特质——至善仁心的大爱和"你中有我，我中有你"的天人合一哲学思想。

个体与自我。强调由内省获得价值感、尊严感、生命的美感。内容包括生命的尊严、配得之美、形象之美、时间之美和从情感表达与自我发现的视角欣赏书法之美五讲。主要讲述了生命尊严所赋予的自我审美与社会认可；生活当中对物质世界"做减法"，舍得权衡间可以达到对自我内心的清理；如何拥有更健全的心理和社会适应能力，依靠自身和外界的正反馈充盈自己，理解个体生命在不同时间节点上的美丽，空间与个体生命的生长之间的关系等。

本教材的编写从 2019 年 11 月启动，经过近 30 位作者和编辑的共同努力，从体例、内容到语言的组织，反复斟酌、修改，形成了 20 讲。在本书的编写过程中，我们无时不深感内容、素材和语言等仍有提升的空间，我们将虚心聆听读者的意见，不断提高本教材的高品质境界。最后，由衷地感谢为本书付出辛劳的每一位作者和贡献者，特别感谢杜卫教授为本书作序；感谢重庆市高等教育学会对《大学美育二十讲》教材的组织工作、编写工作和修订工作的鼎力支持！

为适应新的教学需求，第二版特别对相关章节内容进行了替换，具体替换内容如下：第五讲"师法自然：人类对自然界的崇敬与灵感汲取"，第六讲"共情之美：脑科学新视角"，第十七讲"配得之美：焕发生命的内在能量"，第十八讲"形象之美：个人品牌的彰显"，第二十讲"书法之美：情感表达与自我发现"，希望读者们喜欢。

丁月华执笔

重庆市高等教育学会高校美育专业委员会

2024 年 12 月 19 日

Contents 目录

1　第一讲　荒野之美：原始状态的美韵 / 吉永华　丁月华

16　第二讲　星空之美：地外文明的探索 / 李芳昱

27　第三讲　大地之美：地球的形态与韵致 / 申　权　周一帆　石　坤
　　　　　　　　　　　　　　　　　　　　　曲宏宇　晏　园

42　第四讲　动物精神：动物进化的生命之美 / 余经裕

52　第五讲　师法自然：人类对自然界的崇敬与灵感汲取 / 刘书朋

69　第六讲　共情之美：脑科学新视角 / 陈　军

84　第七讲　权衡之美：人与社会的关系 / 刘会贵

91　第八讲　劳动之美：人类物质创造和精神升华 / 余　旭

102　第九讲　科学之美：理性的内在美 / 郝石磊

113　第十讲　艺术之美：成就人自身 / 邱正伦

125　第十一讲　至善仁爱：医之美的最高境界 / 李　波　王　伊

138　第十二讲　情爱之美：亲情、友情、爱情 / 张　建　鲁　瑶

148　第十三讲　向死而生：生命意义的探求 / 周　霞

157　第十四讲　有我之境：人生追求的至美境界 / 丁月华　庄涛文　彭泰祺

175　第十五讲　无我之境：从"以物观物"到"天人合一" / 胡　俊

186　第十六讲　生命的尊严：至上的崇高与优美 / 丁月华　王茂茜　刘亭婷

195　第十七讲　配得之美：焕发生命的内在能量 / 宋　燕

206　第十八讲　形象之美：个人品牌的彰显 / 丁月华　唐溢惟

216　第十九讲　时间之美：人的生命节点与历程变化 / 杨树文

227　第二十讲　书法之美：情感表达与自我发现 / 王　伟

243　参考文献

第一讲 荒野之美：原始状态的美韵

吉永华 丁月华

"荒野"是"我们的世界"外缘，既神秘，又可被科学理解。当"荒野"被定义为"前社会的自然状态"时，荒野是"世界"的一部分，是一个未被探索、未被控制、未被利用，且看似险象环生的疆域。本讲将从荒野的自然之美、荒野的文化象征意义、荒野中的生命奇景以及荒野极端动漫式色调四个方面初探荒野之美，贴近对荒野之美的认知。

学习导入————————————————————————————

We need the tonic of wildness—to wander sometimes in marshes where the bittern and the meadowlark lurk, and hear the booming of the snipe; to smell the whispering sedge where only some wilder and more solitary fowl builds her nest, and the muskrat crawls with its belly close to the ground.

—— Walden

图 1-1　托马斯·科尔（1801—1848）　《洪水退去》

借《瓦尔登湖》中的上述这句话，深刻思考"为何需要回到荒野中去审视人类文明社会发展与渐进过程的天性驱动要素？"这一命题。

由美国艺术家托马斯·科尔于 1829 年创作的这幅画，描绘了洪灾后的景象。画面从洞穴的视角展示了贫瘠的岩石海岸景观：有洪水退去后形成的瀑布、被洪水冲刷后的土壤、海岸上随处可见的树枝、毁坏的桅杆甚至头骨等。洞外天色晴朗，远处飘着方舟，一只鸽子在飞翔。19 世纪 20 年代中期由托马斯·科尔开创的哈德逊河画派获得了成功。

一、荒野的自然之美

"荒野"一词原意指野兽出没的森林等荒凉区域（《韦氏新世界大学词典》《柯林斯英语词典》）。"以语源学的词根审视，荒野一词应限定在北欧语系，特指野兽栖息地的森林，同时意味着人类足迹的稀缺"（罗德里克·弗雷泽·纳什）。14 世纪后期，"wilderness"一词曾被刻意用来对应拉丁文《圣经》中的单词"desertum"，明喻"无人居住的、干旱的不毛之地"（约翰·威克里夫）。18 世纪，"wilderness"一词被定义"荒漠"简意（《约翰逊词典》）。

当代西欧文化中对荒野概念的解读大致经历了四个渐进视野：一个生态的景观、天然的自我彰显地、一个扣人心弦的地方、一个非道德性和无意义的范畴。"荒野是前社会的自然状态"，具有特定的生物多样性和独特的原始生态秩序，是一个未被探索、未被控制、未被利用，且看似险象环生的疆域。荒野的自然属性，通俗点讲就是原汁原味、原生态。依地理的自然条件差异（寒 / 热 / 温带、极 / 湿地、高山、丘陵、平原、海拔、海洋等），各自荒野呈现出千差万别的景观，包括生物物种的求生选择适应性特色。荒野孕育了无尽的惊心动魄、粗犷陌生、精彩绝伦的美学空灵。

（一）荒野惊心动魄

热带或亚热带山林中湿热之地充满着瘴气，人体吸入植物腐烂产生的有毒气体后会中毒患病，重者会危及生命，所以，生者走入荒野无一不提心吊胆。吕克·雅盖拍摄的纪录片《帝企鹅日记》描述到，南极洲附近4个岛屿之间有一个叫奥默克的小海湾，人类很难在这里逗留几个小时，帝企鹅却能在这里世代生存繁衍。当雌企鹅产一枚蛋，5个月的孵化期间，雄企鹅会先到

图 1-2　极地荒野（陈海波摄，2015 年）

海上觅食，之后来到雌企鹅身边替换照顾这一枚蛋，以便雌企鹅到海上觅食补充能量。两只企鹅交接时的间隔只有几厘米的距离，且必须在 20 秒内完成，否则胚胎就会被冻死，这是小企鹅出生前的第一次惊心动魄的考验。更为严酷的情景是，气温有时会骤降到零下 40 摄氏度，雄企鹅们会排成抗风阵取暖，有的雄企鹅甚至能默默坚忍数月无进食的煎熬。为了使刚出生的小企鹅不受气候突变带来的危险，企鹅成群结队地踏上几百公里的漫漫迁徙征程，途中历经潮汐、暴风雨和漂浮冰块等险情，顽强的行为遗传繁衍着物种的子孙后代。

（二）荒野粗犷陌生

荒野的粗犷无处不在：巨大岩石风化后一道道纵横交织的经线纬线，何等沧桑！远远望去，火山爆发瞬间烟雾滚滚，红色岩浆倾流而淌，所经之处草木成灰，何等地举目壮观！荒野遍地一簇簇鲜花尽情怒放，何等地赏心悦目！茫茫密林深处，千年参天大树拔地耸立，

何等地仰慕观之！眼镜蛇翘首张牙喷射毒液的顷刻凶态，何等地威慑张狂！沉寂在喀斯特山洞内形形色色的滴水造物，何等地奇异惟肖！

图 1-3　眼镜蛇喷毒液的精彩瞬间（Science 封面）

荒野的陌生无处不在：当行走于大漠沙洲时突遭铺天盖地的沙尘暴笼罩，当探险荆棘密布的森林深处无路可寻时，每位身临其境者都会顿悟陌生的感受。当目睹山体溶洞内各种奇异景观时，那晶莹剔透的石花，酷似各种动物体态的石笋、石柱、石堆，每位驻足观赏者都会惊叹大自然"有心栽花花不开，无心插柳柳成荫"的神韵，让人浮想联翩。为何

荒野的大自然能创造出如此虚拟的、陌生的幻影？是时间流逝的随意记忆痕迹，还是苍天刻意的"匠心"？话归正题，荒野的陌生是有威慑力的，促使人类感觉到自身的柔弱并寻求超越。从这一意义上讲，野性牵动着文明的进程！

图 1-4　广元川洞庵溶洞（丁月华摄）

（三）荒野精彩绝伦

荒野的野性绽放精彩绝伦。越是人迹罕至地，越是奇险绝美处。美国作家享利·戴维·梭罗曾在 1846 年去过一个叫北双子湖的地方，对于梭罗而言，这是真正的荒野，当他走到湖边时，湖水沐浴在月光中，没有小屋，没有道路，只有森林，沿途大自然暴露出他从未领略过的野性——广袤、阴郁和冷漠。野性是后现代荒野概念的核心维度和后现代空间中人们获得自然经验的重要特征，并成为解构一切形式的中心主义，一种缓和的、更加成熟的后现代话语模式。荒野的野性存在于运动中。换言之，野性的活力以运动方式得以彰显。荒野遍布千山万水、千丘万壑，运动使得荒野枯荣交替、沧海桑田、生机盎然。荒野的野性存在于天性中，注定了动植物的个性彰显。狼行千里吃肉、桀骜不驯、野劲十足；良马天性刚烈、顽劣不羁，尽显潇洒驰骋；蜜獾天性好斗、傲视群雄，万夫莫当；游隼天性自由、不畏鹰与雕，翱翔天空。荒野的野性存在于万物的自然调和中：疾风骤雨后彩虹横跨南北；海啸来袭前海面超乎寻常地宁静；有别内陆的白昼和黑夜的时空交替，极地却有着长时期不落的太阳和无尽的黑夜。荒野容不得人为的干预，荒野的原始惯性冲动历来是激情的、速度的、力量的、战斗的、自由的、调和的。

二、荒野的象征性

文化领域的荒野概念并非受限于一个地方的天然生物属性，恰似人们内心的荒野投射到一个自然地。换言之，对荒野的感知必然是通过参考不同的文化观点或作为个体与社会存在的自我解释塑构形成。

（一）本能与理性

当自然界的荒野和人类相关联的时候，荒野是本能的、内在的人性象征，是不受人类社会监管的自然因素。荒野处处有陷阱。无论是人类，还是冷血和温血动物，不论个体和族群，一旦置身在荒野的处境中，都会自觉主动地激唤起避险求生的本能意识，听、视、嗅等感觉高度敏锐。当荒野上空电闪雷鸣时，当荒野上无片瓦遮挡而遭受风吹雨打时，当人遭遇如恐惧、惊吓、创伤等紧急情况时，会本能地自主强化交感神经活动，髓质分泌激素急剧增加，会激活机体的生理应激反应，调节机体的适应能力。荒野中的人们可以觉察到自身的野性——直觉力、原始力、主动性、异质性和个性。当荒野和人类的"愉悦"情感联系时，这里的荒野是人的自然性和本性的隐喻，是激情自然生长，是人顺着本性直觉表达愉悦行为的撒欢园。

随着启蒙文化运动的发展，荒野帮助人们理解差异、相似、秩序等，用词语表达对大自然的探索。这一过程中，主体超越了感官和本能的性质，确认了自己的理性。18世纪，任何不能被理性调和的事物都受到冷遇，出现了反理性主义的主张。哈曼对启蒙运动关于理性的统治地位观点提出了质疑，认为理性只能对既定事实推理，而不能创造事实。人不仅需要理性，更需要诗性。所有深不可测的、怪诞的和非理性的事物一旦被赋予未来感或遥远世界的神秘意义，就如同荒野一样遥不可及。这种浪漫世界观的期盼意味着真正的荒野永远无法到达。一旦到达想象中的荒野，便会产生下一个期盼。

（二）凄凉和美好

让 - 雅克·卢梭（1712—1778）的历史哲学中，风景是从自然的荒野到农业乡村的转变，与人类的能力发展紧密关联。人类从孤独的存在，经狩猎、捕鱼等社区生活阶段，进化到当代社会的居住环境。以现代社会为背景反观人类的童年，荒野被视为未被文明破坏的自然，象征着环境的恶劣与凄凉。"树林、灌木、植被是大地的饰物和衣裳，再也没有比一眼望去只有石砾、淤泥、光秃秃的沙地、赤裸裸的乡野更凄凉的景象了。但是当大地在自然的清风吹拂下展露勃勃生机，在潺潺流水和啾啾鸟鸣中披上新婚的轻纱，自然三界（动物界、植物界、矿物界）的和谐为人们奉献出一派生机盎然、趣味无穷、魅力无比的景象，这是人类的眼睛百看不厌，心灵百思不烦的唯一景象"。从这一意义上讲，荒野意味着为

图 1-5　荒野之美（彭泰祺绘）

个体提供心灵慰藉和庇护的地方。

在神学的世界里，荒野是神圣的存在和崇高的地方。山被视为"自然的大教堂和由全能者建造的自然庙宇"，很多神庙都建在人迹罕至的高山顶上。荒野具有广阔的时空延展性以及纯粹的力量，代表了人类受制于自然力量的现实存在。

18世纪后期，随着启蒙文化运动的发展，荒野成为一种新的、世俗的、自然崇高体验的主题。崇高的核心是"追求无限"，追求精神人格或人类社会理想的不断超越与实现——空间的无限成为时间的无限，成为命运、历史、生命的无限。

自然的崇高激发的不是简单的舒松，而是一种令人愉快的、惊奇的恐惧，一种带有恐怖色彩的宁静。

（三）自由与约束

荒野是人类文明的基石。我国自古就有对生态失衡、丰饶之地变成荒野的危机意识。《史记·夏本纪第二》里记载有大禹治了哪些水道，如彭蠡之域已汇集众水成湖，作为每年雁阵南飞息冬之地。彭蠡以东诸江水已入于海，太湖水域也就安定了。于是遍地长满丛生的竹林，到处尽见美盛的芳草、葱翠的乔木。

人类在荒野上，一方面将自己的理想与欲望转化为物质性的环境实践，如建立起住宅区、商圈等环境；另一方面，人类在包括机械自动化控制等方方面面的科技研发进程中努力拓展超越自身能力的极限突破。在人与自然的关系上追求无拘无束是人性的必然，显然，这种自由注定带着只顾及眼前利益、功利驱使、为所欲为的天性色彩。那么，荒野可以被视为混乱的领域。类推，当人群身处的社会法制失掉了公信力，这种社会便如同进入了荒野。在德国古典保守主义中，自由主义社会和其中的现代大都市被视为荒野。它们被认为是超脱的、不道德的和放荡的生活象征或实际是由利己主义驱使的非自由存在感。人们对荒野的感知似乎是"由从社会对本能本性的驯服中获得自由"。美国拓荒时期推崇的自由观以实用主义至上为驱动力。浪漫主义运动之后，美国的荒野自由观中，自由是自然的自由性和自由的自然性的内在统一。人的内在野性与荒野野性相联，必受制于荒野的野性，遵循自然规律。

真实的荒野远非如今生活在繁华都市里人们眼中的废弃工厂、荒芜田地以及杂草丛生的旷野，那里曾是不毛之地，也是物种彰显之地。荒野的特性附加人类文化遗迹具有无比的吸引力，冠以文明之地或许并不为过。在今天，荒野被看作是重新建立与基本的、普遍的人类真实情感和身体反应的联络站，是对工业文明导致人类异化带来恐惧的稀释。寻找荒野是让人应对生存挑战、回归真实自由状态，有着清新空气、规避被工业和信息文明异化的那种鲜活感觉。

荒野可以带给人"野性的愉悦"，由此会让人漠视秩序和效用观念，陷入无序感。极其庞大或无序的自然现象压倒了人类的想象力，迫使警示社会约束和个/群体自律的必要性。

三、荒野的生命奇景

荒野中的每一物种都是生命奇迹。众多异样物种展示了各自异彩纷呈的自然过程，荒野的寄生与共生充满着令人惊叹的生命奇景和不解之谜，魅力无穷。

（一）寄生之景观

寄生是自然界一些生物物种的独特生存繁衍方式。形象比喻，寄生恰似物种间的"搭车"。被寄生的宿主成为寄生者生存繁殖的温床供体，无疑是寄生者求生的惬意选择，对被寄生宿主物种的生存则有利有弊。

云南西双版纳森林中有一种藤本植物——歪叶榕，属一种绞杀型植物。初生期歪叶榕的藤蔓会温柔地缠绕着一棵树缓慢地生长，渐渐长大变粗的歪叶榕藤条会把宿主大树活活地绞死。

海洋中生长着一种奇特的鲫鱼，俗称"吸盘鱼"。当吸盘鱼想要附着在诸如鲨鱼、鲸鱼或龟等大型生物的身体上时，会挤出吸盘中的水，贴近宿主对象体表面，利用大气和水的压力，牢固地吸附在宿主对象体表面。这个原理如同疏通马桶用的皮搋子。吸盘鱼的食谱很宽，几乎通吃各种海生生物的肉质。一旦吸盘鱼成功地附着在鲨鱼等大型鱼类身上，便会过上不劳而获的奢华寄生日子，不仅可免单搭乘宿主对象畅游海洋，还可充分享受各种海洋中的小鱼小虾时鲜和大鱼的残羹美味。故吸盘鱼被"羡慕嫉妒恨"地冠名为"免费旅行家"，也被称为世界上最懒的鱼。当然了，如果错失"寄生式搭班"，吸盘鱼就会像一般鱼类一样游动了。生存在河流中的吸盘鱼，因没有足够大的鱼类能够附身，都是自由游动。或许由于吸盘鱼的经济价值有限，整体形象不佳，并不受海上渔民待见。

翡翠黄蜂有精准打击寄宿者的独特本领。在荒茫草原，翡翠黄蜂锁定美洲蜚蠊（大蟑螂），实施第一波攻击，精准地对着蟑螂的颈部扎了一针，蟑螂很快挣扎着跌跌撞撞、行动不便，酷似帕金森样（PD）病状；片刻工夫，翡翠黄蜂实施第二波攻击，在蟑螂的头部又精准地蜇了一下，蟑螂被麻痹瘫痪，形同痴呆样（AD）病状；翡翠黄蜂便毫不费力地把蟑螂拖进自己的洞巢，并将自己的卵产于蟑螂的腹部，随即在洞口附近寻找小木块（条）将洞口掩盖并飞离。被麻痹的蟑螂不会立即死亡，在几天内仍然会保持生命体征迹象，翡翠黄蜂产的卵利用蟑螂腹部的组织营养孵育。一周后，一只新生翡翠黄蜂便脱离依附在蟑螂腹部的卵壳飞出洞口。这是一种神奇的荒野生物物种繁衍模式：从目标锁定到两波精准打击，再到收获战利品、保护战利品、利用战利品，完成物种的后代繁衍，一套组合拳实施方案简单、高效。

自然界的寄生虫现象无处不在，不胜枚举。

有的寄生虫可以操纵宿主的特定光感系统，异化其行为，促其自身完成生命周期。例如，被金线虫寄生的螳螂会被水塘表面反射的水平偏振光吸引，纵身跳入水中。

众所周知，大肠杆菌菌落均衡地寄生在人体肠胃道系统有助于人体的食物消化和养分吸收，幽门螺旋杆菌的感染寄生则会诱发人体肠胃道系统病变。

寄生虫病患也是现代人类公共医疗健康紧绷的医学防范对象。

案例一：蛔虫是一种无脊椎动物，属于蛔科寄生线虫，一旦被误食，便会寄生在人体的肠道中。引发人体的胆道蛔虫病、蛔虫性肠梗阻、阑尾炎、腹膜炎。

案例二：血吸虫是一种白色线状寄生虫，寄生在钉螺体内，成虫钻进人的皮肤可引发血吸虫病。患病者起初时下痢，继而食欲减退，精神萎弱，四体消瘦，逐渐削弱以致完全丧失劳动能力。病剧时，腹部膨大如鼓，俗称鼓胀病，进入晚期后肝硬化，死亡率很高。

新中国成立后，毛泽东在看到 1958 年 6 月 30 日《人民日报》刊登的江西省余江县（今余江区）消灭了血吸虫的消息后，浮想联翩，夜不能寐，微风拂晓，旭日临窗，遥望南天，欣然命笔《七律二首·送瘟神》组诗：

> 绿水青山枉自多，华佗无奈小虫何！
> 千村薜荔人遗矢，万户萧疏鬼唱歌。
> 坐地日行八万里，巡天遥看一千河。
> 牛郎欲问瘟神事，一样悲欢逐逝波。
>
> 春风杨柳万千条，六亿神州尽舜尧。
> 红雨随心翻作浪，青山着意化为桥。
> 天连五岭银锄落，地动三河铁臂摇。
> 借问瘟君欲何往，纸船明烛照天烧。

毛泽东的这首组诗气壮山河，酣畅淋漓地刻画了时代的美意美景！

荒野中的寄生景观多姿多彩，不可思议。跳出人类的伦理道德严视苛求框架，对自然界一些生物物种而言，直观地说，寄生应是它们求生避险的最便捷、高效、保障和节能的优选方式。

（二）共生之景观

"共生"一词源自希腊语，意思是"生活在一起"。"共生"在《生物学大辞典》中的定义为"两种生物共居一处，相互分工合作，并形成独特结构的相互依赖的生存关系"。自然界常见一些小鸟与大象形影不离，小鸟剔除大象身体的寄生虫；常见鳄鱼和老虎张大嘴巴，享受小鸟进进出出地啄食牙缝中的残食杂物，这些都属互利性和谐共生。又如，一份土壤样本里可以有数百万的微生物，从细菌到病毒，从真菌到原生生物，他们相互依存，和谐共处。地衣是由一种真菌和一种藻类组成的，有时，蓝藻也参与其中。真菌形成了地衣的结构，而藻类则通过光合作用提供能量，这是一种非常亲密的联盟方式，被称为内共生关系，它意味着一个生物体生活在另一个生物体的细胞或身体内。有些细小的真菌包裹或穿透寄生植物的根，作为回报，真菌通过植物的光合作用吸收糖分，保护其宿主免受有害生物体的伤害。苏格兰松树与200多种真菌有共生关系。不列颠哥伦比亚大学生物多样性博物馆展示了苔藓植物与其他生物之间的共生关系：苔藓植物在许多植物中起着重要的作用，有助于稳定土壤、保存水分和营养物质，为许多其他生物提供庇护所、食物和

图1-6　小丑鱼与海葵共生（张文娟绘）

筑巢材料。雨林生态系统中苔藓为食物链的重要部分——为许多昆虫和节肢动物提供庇护和食物。苔藓吸收和储存营养物质的能力同时意味着其清理有毒废物的能力。有的苔藓植物对生长的环境特别挑剔，或生长在特定类型的岩石上，或生长在动物的粪便上。生长在粪便上的苔藓植被能吸引苍蝇帮助其粘黏孢子并传播。为了繁衍，苔藓通过孢子或碎片繁殖，或利用从主植物上的胚体和孵化体特殊结构，借助风、昆虫等或依附在动物身上传播。泥炭藓适应各种环境下的生存，泥炭藓通过酸化周围的水质使得其他植物无法存活。在泥炭沼泽中，水的酸性和橙汁一样，其pH值均为3。泥炭藓有很强的吸水性和超强的承压力！泥炭藓的强势具有侵略性，游离在"共生"概念之外。

　　海生小丑鱼因其头上有一条或两条白色条纹，形似京剧中的丑角而得名。小丑鱼体表带有特殊黏液，会让海葵误以为是其身体的一部分，不会用刺细胞伤害它。在海葵的保护下，小丑鱼能免受其他大鱼的攻击，并利用海葵的触手筑巢产卵，另有说法是小丑鱼可借助海葵分泌的毒素帮其修复体表伤口。反观小丑鱼的角色，既是"清洁工"，可以清理海葵的食物残屑，也是"护理员"，帮助清除海葵身上的坏死组织和寄生虫，又当"诱饵"，吸引其他鱼类靠近海葵，为海葵提供捕食机会。小丑鱼和海葵之间这种紧密互利的关系，被认为是互利共生的典范。也有学者认为小丑鱼和海葵的食物对象相同，彼此是食物竞争者，行动快速的小丑鱼常抢走海葵的食物，对海葵是弊多于利，因此应为片利共生。无论如何，两者间谁也离不开谁，形成了一处海洋生物物种共生共存的动感画面。

图1-7　乌鸦与狼共生（张文娟绘）

　　这是一个共生共存的世界。爬行类、鸟类、哺乳类、灵长类动物，各自朝着不同的方向演化。由

于天择的压力，许多生物物种间互帮、互利、互作、互惠处处可见。这种现象在哲学上被视为"共生"，世间万物和而不同，彼此成就。中国台湾有一种淡水鱼叫高体鳑鲏，彩色的，特别好看，为了生存，演化出了和蚌壳合作的能力，雌性的高体鳑鲏在产卵前会发展出超长的产卵管伸入蚌壳的壳内并产下鱼卵，保证了鱼苗的高存活率。高体鳑鲏让蚌壳的幼苗暂时吸附在自己身上，并带着这些幼苗找寻适合生长的地方，互相照顾后代是这两种生物的共生模式。乌鸦可以高空飞行，爱吃尸肉，本身没有捕获大型猎物的能力。狼具有敏锐的听觉和嗅觉，在捕获猎物的时候，乌鸦在高空飞行，侦查猎物出没的情况，猎物对乌鸦没有警觉，乌鸦用特殊的叫声通知狼前行追捕猎物并共享美食。大多数重大的进化飞跃都是由共生关系"快速启动"的，这些观点已渐成科学界的共识。

四、荒野的极端动漫式色调

图 1-8　亨利·朱利安·费利克斯·卢梭　《饥饿的狮子扑向羚羊》　1905 年

（一）荒野：多彩与刺激

荒野的极端动漫式色调表现在荒野色彩艳丽、对比强烈，视觉冲击力极强，仿佛科幻场景一般。

亨利·朱利安·费利克斯·卢梭是法国后印象派画家，他的画以纯真、原始的风格著称。他作品中的丛林为绿色调，人在荒野中，有红、黄、蓝、紫、橙、白、青等色彩，构成了明艳的荒野丛林景观，表达了荒野动漫式

的极端色调：色彩鲜艳，充满生命气息，勾起了人们对荒野环境险象环生的遐想。

《沉睡的吉普赛人》是亨利·朱利安·费利克斯·卢梭于1897年创作的油画，描绘了在沙漠的黑夜中，一位皮肤黝黑、衣着艳丽、睡着的吉普赛艺人，吉普赛艺人身边整齐地摆放着她的乐器，一头狮子正走近她身旁。这种险象看起来很抒情。相对而言，更惊险的应是日月星辰下充满自然界的有毒物质，简称毒物。在自然界中，人类与矿质毒物、合成毒物、环境毒物和生物毒物共存。

很多有毒物具有诱惑力的外形。当然，不是说没有诱惑力外形的毒物没有毒。有的毒蘑菇如人肉褐鳞环柄菇，外形一般，人一旦采摘误食，即刻需被送往医院ICU紧急换血抢救。

见血封喉树，又名箭毒木，是一种有剧毒的药用植物，花期在2—3月份，果期在4—5月份。有花有果的绿色植物很容易吸引人采摘，却会对人体构成生命危害，这就是矛盾的存在。

图1-9　亨利·朱利安·费利克斯·卢梭 《梦》

图1-10　亨利·朱利安·费利克斯·卢梭 《沉睡的吉普赛人》

图1-11　诱人的毒蘑菇

图1-12　见血封喉树（黄庆优摄）

（二）荒野：毒之极端与矛盾转化

　　"毒"是一个生命相对于另一个生命的相克关系，意味着伤害或致死。14世纪，黑死病在亚洲和欧洲夺去了多达1亿人的生命，60%的欧洲人口消亡。鼠疫是由跳蚤传播的细菌引起的，由搭乘商船和商队的黑鼠传播。乌头碱产生的致命神经毒素早在中世纪就臭名昭著，传说夫妻关系恶化的妻子会用乌头汁洗丈夫的衬衫，犯下无法定罪的谋杀罪。18世纪西伯利亚人喜喝曾食用过毒蝇鹅膏菌的驯鹿尿液，据说此尿液可使人体产生强烈致幻效应。有些微藻能产生强力毒素，人类使用了被污染的贝壳会导致瘫痪或者死亡。科学家在一个多世纪以前就知道病毒会导致疾病，直到近20年才认识到它们对于生态的重要性。在海洋中，病毒干扰物种竞争，改变水生食物链中的碳含量，促进基因转移。病毒在水中和陆地之间移动，维持或破坏着全球规模的生态系统。

　　众所周知，毒物的致毒性与毒物的剂量、毒物进入机体的路径以及毒物的物理化学特性和生物特性等有关。但是，我们仍无法破解很多致毒现象的复杂机理。据美国《纽约时报》2021年6月4日报道，来自加拿大新不伦瑞克省的48名患者出现了令人困惑的症状，这些症状包括失眠、运动功能受损和产生幻觉。这种疾病首次被发现是在 2015 年，新不伦瑞克省的神经学家阿里尔马雷罗发现一名患者出现了奇怪的混合症状，包括焦虑、抑郁、快速恶化的痴呆、肌肉疼痛和可怕的视觉障碍。2021 年 4 月，在首例病例出现六年后，新不伦瑞克和渥太华的卫生当局组建了一个由神经学家、流行病学家、环境学家和兽医组成的团队，进行调查。不列颠哥伦比亚大学神经学家卡什曼博士表示，这种疾病可能是由一种蓝绿藻产生的毒素引发，病症酷似帕金森病和阿尔茨海默症。另一个潜在的患病原因可能是患者长期接触软骨藻酸。这是一种神经毒素，滋生在新不伦瑞克省海岸的贝类中。

毒素研究充满风险刺激。令科学家们着迷的是毒液的综合临床毒性、毒液中包括致死致伤的毒素以及各种生物活性物质成分，其化学结构的独特性、药用价值的评估与研发等。

20 世纪 70 年代的研究发现，鸭嘴兽的毒液中至少含有十种不同的蛋白质，均对小鼠具有或强或弱的毒性效应。当时获得有毒物种的毒液并非易事。基因组学分析等新技术的引入，可较便利地定性不同生物毒素的分子属性与构象以及毒性分子包括诸如降低血压、阻碍神经信息传递、破坏红血球等毒理学与药理学等功效的鉴定。20 世纪 90 年代，经部分氨基酸序列的对比发现，鸭嘴兽毒液中的毒素分子与毒蛇的多肽毒素结构高度同源。有趣的是，鸭嘴兽的毒素分子仿佛与它的外形一样奇特，都是从诸如蜘蛛、海星、海葵、毒蛇、毒鱼和蜥蜴等不同动物产生的蛋白质模板东拼西凑来的。鸭嘴兽毒素与其他物种毒素分子的相似性提示，即使在血缘关系相距很远的物种之间，因受到相近的天择压力才产生极为相似的特征——趋同演化。鸭嘴兽是唯一已知的不是把毒液用来捕猎或防御，而是用来争夺伴侣的动物。毒之活性本身充满奥秘、令人好奇，带着问题、孜孜不倦地解开迷雾的过程本身就是审美的状态，是人本质力量的一种表现。

毒之活性的功效转化不止是针对人类治病、美颜等而言，另一要点是对很多物种，包括人类的演化上起到了潜移默化的作用。灵长类（包括猿类）动物形体、脑容量较大的哺乳动物以及又有相应立体视觉系统的动物或许与蛇捕食哺乳动物有关，因为只有视觉发达，才能侦测出隐藏的蛇类。蚊子已经在地球上生存了近亿年，若其不会制造毒液就不会成为完美的疾病媒介。蚊子的毒液让病原体得以自由进入人类的循环系统，这种毒液中主要的化合物只有几十种，属于地球上组成成分最简单的毒液，但是许多化合物的功能仍然不明。蚊子让人类的数量维持在一定的数量之下，也影响了人类的遗传组成：造成人类镰状细胞的突变。蚊子和许多物种（包括人类）的关系密切，共同演化。

约在地质年鉴寒武纪后期，古蝎从海洋爬上陆地，成为地球上第一种陆生无脊椎动物。受地球大气变化的影响与食物链的约束，经数亿年的适应性进化，海陆生古蝎的雏形已模样全非。现今分布在地球陆地表面的蝎品种上千种，其中有 50 余种被认为对人类活动造成危害，即有毒（剧毒）蝎品种。

已被探明的蝎毒素均为一类单链多肽物质。其中被定性为长链的蝎毒素多肽（由

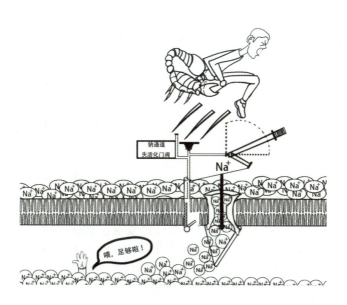

图 1-13　中了蝎毒后的钠离子通道失活化（彭泰祺绘）

60~70 个氨基酸残基组成），其靶标被定格在细胞膜上的钠离子通道上，它们一旦与钠离子通道结合，便会异化通道的功能活动。它们被认定是蝎毒中用于防御其他物种侵犯和捕食猎物的主要制敌麻痹致死武器。这些长链蝎毒素多肽又可被分为 α 型、类 α 型、β 型和类 β 型四大多肽家族。α 型与类 α 型蝎毒素被认为特异地与靶向钠离子通道的位点 3 相结合，异化钠离子通道的门控失活化机制。通俗地讲，使得钠离子通道的失活化阀门关不上，造成胞外的钠离子管漏式从外泄到胞内，诱发细胞的持续性兴奋。细胞的过度兴奋性可导致肌体的麻痹，直至死亡。

短链蝎毒素多肽由 20~40 个氨基酸残基组成。除个别为氯离子通道阻断剂外，大多的靶标均是特异性细胞膜上钾离子通道的阻断剂。诡异的是，长链蝎毒素多肽的一级结构高度同源、空间构象图谱共享，但在物种选择性上令人琢磨不透：微量 α 型蝎毒素只对哺乳动物有剧毒致死效应，大剂量却对昆虫无毒性效应；微量类 β 型 / 类 β 型蝎毒素只对昆虫造成兴奋性收缩麻痹，大剂量却对哺乳动物或昆虫无（弱）毒性效应；微量类 α 型蝎毒素则对哺乳动物和昆虫均有强兴奋麻痹致死效应。陆生蝎子历经数亿年的演化，其毒素功效竟是如此鬼斧神工般的微妙！

"种瓜得瓜，种豆得豆"，基因的垂直遗传复制已是深入人心的客观规律。已知的蝎毒素多肽家族成员枝繁叶茂，各领风骚。当溯源蝎毒素多肽古基因时，发现已知的蝎毒素多肽家族成员之间存有或近或疏的亲缘基因相关性痕迹。有趣的是，当对比共享在靶向钠离子通道同一位点（第 3 结合位点）的蝎毒素多肽和海葵毒素多肽氨基酸序列时，发现含有两个胱氨酸（Cys）的 14 肽片段序列高度相似。

Scorpion Toxins	AaH I'	(22)	G	L	C	K	K	N	G	G	S	S	G	S	C	S
	BmK IT	(23)	K	V	C	K	K	S	G	G	S	Y	G	Y	C	W
	AaH I	(22)	G	L	C	K	K	N	G	G	S	S	G	S	C	S
	AaHIT5	(23)	T	E	C	K	R	E	G	G	S	Y	G	Y	C	Y
	CsE9	(27)	R	N	C	K	K	E	G	G	S	F	G	K	C	S
	cl19	(27)	R	N	C	K	K	E	G	G	S	F	G	H	C	S
Anemone Toxins	ATX II	(32)	H	N	C	K	K	H	G	P	T	I	G	W	C	C
	ATX V	(32)	H	N	C	K	K	H	K	P	T	I	G	W	C	C
	AP-B	(34)	H	N	C	K	A	H	G	P	N	I	G	W	C	C
	AFT-I	(32)	H	N	C	K	A	H	G	P	T	I	G	W	C	C
	AP-A	(34)	H	N	C	K	A	H	G	P	T	I	G	W	C	C
	AP-C	(32)	H	N	C	K	A	H	G	P	T	I	G	W	C	C
	AFT-II	(33)	H	N	C	K	A	H	G	P	T	I	G	W	C	C

图 1-14　蝎毒素多肽和海葵毒素多肽中有两个胱氨酸（Cys）的 14 肽片段序列高度相似

图 1-15　荒野的静谧（彭泰祺绘）

此外，分别从海葵和毒蝎两个不同品系分离得到的特异性钾通道短肽阻断剂中，其基因的相应位置均共享一个内含子；审视被命名为 EptIV 海葵毒素多肽与被命名为 Opicalcine1 的蝎毒素多肽的基因，两者信号肽和前肽序列结构均呈高度相似性。由此不得不使人联想到寒武纪后期，古蝎未爬上陆地时曾在海洋游弋，古蝎与海葵共存接触。若那时古蝎以海葵为食，经消化吸收，增加了古蝎接收海葵毒素基因平行移植的可能性。若古蝎只是在与海葵接触过程中感染了海葵的毒素外分泌物，则很可能从那时起古蝎便注入了海葵毒素基因的记忆。或许那个时期压根尚无毒素概念一说，即无论被摄食或被感染，海葵外分泌物不会对古蝎造成丝毫伤害。然而，历经数亿年的风雨乾坤，两个分隔的海陆生物物种都顽强地存储了这些保守基因片段，并成为各自体内毒素趋异化演变的"万变不离其宗"的古老祖先基因模板。

荒野是自然存在，是一种不具有社会属性的自然生态；荒野的存在也是内心存在，人类自成世界，却在自身的世界外围用"荒野"一词表达人与自然的位置关系，又尽可能地用语言将自身的心灵世界与荒野的自然属性对应起来，以利于人们看到自然变化与投射到内心的情感变化之间的心物关系。荒野中有着天择过程中的捕获与抗争的惊心动魄，有着野性之自然、本真、粗犷与诗性的美。走进荒野，可以看见寄生或共生的生命奇景；走进荒野，可以发现生命相克的毒之景观、毒之活性的功效转化以及毒液演化过程中的奇景。人类的文明征程是向着荒野的方向拓展的，一方面显示着人类的冒险、进取和无畏；另一方面，在征服荒野的进程中，人类也会遭到荒野的反噬，以至于人类自身被驯化，在很多方面丢失野性。荒野是人类探索自然的必经之地，人因探索荒野的奥秘而点燃激情、获得野性，并推进自身的文明进步。

第二讲　星空之美：地外文明的探索

2

李芳昱

　　仰望星空，繁星点点，在这璀璨夺目的夜幕后面，隐藏着怎样的星空之美和大自然的秘密呢？人类所在的银河系至少有 2000 多亿颗恒星和同样多的行星，有多少行星也存生着生命甚至智慧生命呢？人类有机会发现它们并与之沟通吗？

　　本讲针对上述几个问题做了尝试性的讨论，并重点讲述了开普勒 -452b 类地行星的发现，简述这一类地行星的主要特征，特别是它与地球——我们这颗蓝色星球间惊人的相似性，评述人类在探索地外文明的这一历史使命中所面临的挑战和机遇。

　　著名哲学家康德说过，世界上有两件东西能够震撼人们的心灵，一件是我们心中崇高的道德准则，一件是我们头顶上灿烂的星空。星空，是人间的一种美景。遥望着星空，并不只是单纯地享受星际之美，更多的是在这片星空里寻找一些回忆，寄托一种感情，一片遐想。隐藏在银河系及银河系之外的更为深邃而壮观的宇宙风采有哪些呢？

一、探索星空的秘密

（一）星空的秘密不止于银河系

　　银河系包含有 2000 亿~4000 亿颗恒星和数量几乎相等的行星，太阳系正好处在它的一个旋臂上，位于银河系的宜居带里，地球又恰好处在太阳系的宜居带里。这两种宜居带的叠加为地球上的生命，特别是智慧生命的产生，创造了千载难逢的机会和得天独厚的条件。

　　在银河系中，不同的恒星系的形状和大小各异。有些恒星处于年轻时期，有的则处于垂老阶段。非常幸运，太阳是黄矮星，她正处于生命最稳定和强劲的阶段，并发出稳定而合宜的光和热，从而孕育着地球上生机勃勃和丰富多彩的生命形式。其他的恒星则包括红矮星、白矮星以及处于晚期的红巨星、密度极大的中子星、引力趋于无穷的黑洞、那些演化到晚期而爆发的超新星，它们在一瞬间释放的光和热，比太阳一生投放到空间的能量还要大几万倍甚至上亿倍，这几乎是在一瞬间照亮整个宇宙的最壮丽的礼花。因此，美丽的星空并非总是一片平静，而是光涛汹涌！

　　这仅仅是故事的开始，在我们可观测宇宙中，像银河系这样的星系千千万万。银河

图 2-1　银河系（张文娟绘）

图 2-2　仙女座大星云

系的邻居仙女座大星云，和银河系一样，也是一个涡旋星系，但它离银河系有 250 万光年的遥远距离，而且比银河系更为巨大。它至少包含有 8000 亿颗恒星和数量大致相等的行星。进入到我们视野中的仙女座的光芒，早在 250 万年以前就已经从仙女座发出来了。

（二）充满想象力的星空

纵观人类现在可观测的宇宙，它的直径已经达到了 930 多亿光年，从产生它的大爆炸算起，已经有 138 亿年的历史。这是一个难以想象的巨大星海！如果用地球上的每一颗沙粒代表一颗恒星，那地球上的所有沙粒的数目加起来也远没有整个宇宙包含的恒星和行星的数目多！想象一下吧！如果把这一无比巨大的恒星和行星都放大到我们人类视野可以仔细窥测的大小，我们将看到一个什么样的星空呢？五光十色的太阳，壮丽多姿的行星，或许还有数亿计的有生命存在的行星，甚至有智慧生命存在的行星。他们又处于什么样的状态呢？他们又有什么样的时空观、运动观、物质观和宇宙观呢？甚至他们的伦理和价值观，是和我们相近，或者相去甚远呢？按照人类现今的科技水平，我们或许很难对此做出有效的判断。最后用爱因斯坦的名言来结束这一段的讨论，"有时想象力比知识更为重要，因为知识总是有限的，而想象力则是无限的！"

二、开普勒 -452b 与地球的惊人相似性

（一）探索类地行星的重大突破：开普勒 -452b 类地行星的发现

近年来，由于空间技术和观测手段的不断提高，人类又发现了不少类地行星，其中离地球最近的约 20 光年，这就大大增加了发现地外文明的可能性。然而，这些地外行星多

为巨行星和气态行星，因而出现智慧生命的可能性不大，最可能存在一些有机分子或低等的微生物。

开普勒"地球大表哥"的发现，带来了新的希望，因为它是含有丰富液态水的岩石行星。

2015 年 7 月 23 日美国国家航天航空局宣布，一颗 1400 光年外的行星可能是迄今为止最像地球的宜居行星，这是人类在寻找"另一个地球"道路上里程碑式的发现。

开普勒行星"大表哥"的发现，应该是一个好消息，它至少表明类似于地球的行星，在宇宙中并不孤独。但要确定地外文明，仍然任重道远。生命（特别是智慧生命）出现的条件太过于苛刻，即使智慧生命所需要的必要条件全部满足，它也需要上亿年的演化时间，这应该是宇宙中的小概率事件。

距离地球 1400 光年是一个非常遥远的距离，即使利用人类现今最快的航天器，也需

图 2-3　另一个"地球"

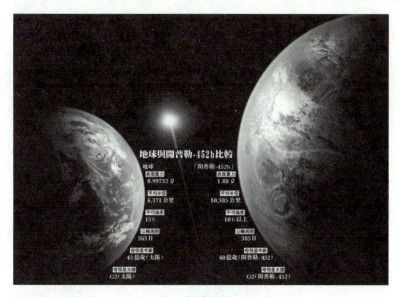

图 2-4　开普勒 -452b 与地球具体参量的比较

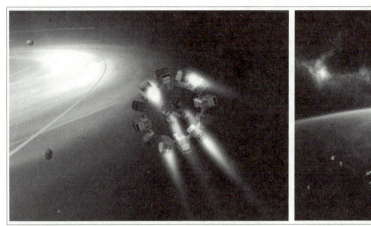

图 2-5　为了克服遥远的空间距离障碍，必须在航天器的设计理念和工作原理上有重大的创新和革命。曲速飞行、虫洞穿越等都是可能的预期方案，但目前这方面还没有实质性的突破

图 2-6　中国的天眼：建造在贵州的直径达 500 米的射电望远镜，探索地外文明已被列入其科学目标之一

要上千万年甚至上亿年的旅行时间才能到达。从人类目前的科技水平来看，这是完全不现实的。现在最佳的探索手段仍然是信息传输最快的电磁信号。如果一旦未来真有一天能够发现地外文明并能与之沟通，它对人类社会的影响以及从中得到的启发将是无以估量的，包括科技、伦理、思维、哲学观念，甚至我们的时空观和宇宙观，并有可能大大促进人类文明进程。这虽然看来还只是一个宏伟、诱人且具有诸多不确定性的长远目标，但它仍可产生与高新技术相关的系列副产品，如射电天文、弱信号探测、光学工程、数据及图像处理、信息传输、气象精确预报，甚至国防安全等。

（二）挑战与机遇：揭秘壮观、深邃的星空和大自然

　　国际著名物理学家霍金曾提出这样的问题："我们为何在此？我们从何而来？我们向

何处去？"这里的"我们"，不仅仅指人类，还包括地球上的所有物种，地球、太阳系、银河系，甚至整个宇宙。特别是像人类这样的智慧物种的产生、演化和归宿究竟有什么样的因果关系呢？霍金的提问实际上也反映了这位杰出物理学家对人类自身在宇宙中出现的惊奇以及对人类未来命运的担忧。

迄今为止，尽管人类还没有找到一个确切外星文明的直接证据，但人类文明自身在宇宙中的出现，不就是一个奇迹吗？

有人认为，人类文明的出现或许就是宇宙演化和天体物理的奇妙产物，是一种"精心设计"的结果。

现今，太阳系处在有4000亿颗恒星的银河系中的位置，恰到好处，它既不在靠近银心的区域，也不处在银河系的边缘。银心区域的恒星密度太大，各种宇宙线和辐射太强，极不适合生命的产生和演化。而在银河系的边缘，则很难维持一个稳定的恒星轨道，以保证太阳在围绕银心的绕转中，有一个稳定的周期（大约为每两亿多年绕转一周）和平稳的轨道。人类在地球上出现的时间，大约为太阳系诞生后的50亿年，这是太阳系的黄金年代，是最为稳定和生机勃勃的时期，脱离了太阳系早期的混沌和紊乱现象。

正处在壮年时期的太阳，在今后上亿年的时间里，她可以慷慨地供给地球恰到好处的光和热。在太阳系中的宜居带里，只有金星、火星和地球，是太阳系里的3颗姊妹行星。金星是用希腊女神命名的行星，火星是用希腊战神命名的行星。大约30多亿年前，这3颗行星几乎都具有相近的生态环境，有演化出生命甚至高级生命的自然条件：浓密的大气，充沛的水分甚至海洋，适宜的温度，还有屏蔽有害宇宙射线的磁场。然而，历经几十亿年的岁月变迁，她们却走上了完全不同的演化轨迹。金星，已经变成了一颗灼热的星球，其表面平均温度高达470多摄氏度，大气压几乎是地球的90多倍，大气的主要成分为二氧化碳。那里几乎没有液态水的任何踪迹，大气中偶发的则是具有强腐蚀作用的硫酸雨，那里真是一个可怕的人间炼狱！火星，现在已是一颗干涸寒冷而荒芜的红色沙漠星球。它的大气压只有地球的百分之一，几乎没有氧气。由于极度寒冷，火星现在已没有液态水存在的状态，现有的水体可能只能以冰冻的形式分布于火星的地层深处。

反观我们的家园——地球，则是太阳系中唯一的蓝色星球。她不大不小，尺寸适宜，刚好为千百万个物种，特别是人类，提供了一个舒适宜居的重力环境。她离太阳不远不近，刚好能获得太阳充足而温馨的光和热，并使大地万物沐浴阳光和持续数亿年的光合作用，繁衍出数以万计的生命物种。太阳系中最大的行星——木星，以其强大的引力场成为地球的星际保护伞，它把那些可能对地球造成灾难和伤害的彗星和小行星都吸引过去并以捕获，如1994年对苏梅克彗星的捕获就是一次化险为夷的天体物理重大事件。地球的卫星——月球，其大小和距离也恰到好处，使地球保持着稳定而最佳的倾角，还有月球引力引起的潮汐效应，使地球四季分明，万物丛生。地球还有一个稳定的磁场，它像一面坚实的盾牌，屏蔽了几乎所有有害宇宙射线的肆虐。另外，地球还有一段精彩而独具特色的"传奇历史"，那就是6500万年前一颗小行星与地球的碰撞。这既是一次大灾难，也是一次千载难逢的机遇。说是灾难，因为它造成了一次物种大灭绝，终结了恐龙称霸地球的历史；说是机遇，因为它开创了哺乳动物在地球上生活的新纪元，特别是人类这一智慧物种，进化成为地球主宰者，创造出一系列令人眼花缭乱的现代科学成果和高新技术。如果有外星文明存在的话，他们一定会对人类地球文明的产生赞叹不已。

人类确实取得了辉煌的成果，但未知领域超过人类现今的认知。人类不能只从自身的状态、伦理、科技水平、信息手段和行为方式去推断未知，包括地外文明的状态。除了继续探索、创新，别无他法。或许有一天，真正的突破可能会完全颠覆人类的传统观念！

银河系中大约有4000亿颗恒星，据乐观估算，至少有数百万颗行星上存在地外文明，也许科学技术比我们先进得多。如果是这样，地球很可能还是不具备资格加入这一超级文明俱乐部的"贫穷国家"。但超级文明奴役地球的可能性基本上不存在，因为超级文明是已经完全解决了能源和资源的高级理性生命，他们完全无必要奴役人类和抢掠资源，这如同现今已经掌握了空间技术和超级电脑的现代人类，完全无必要去争夺蚂蚁和昆虫的微薄领地，所以，霍金的担心完全不必要。另外，一个比我们先进上万年甚至上亿年的地外文明，电磁通信很可能是被他们视为陈旧落后并早已淘汰了的通信手段，他们完全可能利用比现今先进得多的方式或信息通道进行信息联络。人类目前所知的可能突破速度瓶颈的方案，或许有量子纠缠中量子相干的"瞬时"传送（爱因斯坦将其称为幽灵般相互作用）、虫洞穿越、曲速飞行甚至利用高能引力子穿越空间额外维度的方案（如欧洲强子对撞机中的实验方案），用于有效地克服宇宙空间中遥远距离的障碍，但这些均尚未获得可供观测的效应。前景如何，尚未知之。

相反，另一种极端的估算则认为，由于产生智慧生命的条件极其苛刻而且还必须具备某些偶然因素，地球上出现的智慧生命则可能是宇宙中（至少在银河系中）极为罕见的事例，甚至可能是独一无二的。银河系诞生初期强烈的宇宙射线，则可能造成了这一星系早期环境的"寸草不生"，任何可能进化到高级生命形态的胚胎，很可能已经过早地窒息于襁褓之中了。这也许回答了费米悖论提的问题："既然生命繁衍的空间如此广阔，

图 2-7 电磁波是至今人类认识和掌握的最快通信工具

但宇宙为何显得如此的安静？人类为何显得如此的孤独？"

人类赖以生存的这颗蓝色星球，不仅在太阳系中得天独厚，在整个银河系中也是出类拔萃的。如果是这样，人类科技文明的出现则可能是宇宙中（至少是银河系中）极其珍贵的智慧花朵。我们应当加倍地珍惜她、呵护她，使她具有尽可能长久的生存时间，能够一直健康地延续下去。

图 2-8　费米（1901—1954），著名的　图 2-9　外星人假想图
理论物理学家、核物理学家，诺贝尔物
理学奖获得者

"费米悖论"是一个有关外星人、星际旅行的科学论述，阐述的是对地外文明存在性的过高估计和缺少相关证据之间的矛盾，很多相关的问题已经得到重视，内容包括天文学、生物学、生态学和哲学。新兴的天体生物学给问题的解决引入了跨学科的研究手段。

人类能用 100 万年的时间飞往银河系各个星球，那么，外星人只要比人类早进化 100 万年，现在就应该来到地球了。换言之，"费米悖论"表明这样的悖论：外星人是存在的——科学推论可以证明，外星人的进化要远早于人类，应该已经来到地球并存在某处；外星人是不存在的——迄今，人类并未发现任何有关外星人存在的蛛丝马迹。

三、星际智慧生命间的科幻沟通

探索地外文明的目标宏伟而富有魅力，但仍面临着巨大的挑战，是否有一个可供实施的方案或者设想中的计划呢？这里想对这一问题做一个简要的科幻想象。

如前所述，星际空间巨大的距离，以及可能的地外文明进化程度在时间上的巨大差异，受限人类现代科学的理念和技术手段，制约着对地外文明的探索（包括可能的沟通和交流）。

（一）人类文明对星际空间的被动展显效应

有记载的人类文明已有数千年的历史，地球上生命的出现则有上亿年的时间，人类在主动向外太空进行探索（发射电磁信号、人造卫星、空间站、宇宙飞船等）之前，人类活动的多种信息和我们所处的这颗蓝色星球的形象，早已以光学和电磁的信息展显在宇宙空间中。同理，如果那些地外文明也具有观测外太空的能力和方法的话，地球完全可能进入到了他们的观测视野中。根据最新的天文观测资料，目前至少已有 2000 多颗地外行星具有观测到地球的能力和条件。这些潜在的地外文明也许会得出下述的结论：啊！这就是那个遥远星系中唯一的蓝色星球，那里有丰沛的液态水，有适合生命生存的大气层，有众多的生命物种……

他们还可以推断：那里可能有人工的太空飞行器，若干智慧物种设计和建造的物体群落。这些地外文明可能已经在尝试与人类的沟通和联络了。这意味着人类文明的种种信息已经暴露和显现在地外文明的探测视野之中了，足以激发起地外文明与人类联络、沟通的动机和兴趣。

遗憾的是，人类目前还不具备显示太阳系以外行星的上述特征细节的能力，只是被动地显现了人类文明自身的多种信息。令人鼓舞的是，人类已经具备观测太阳系以外其他行星的初步能力，通过这些行星的运动所引起的母星的晃动以及在遮挡系外恒星的"凌日"图像分析，已经发现了数以千计的地外行星，包括那些可能产生生命，甚至智慧生命的类地行星。开普勒 -452b 和格利泽 581g 就是典型范例。随着人类科技水平的不断提高和观测手段的不断改进，这将是一个令人鼓舞和激动人心的新时代开始。

（二）电磁通信方式

电磁波（包括光波）在真空中的传播速度约每秒 30 万千米。根据爱因斯坦的相对论，它是宇宙中传输信号和能量的极限速度。理想推定，任何达到甚至超过人类文明科技水平的地外文明，也应该知道这一点。

然而，由于星际空间和宇宙范围有极为遥远的距离，即使将电磁波作为通信的主要手段，往往也是"力不从心"。把电磁信号发送到月球需要一秒多，发送到太阳需要八分钟，发送到火星需要几十分钟，发送到太阳系的边缘需要一年，发送到离太阳系最近的恒星半人马座阿尔法星至少需要四年，而横穿整个银河系则需要十万年。如果我们要和银河系的邻居仙女座大星云作电磁通信，则需要 250 万年。因此，在浩瀚的宇宙空间里，电磁信号犹如龟行漫步。那么，即使和一个离地球只有几十光年距离的潜在地外文明的电磁通信，双方也只能单向被动地接收和聆听，不具备即时双向交流和沟通的可能。

地球上第一个大功率的无线电台建于 1945 年的苏联。其后，各种大功率的电磁发射装置相继建成。由这些装置向外太空泄漏的电磁波，已经形成了一个以地球为球心，76光年为半径的信息泄漏球。换句话说，人类已经无法掩盖地球在星际空间中的位置和坐标。任何在这一信息泄漏球内可能存在的地外文明都可以获悉上述的电磁信号。目前人们发现的离地球最近的类地行星格利泽 581g，它离地球约 20 光年。如果该行星上也存在着一个具有检测地球电磁信号的地外文明，并对 1945 年地球发出的电磁信号做了即时的回复，则人类应该在 1985 年接收到他们的回电。

人类只在 20 世纪 70 年代接收到一个疑似地外文明的电磁信号，其持续时间很短，且以后再没有重复出现。值得庆幸的是，近年来人类相继建成了系列高灵敏度的电磁信号接收装置，包括国际搜寻地外文明计划（称为 SETI 计划）以及我国的 500 米射电望远镜（天眼）和相关的国际合作。它的灵敏度几乎每个月都有成倍的提高。另外，利用光学方法，还发现了数千个地外行星（包括类地行星）。随着搜寻能力和灵敏度的不断提高，今后这很可能是一个激动人心的研究领域。

（三）其他可能的沟通和联络的设想

如上所述，由于星际空间中极为遥远的距离，以及目前各种航天器飞行速度的局限，光速作为信号传输极限速度的限制，致使对地外文明的探索仍然被束缚在一个非常有限的范围内。为此，人们相继提出用量子纠缠、高能引力子，以及虫洞穿越、曲速飞行突破飞行速度的设想。

（1）量子纠缠

量子纠缠实际上是微观粒子间的一种量子相干效应，在 20 世纪 30 年代就引起了不少人的热烈讨论，由于它们在许多方面表现出与相对论的矛盾和互不相容的新颖性质，备受关注。

众所周知，量子纠缠是微观世界中粒子间的量子相干效应，建立在量子纠缠态基础上的量子通信只是近些年来的研究成果。量子通信之所以比经典通信优越，主要是因为量子加密和量子信息的不可破解性。尽管量子相干效应可以表现为"瞬时"传输，所能传输的经典有效信息的速度仍然是有限的，即并未超过光速，所以它并不违背宏观范围爱因斯坦的相对论，也没有破坏因果规律。

至于将来能否利用量子纠缠效应对信息进行超光速传输，尚有争议。著名物理学家格林、加来道雄等都曾提出利用量子纠缠，将宏观物体拆解成微观粒子，并通过在远处的量子相干再组装成原有的宏观物体的设想，这一前景当然十分诱人。不过，两处粒子实现量子相干的条件首先必须是让它们彼此纠缠起来，但这种纠缠的强度将随着距离的增加而迅速减弱。显然，如果没有理论上和实验上的重大突破，这方面仍然无法实现星际空间中信息传输速度的实质性突破和超越。

（2）高能引力子的传输效应

高能引力子实际上是广义相对论的引力波的量子对应体。虽然引力波已经在 2015 年被成功探测到，但相应的引力子尚未被发现。利用高能引力子（高频引力波）传输信息主要有两个优点：第一，穿透力极强，这是由于几乎所有的物质形态对引力波都表现为透明的特征；第二，引力波可能是唯一可以突破人类所在的三维空间进入到更高维空间的信息通道。欧洲强子对撞机（LHC）曾设想利用高能质子流的碰撞探寻这种高能引力子的上述性质。著名天体物理学家、美国总统科学奖获得者贝克教授曾提出去探测频率达到微波频带的高频引力波的方案。如果未来的引力波能实现对这一频带的成功探测，那些具有调频或调幅并携带智能信息的高频引力波成分，应引起特别的关注。

（3）虫洞穿越和曲速飞行

虫洞穿越和曲速飞行，是两者都在不违背相对论基本原理的情况下对航天器提速的设想。虫洞的概念本身来源于爱因斯坦的广义相对论，即在一个极强的引力场区域，可能造成空间折叠而形成一个另辟蹊径的虫洞，也被称为爱因斯坦—罗森桥。即使在通常的空间里相隔极为遥远的距离（如数十甚至数千光年），因能穿越虫洞迅速到达彼岸，这在通常的空间里被认为已经"超越光速"了。

曲速飞行同样也是在广义相对论的框架里，用极高的能量使宇宙飞船周围的空间扭曲变形和折叠，形成一个带涟漪的时空泡包围住飞船并推动其前行。墨西哥物理学家阿库别瑞为此做了严格的数学计算，并创建了阿库别瑞度规描述这一方案。其后，美国物理学家埃瑞克还撰写了相关的专著。

以上两种设想虽然宏伟壮观，但就目前人类的科技水平而言尚不现实，在太阳系的范围内，人类至今尚未发现能形成虫洞的超强引力场条件。曲速飞行所需要的能量，也远远超过了现代科技所能达到的水平。

综上所述，就人类目前所达到的科技水平而言，搜寻和联络地外文明的方式可小结如下：

①现今现实和可行的方案仍然是电磁通信（包括光学方案）。这不仅因为它是当前人类所知的宇宙中具有最快传输信号的速度，而且随着近年来相关理论研究（超级电脑、估算地外文明数量的德雷克公式不确定性的大幅度减少、数值模拟等）以及空间探寻范围的扩大和灵敏度的迅速提高，搜寻能力将会大幅度增强。

②其他搜寻方式和设想虽然宏伟，令人向往，目前还只是宏伟的理想而不具备现实性。

③人类文明对自然界和宇宙的认识还只是冰山一角。

回到本讲的标题《星空之美》，顺着探索的方向设想两种星空之美：

一种是在今后 10 年甚至 20 年的时间内，人类对地外文明的探索仍然没有发现一个直接的确凿证据，但科技实力的迅速发展使人类又发现了更多的地外行星甚至类地行星，它们的形象和景观千姿百态，以及众多的其他新颖天体物理奇观，必定会给我们的星空增添更多的璀璨和美妙。

另一种可能则是这一领域的重大突破，即人类已经发现了至少一个地外文明并与之开始了交流和沟通。他们的形态、伦理、行为方式和科技能力或许已经远远超出了我们的传统观念，这或许是人类有史以来天文观测中的最重大的事件和成果，它对人类文明的影响将是相当深远的，具有震撼性和颠覆性的。这一突破不仅仅是对璀璨星空的锦上添花，而且它以直接的方式表明，我们的宇宙，不仅有行星、恒星、星系和星系团，还有那些神秘莫测的超新星、类星体和黑洞。一个充满活力和生命的星空，永远值得我们去仰望，去思考，去探索！

第三讲　大地之美：地球的形态与韵致

3

申权　周一帆　石坤　曲宏宇　晏园

　　大地容貌多变，巍峨挺拔的山峰，一望无垠的平原，肥美富饶的盆地，千沟万壑的高原等令人叹为观止；大地宝藏丰富，光彩夺目的钻石，神秘莫测的夜明珠，流传千古的和氏璧，数不胜数。人们将大地比作万物生长的摇篮，比作人类的母亲，足见人们对大地的依恋之情。"天行健，君子以自强不息，地势坤，君子以厚德载物"，人们以天地之美赞誉君子之德，从中可见人们对大地之美的理解。

　　本讲主要从地形地貌、矿物与岩石、地质构造运动、水的地质作用和风的地质作用等方面分别介绍大地的肌理之美、大地的韵致之美、大地的奇异之美以及大地之美的感知与欣赏方法。

学习导入

先听一首歌曲《青藏高原》：

青藏高原

张千一

是谁带来远古的呼唤

是谁留下千年的祈盼

难道说还有无言的歌

还是那久久不能忘怀的眷恋

哦我看见一座座山一座座山川

一座座山川相连

呀啦索那就是青藏高原

是谁日夜遥望着蓝天

是谁渴望永久的梦幻

难道说还有赞美的歌

还是那仿佛不能改变的庄严

哦我看见一座座山一座座山川

一座座山川相连

呀啦索那就是青藏高原

呀啦索那就是青藏高原

感动于青藏高原庄严祥和的风景带给人们的无尽眷恋，感动于湛蓝的天空带给人们的无尽梦幻。当你在尘世间经历种种之后，走近慈祥又从容的青藏高原可以抚平创伤。

再看一首词：

水调歌头·游泳

毛泽东

才饮长沙水，

又食武昌鱼。

万里长江横渡，

极目楚天舒。

不管风吹浪打，

胜似闲庭信步，

今日得宽余。

子在川上曰：

逝者如斯夫！

风墙动，

龟蛇静，

起宏图。

一桥飞架南北，

天堑变通途。

更立西江石壁，

截断巫山云雨，

高峡出平湖。

神女应无恙，

当惊世界殊。

《水调歌头·游泳》抒怀了毛泽东寄情于水的革命乐观主义精神和理想。当人的情感通过与高原、山水等相连并抒发出来的时候，就是人在欣赏大地之美。

一、大地肌理之美

（一）山峦之美

美在于运动，大自然以神秘莫测的力量，推动着万事万物的变化和运动。

地球自转的力量推动地壳运动，许多物质通过挤压运动堆积在地球表面形成山峦。在杜甫的《望岳》中有："造化钟神秀，阴阳割昏晓。会当凌绝顶，一览众山小。"一股雄伟壮阔的气势扑面而来。毛泽东也曾写道："看万山红遍，层林尽染。"山峦的壮美意象表现在：山的情怀是深沉的，因为山稳重；山的情怀是丰盈的，因为山敦实；山的情怀是豪迈的，因为它坦荡。

大山从悠远的历史中走来，它历经风雨却显得古老而又年轻；它目睹了多少世纪的变迁，铭记着历史的兴衰。当今快节奏的社会，许多人释放压力的方式就是登山

图 3-1　大地之美（彭泰祺绘）

远眺，欣赏沿途风景，抛弃世俗的烦恼。

大山他大美不言，方成其高俊。

山峦之奇，比如江西三清山花岗岩地貌。在三清山南清园北部，只见一柱高峰拔地而起，顶部扁平，颈部稍细，最细处直径约 7 米，形似一硕大蟒蛇破山而出，直欲腾空而去。这条所谓的巨蟒其实是一个巨大的花岗岩石柱。这个相对高度达 128 米的石柱是由风化和重力崩解作用形成，峰身上有数道横断裂痕，经过亿万年的风雨，依然屹立不倒，已经成为三清山标志性景观。

山峦之险，比如张家界砂岩峰林地貌，有人写道：三千座奇峰，高高地耸立在原始旷野之上；八百条秀水，蜿蜒曲折地穿行于峡谷之中。五步一个景，个个醉游人；十步一重天，重重入仙境。在峰林类地貌中，张家界的砂岩峰林地貌是世界上独有的一种。概括来说，张家界砂岩具有数量多、相对高差大、高径比大、造型奇特的特点，特别是其拥有目前保存完整的峰林形成标准模式，即平台、方山、峰墙、峰林、峰丛、残林形成的系统地貌景观，在这里得到完美体现，且至今仍然保持着几乎未被扰动过的自然生态环境系统。因此，从科学和美学的角度评价，张家界砂岩峰林地貌是世界上极为珍贵的地质遗迹景观。

山峦之靓，比如丹霞地貌。在地壳运动下，部分红色地层发生倾斜和舒缓褶曲，并使红色盆地抬升，在各种侵蚀作用下形成的以陡崖坡为特征的红层，群峰如林，疏密相生，高下参差，错落有序；山间高峡幽谷，古木葱郁，淡雅清静，风尘不染。锦江秀水纵贯南北，沿途丹山碧水，竹树婆娑，满江风物，一脉柔情，这便是"丹霞地貌"。有诗为证，"色如渥丹，灿若红霞""丹霞夹明月，华星出云间"，丹霞地貌作为在中国土生土长发展并被广泛认可的地学名词，被誉为地学国粹，具有独特的景观价值、美学价值、科研价值和审美价值。

山峦之高，如喜马拉雅山脉。西起克什米尔的南迦—帕尔巴特峰（海拔 8125 米），东至雅鲁藏布江大拐弯处的南迦巴瓦峰（海拔 7782 米），全长 2450 千米，是印度洋板块和亚欧板块相互挤压形成的褶皱山脉，有着"世界屋脊"的美称。

图 3-2　三清山花岗岩地貌

图 3-3　张家界砂岩峰林地貌

图 3-4　丹霞地貌（戚序摄，2019 年）

图 3-5　喜马拉雅山脉（何鸿鹄摄，2019 年）

图 3-6　桂林山水（苏磊摄，2013 年）

　　山峦之秀，如桂林山水。桂林的山，平地拔起，千姿百态；漓江的水，蜿蜒曲折，明洁如镜；山多有洞，洞幽景奇；洞中怪石，鬼斧神工，琳琅满目，形成了"山青、水秀、洞奇、石美"的"桂林四绝"，自古就有"桂林山水甲天下"的美称。翻开桂林文化历史，可以看到许多对桂林山水赞美和描绘的诗文。优美的诗文与如画的山水融为一体，构成一幅内涵极其丰富的大画卷，以表现出人类文化情感。南北朝诗人颜延之写"未若独秀者，峨峨郛邑间""象鼻分明饮玉河，西风一吸水应波，青山自是饶奇骨，白日相看不厌多"。范成大说水月洞"其形正圆，望之端整如月轮"。宋代游人观象鼻山有感而发，"水底有明月，水上明月浮，水流月不去，月去水还流。"

（二）高原之美

　　高原是大地上最突出的一部分，给人以力量和不可逾越的感受。从在空中鸟瞰黄土高原，那沟沟峁峁多么像黄土高坡瘦骨嶙峋的肋骨；那曲曲折折的山路多么像大山放出的闪电。人家半凿山腰住，车马都从屋上过，窑洞是在崖壁上挖进去的，从远处看就像楼房摞

图 3-7　青藏高原（陈海波摄，2021 年）

图 3-8　西北高原（霍去病击退匈奴古战场，甘肃永昌圣容寺旁）（丁月华摄）

在了一起。滕王阁塌了、黄鹤楼塌了、岳阳楼没有了踪影，只有窑洞用它那深邃的眼睛，洞察见证着中华民族的沧桑变迁，慈祥坦然地观望着黄土高坡深沉浑厚的生生息息。

你如果游历过青藏高原，那洁白又神圣的哈达是藏民的真情，那好客又剽悍的民风激发人内心的豪爽，那奇特又庄重的天葬神圣且令人敬畏，那高耸入云的群山坚定人们的信念，那辽阔无际的草原给予人无限的遐思，那来自远古的雪水激发创作的源泉，还有那悠久的宗教文化、奇妙的大漠景观、湮灭的古道残垣……

彩云之南，多彩贵州，忍不住让人赞颂。在云贵高原，连雄鹰展翅都那么深情，每个融化瞬间，都定格成一行诗句。清晨或傍晚时光，阿哥阿妹偶遇于山峦，这边唱来那边应，鸟儿的翅膀怎就将他们的歌声带得那么急促？又那么的温润？这一方山水翠色欲滴，细雨缠绵成江河，可爱的人儿，你在溪边戏水，你在凭栏凝望，美如画，甜如蜜，叫我哪般不心动！曾几何时，当淌过黄果树，相约在滇池，钻进石林，窜到西江……那丽江和镇远在诉说着怎样的过往？版纳和肇兴展示出民族的多彩魅力，瑰丽之魂。

高原给人以壮美感，自然风景与人的生活交融，缤纷多彩。

（三）湖泊之美

如果说山峦、高原在大地上给人以至刚的印象，那么湖泊就起到至柔的作用，刚柔相济，成就大地的肌理之美。湖边的垂柳刚刚抽出嫩绿的新芽，柳条随风摆动，像亭亭玉立的小姑娘在跳舞。平静清澈的湖面像一面大镜子，映出了蓝蓝的天空，白白的云朵。微风吹来，湖面上荡漾起一圈圈圆晕。古往今来，有多少文人墨客沉醉在这如画的景色中，"沾衣欲湿杏花雨，吹面不寒杨柳风""春风又绿江南岸，明月何时照我还？""从来不著万斛船，一苇渔舟恣奔快"。这些湖边的抒怀，寄托了多少思念与惆怅！

我们做人的心态就应该如湖泊一样。有这么一则故事：一位年老的印度大师身边有一个总是抱怨的弟子。有一天，他派这个弟子去买盐。弟子回来后，大师吩咐这个不快活的弟子抓一把盐放在一杯水中，然后喝了它。"味道如何？"，大师问。"苦"，弟子龇牙咧嘴地吐了口唾沫。大师又吩咐弟子把剩下的盐都放进附近的湖里。于是弟子把盐倒进湖里，大师说："再尝尝湖水。"弟子捧了一口湖水尝了尝，大师问道："什么味道？""很新鲜。"弟子答道。"你尝到咸味了吗？"大师问。"没有。"弟子答道。这时大师对弟子说道："人生的苦痛如同这些盐有一定数量，既不会多也不会少。我们承受痛苦的容积的大小决定痛苦的程度。所以当你感到痛苦的时候，就把你承受的容积放大些，不是一杯水，而是一个湖。"

所以，不要做一只杯子，而要做一个湖泊。用开阔和宽广把痛苦消淡，而不是因为自己的狭隘陷入其中。

（四）盆地之美

"辽阔的戈壁望不到边，云彩里悬挂着昆仑山。镶着银边的尕斯湖呵，湖水中映照着宝蓝的天。这样美妙的地方哪里有啊，我们的柴达木就像画一般。"这几句描绘的是我国四大盆地之一的柴达木盆地，盆地是由地球表面（岩石圈表面）相对长时期沉降的区域，因整个地形外观与盆子相似而得名。东渐沧海西被流沙，万里丝路，悠悠华夏。五月的沙漠温柔而美丽，白天可以骑着骆驼听声声驼铃。晚上躺在沙漠里，满眼都是无尽的星空和长长的银河，风吹来细细的沙粒……金黄色的行李箱在大漠里一定是亮眼的点缀。柴达木盆地无处不风景如画，无处不秀丽宜人。这里，奇峰怪石千姿百态，幽谷悬壁鬼斧神工，山窗洞开惊天动地，石桥横跨蔚为奇观；这里，一座古朴的石屋，便能使人畅怀，一条古拙的石道，就能令墨客挥毫，一株小草、一串山花、一片绿叶、一枚松果，皆可入诗入画，入诗则清新素淡，入画则典雅拙朴；这里，夜色静谧，山峦秀美，白云朵朵，花儿艳艳；这里，有逸趣之乐，有独得之乐，有感悟之乐。对这里的一山一水一草一木，是人们打心底里赞美，也是刻骨铭心眷恋着的。有聚宝盆之称的盆地不仅聚集了令人流连忘返的风景和数不尽的资源，同时还寄托了那里人们的念想与情怀。

图 3-9　青海湖（何鸿鹄摄，2021 年）

图 3-10　柴达木盆地

二、大地韵致之美

矿物是自然形成的纯物质或化合物，化学成分组成变化不大，有结晶结构。岩石是由一种或几种矿物和天然玻璃组成的具有稳定外形的固态集合体。岩石、矿物孕于自然，经历自然界的打磨，将自己最漂亮的一面展现给人类，其五颜六色，形态各异，例如钻石和黄金。从古至今人类文明的繁荣，都离不开对矿物与岩石这些"石头"的高效利用。没有人类，钻石、黄金等便永远只能是冰冷的没有生命的矿石。使它产生价值的是人，是人对"石头"价值的认识和对"石头"的再创造使得这些大地的宝藏成了人眼中大地之美的一部分。历史上有的"石头"如"和氏璧"和"玉玺"，跟王朝的更迭、皇冠的落地有关。有更多的"石头"在出土和交易中，因凝聚着人类的智慧、历史和文明而价值连城。

（一）从陶瓷之美看大地的韵致之美

陶瓷原料是地球上的黏土经过萃取而成。黏土常温遇水可塑，微干可雕，全干可磨；烧至700℃为陶，有一定的吸水性；烧至1230℃为瓷，可完全不吸水，且耐高温、耐腐蚀。古代的彩陶材料与今天用于太空的隔热片或火箭的弹头都属于陶瓷材料。陶瓷必须经过高温烧炼，才能获得耐酸、耐碱性能。传统陶瓷材料常见的原料有黏土、氧化铝、高岭土等，新型陶瓷材料主要以高纯、超细人工合成的无机化合物为原料，采用精密控制工艺烧结而制成，其成分主要为氧化物、氮化物、硼化物和碳化物等。黑陶坯质含碳，壁薄坚硬，经抛光后细致、光滑、精美。高岭石磨碎后变为高岭土，民间将高岭土称为观音土、白鳝泥、甘土、陶泥等。高岭土与水结合形成的泥料，在外力作用下能够变形，外力除去后，仍能保持形变的性质，此乃可塑性。可塑性指标越高，其成型性能越好。从景德镇和株洲醴陵的瓷器的质地上可以感受到高岭土的细腻和光滑，感受到大自然造物的丰功伟绩。

商朝出现过一种以高岭土制作的白陶，在受宗法思想支配的当时，用于祭祀祖先，纯白加上鲜明的雷纹，让人感到有贵族的特质。景德镇所产的青瓷和白瓷是景德镇作为中国重要且知名瓷器产地的历史起点，从宋代就和中国陶瓷连在一起。从这些火与土结合的艺术中可以感知到大地蕴含的矿物在风化的作用下、热液的作用下、沉积的作用下，在人的智慧和创造中所产生的韵致与魅力。

图 3-11 高岭石（土）

图 3-12 醴陵陶瓷（晏园摄，2021年）

（二）从钻石、黄金、铁矿看大地的韵致之美

钻石又称金刚石，由碳元素组成，是自然界中最坚硬的物质。钻石的高贵华丽体现了人的一种价值取向和品位。钻石像深情地注视着情人的眼睛，人们借钻石以表达对爱情的永恒追求。黄金自古以来受人青睐，黄金的色泽、硬度、易保存、耐腐蚀、稀有等特性，使它成为人类交易的货币，有了社会属性。"书中自有黄金屋，书中自有颜如玉""冲天香阵透长安，满城尽带黄金甲"。人们有时又多么憎恨它，"视金钱如粪土""翅膀沾上了黄金，鸟儿便不能飞翔"。从这些诗句里就知道黄金是让人又爱又恨的矿石。

人类很早就发现陨石中的铁含量很高。4000年前的古埃及第五王朝至第六王朝的金字塔所藏的宗教经文中，记述了当时太阳神等重要神像的宝座是用铁制成的。铁在当时被认为是带有神秘性的珍贵金属，埃及人干脆把铁叫作"天石"。在古希腊文中，"星"与"铁"是同一个词。

古代小亚细亚半岛的赫梯人，应是从铁矿石中熔炼铁的第一人，约公元前1500年这种新的、坚硬的金属给了他们经济和政治上的力量，铁器时代开始了。

在我国，从战国时期到东汉初年，铁器的使用开始普遍起来，春秋时期的铁器多数发现于湖南省长沙地区。战国中期以后，出土的铁器遍及当时的七国地区，应用到社会生产和生活的各个方面。西汉时期，应用铁器的地域更为辽阔，种类、数量显著增加，质量也

图3-13 钻石

图3-14 黄金

图3-15 汶川战国暴蓝铜把铁剑

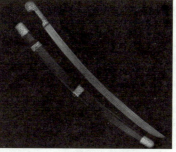

图3-16 高加索传统铁剑

图3-17 豆状赤铁矿

有提高。东汉时期铁器最终取代了青铜器。冶炼钢铁的原材料豆状赤铁矿，呈红褐色，微晶结构，豆状构造；葡萄状赤铁矿，铁灰色，粒状结构，葡萄状构造，铁质氧化物呈葡萄状黏结在一起，颗粒大小不一。

在精神上，人们将铁所特有的强度高、硬度大、韧性好、性能一致等特点，凝练出以"坚韧不拔、勇承重载、崇实求精、表里如一"为内涵的"钢铁品质"，从中可见人们对大地的矿物与岩石韵致的欣赏。

（三）从石英矿及石英岩看大地的韵致之美

石英，又名洁白的冰，是地球表面分布广泛的矿物之一，有多种类型，如日用陶瓷原料所用的有脉石英、石英砂、石英岩、砂岩、硅石、蛋白石、硅藻土等。石英跟普通砂子、水晶是"同出娘胎"的一种物质。

石英既能组成岩石，又能形成华丽的水晶。以离子形态混入水晶的微量元素赋予了水晶各种色彩。含铁、锰、钛的紫水晶，颜色呈现为紫色，也带着不同程度的褐、红或蓝色，巴西产紫水晶一般颜色呈现较深。含铁的黄水晶具有较高的透明度，其内部特征与紫水晶较像。黄水晶的产出较少，最常见为与紫水晶和水晶晶簇伴生，它的稀缺性也提升了黄水晶的价值存在。

含钛的浅玫瑰色粉晶，因为其少女心的颜色，倍受年轻女性的喜爱。粉水晶分为普通粉晶、冰种粉晶和星光粉水晶三种级别。含镭的烟晶、茶晶、墨晶，颜色从浅棕色到黑棕色。茶晶颜色深邃古典，有着烟雾般朦胧的外表。

图 3-18　石英岩

图 3-19　紫水晶

图 3-20　黄水晶

图 3-21　粉晶

图 3-22　茶晶

水晶，一直为世人所钟爱。有人认为它的天然能量可以改变人体及周围的磁场，甚至还能净化环境，对它倍加推崇。人们从所期望的能量意义上认为，紫水晶可以转变运气，平稳情绪，增强记忆力；黄水晶是智慧与喜悦的象征，可以令我们充满自信，并有减轻恐惧、排除内疚感、平稳情绪的作用；粉水晶有招桃花的效果。人们把象征、希望寓于水晶之中，并且还认为佩戴水晶可以很好地展示主人的美丽与华贵。由此可见人们对大地矿物与岩石的韵致的欣赏与喜欢。

三、大地奇异之美

中国人喜讲风水，小到家庭乔迁，大到宫殿选址，总想寻一风水宝地，图个安居乐业，吉祥运势。而风水便是人们对山和水的走势等自然地理的考究。自然环境对人们的生活、生产与居住产生了影响，也造就了独特的风俗民情。

（一）风的力量之美

"长风破浪会有时，直挂云帆济沧海"，何等气魄！"大风起兮云飞扬"，何等壮观！"泉眼无声惜细流，树阴照水爱晴柔"，何等灵秀！在诗人的眼中，与风、水同行便是与自然亲近，世世代代的文人们笔下吟诵追慕风与水的诗句何其多，风的壮阔震慑了他们灵魂中的软弱，使他们灵魂坚韧；水的灵秀洗涤了他们心上的尘埃，让他们心灵纯澈。

风是威力无边的。在风的参与下，再坚硬的岩石也被深深感化，悄然无声地变成了卑微的沙石，化为沙漠。游客在这里可以体验赛骆驼、滑沙、沙漠越野、沙漠滑翔等惊险刺激的运动项目，体验速度与激情的豪迈；也可以漫步沙海，欣赏形态各异、丰富多彩的沙雕。即使冬季，也不能阻挡游客的热情。唐代诗人李贺有诗云："大漠沙如雪，燕山月似钩。"在月光的映照下，黄沙呈现出如雪的景象。而真实落雪后的沙漠，比月色下的沙漠更美。瑞雪覆盖的沙漠银装素裹，沙与雪和谐共存，宛如童话世界一般美丽纯净，这样的独特景观，吸引着众多观光者不畏严寒，追寻而来。

一些没有完全沙化的小山包在风的磨蚀下，下部剥蚀严重，逐渐形成向里凹的形态。而小山包上部的岩层比较松散，在重力作用下容易垮塌形成陡壁，这便是雅丹地貌的由来。

经过强风和细沙的不断研磨，雅丹地貌显得特别细致，仪态万千。雅丹"舰队"，其造型一排排地朝一个方向展开，壮观景象犹如排列整齐的舰队驶向大海，奇妙无比；雅丹"孔雀"更是栩栩如生，惟妙惟肖，它回眸远眺，若有所思，令人无限遐想。土丘之间的凹地迂回曲折，深邃而幽静。有的像荒废的城堡矗立在地面上，每到夜晚，尖厉的风发出巨大声响，令人毛骨悚然，因此也以"魔鬼城"闻名于世。

大地原始的肌理，赤裸、粗糙、风雕、日晒，碎成沙、形成漠。在这极度干旱的地域，有文明逐水而生，使得这亘古的寂静之地多了一片生机。

图 3-23　鸣沙山、月牙泉（曾令香摄，2019 年）

图 3-24　沙与雪

图 3-25　雅丹地貌（赵然摄，2016 年）

图 3-26　雅丹地貌

图 3-27　黄河之水（曹卫平摄，
2008 年）

风是天地的精灵，风是自然的呼吸。在大自然中，风是不知疲倦的，他的身影无处不在。因为风的存在，造就了地球寒冷、炎热、干燥、潮湿、温润、多雨等数十种性格各异的气候类型，形成了浩瀚的沙漠、广阔的草原、茂密的森林等自然景观，雕斫出千奇百怪的地形地貌，为大地家园涂抹上美丽的色彩，给人类提供了流动的清新空气。

（二）水的力量之美

在非洲，有一条大河，从南到北流贯全境，长 1350 千米，两岸形成宽约 3~16 千米的狭长河谷，并在开罗以北形成 2.4 万平方千米的三角洲。两岸谷地形成了面积为 1.6 万平方千米的绿洲带，它便是非洲的生命之河——尼罗河。人们傍河而居，创造了古埃及文明。

尼罗河，从南向北缓缓流入大海，它给两岸的人们带来丰富的水源，也给植物带来了充足的养分，许多动物也在这里安家。那些金字塔和方尖碑，甚至还有神秘的木乃伊，记录着这条河的故事，它冲下高原，穿过大沙漠，最后顽强地汇入大海，成为世界上最长的河流。

"一条大河，波浪宽，风吹稻花香两岸"，中华民族也有一条母亲河——黄河。黄河犹如一条巨龙，劈开青藏山川，穿过高原峡谷，出壶口、跃龙门、闯三门峡，行程 5464 千米，流经 9 个省（自治区），九曲十八弯，奔腾入海。

"君不见黄河之水天上来，奔流到海不复回"。这是诗仙李白笔下的黄河，其源头之高、流程之远，如挟天风海雨般迎面扑来。远古的风穿过低吟的浪花，滚滚黄河水述说着中华民族千百年来的发展故事。

"秦王使使者告赵王，欲与王为好，会于西河外池"。战国末期，秦赵两国在黄河边的渑池之会，这样的史实背景下，史学家司马迁生动地讲述了完璧归赵的精彩故事。"然后践华为城，因河为池，据亿丈之城，临不测之渊，以为固"。《过秦论》中秦始皇以高耸的华山、汹涌的黄河作为坚固的城防，他"仁义不施"，以暴虐治天下。西汉名士贾谊以此分析秦王朝的过失、总结秦速亡的历史教训，引人深思。

黄河，伴随着古代中国朝代更迭、战事频发的宏大背景，她是气势磅礴的，也是柔情婉转的。她流经的区域是绿色的生态屏障，也是多彩的经济地带。她滋养的土地创造出的璀璨文化，是中华民族的根和魂，也是中华儿女自强不息的动力。

河水流淌冲击侵蚀着河床的岩石，形成陡坎，坚硬的岩石则相对悬垂起来，河水流到这里，便飞泻而下，形成了瀑布。

"飞流直下三千尺，疑是银河落九天"。读罢，眼前仿佛出现了一幅不可思议的画面：水面下，出现一大片陡峭直立的悬崖，崖壁上半部与海岛相连，下半部直插深黑的海底；悬崖前沿向内凹进，两边危岩兀立，怪石峥嵘；悬崖之上，铺天盖地的银白色水流汇聚一处，争先恐后地从断崖间直冲而下，形成一条宽大的瀑布；水流飞落崖下后迅速散开，以扇形向前扩展，并逐渐消失在黑漆漆的深渊之中。

我国贵州的黄果树瀑布是世界上最大的瀑布群，列入了吉尼斯世界纪录。黄果树瀑布的出名始于明代旅行家徐霞客，经过历代名人的游历、传播，成为知名景点。在徐霞客所见的瀑布中，"高峻数倍者有之，而从无此阔而大者"。其后历代文人墨客作诗撰文赞颂黄果树瀑布。明末"天末才子"谢三秀诗中有"素影空中飘匹练，寒声天上落银河"；清代贵州巡抚田雯曰："匡庐瀑布天下称奇绝，何如白水河灌犀牛潭，银汉倒倾三叠而后下，玉龙饮涧万丈哪可探。"

陡坡塘瀑布位于贵州省黄果树瀑布上游1千米处，是黄果树瀑布群中瀑顶最宽的瀑布，也是1983年电视剧《西游记》片尾曲的拍摄地。有文学作品这样描述：遥闻水声轰轰，从陇隙北望，忽有水自东北山腋泻崖而下，捣入重渊，但见其上横白阔数丈。平水时，白水河流量不大，水流清澈，陡坡塘瀑布显得十分清秀妩媚。

由于独特的地质构造，黄果树瀑布群周边还有独特的喀斯特地貌，前往黄果树观瀑的游人多半也会去探究一下这种

图3-28 黄果树瀑布（张建梅摄，2018年）

独特的溶蚀地貌。

与溶蚀地貌一样，峡谷的形成与水流运动息息相关，是构造运动导致地表迅速隆起、河流剧烈下切而形成的。峡谷有其独特的魅力，有诗词为证：

巴东峡口

宋范成大

水宿频欹侧，徒行又险艰。

舟危神女峡，马瘦鬼门关。

照夜烧畲陇，缘云种筰山。

催成头雪白，休说鬓丝斑。

次及甫入峡杂咏·峡口

宋洪咨夔

山隘留天少，江迂占地多。

风梢猿自挂，露草虎曾过。

坐客犹吴语，行人尽楚歌。

川妃澜浪甚，着语试谁何。

位于我国西藏的雅鲁藏布大峡谷，由于地势落差非常大，江流如同千军万马般奔腾而下，整个大峡谷内都回荡着震耳欲聋的涛声。

在峡谷最窄的地方，只能看到窄窄的一线天空，两侧的陡峭山峰就像连在了一起，江流毫不畏惧地从壶口似的狭小孔中喷射而出，气魄惊天动地。雅鲁藏布大峡谷的气候条件会带来充足的降水和热量，因此整个大峡谷的植物都生长得非常茂盛。如果你能够亲自到

那里去看一看，一定会被那里的景色所震撼。在大峡谷的斜坡上，我们可以一览从热带到寒带的全部自然景观。在海拔低于 1000 米的谷地，我们可以看到青翠欲滴的雨林，那里金黄的麦田，是一派温暖的田园景象；随着海拔的升高，逐渐出现郁郁葱葱的阔叶林和由终年常绿的松树、柏树等组成的针叶林，这些树木高大伟岸，像一个个卫士一样守护着神奇的大峡谷；当海拔继续升高，高大的树木已不能在这样寒冷的地方生存，但是还有许许多多的灌木丛和草甸，它们虽然身材矮小，但是不怕寒冷，非常坚强，它们的根深深地扎进常年冰冻的泥土，涵养着高山上的水土；当来到海拔超过 4000 米的地方，就会看到雪山，大峡谷四周的峰顶一年四季都银装素裹，在阳光的照耀下金光四射。

图 3-29　雅鲁藏布大峡谷（李伟权摄，2014 年）

　　大地是一幅画，再好的笔墨也不及它随处可见的绚丽；大地是一首诗，再美的言语都不及它的大美无言；大地是一首交响曲，再振聋发聩的乐章都抵不过泉水叮咚，小河欢腾，大海澎湃。

　　没有了终日忙碌，出去走走，就可以感受到大地的悠悠诗意。大地像母亲一样哺育着我们成长，我们要保护她，不能伤害她！那些感受到大地之美的人，能从中获得生命的力量。我们需要重建人与天地的联系，归真返璞，这样，我们的孩子才有可能成为热爱自然、懂得审美的人。

第四讲　动物精神：动物进化的生命之美

4

余经裕

　　动物和人一样都受自然选择和性选择规律的影响，为了生存和基因遗传，许多生命体要通过行为形貌躲避风险、寻找配偶繁衍后代，还需要通过一些特定的行为适应不断变化的环境，提高生育率和后代质量。动物每一次的进化都是一次创造美的过程，在渐序的动物进化过程中，展现了丰富的美学素材，蕴含了丰富的精神力量。

在澳大利亚，袋鼠是随处可见的动物，在这个大量袋鼠繁衍生息的国度，曾发生过这么一个真实的故事。一天，一位司机驱车在高速公路上，一只袋鼠突然出现在离车5米的地方，面朝着车的方向。司机急忙刹车，可是车速太快了，无法立即停下，眼看就要撞上，袋鼠灵敏地转过身去，将背朝向汽车。就这样，汽车将袋鼠从背部撞飞了出去，摔到了很远的地方。司机慌忙走下车去，跑到袋鼠的跟前，发现袋鼠已经死了。司机将它反转过来，正要将它拖走之时，忽然隐约听到有微弱的叫声。司机慢慢地探寻着，终于，在死去袋鼠的育儿袋里，发现了三只小袋鼠。原来，在那千钧一发之际，袋鼠妈妈转过身去，将生的希望留给了自己的孩子，而自己却殉命。

与人类相比，动物有自己表达爱的方式，似乎更直白、真诚、深刻。动物世界的很多生活细节，都在潜移默化人们的心灵。走进自然，感悟生命，学会对每一种生命包容尊重，与每一种生命体平等地交流。

一、迁徙异乡投射出的恒心、毅力和爱心

迁徙，指动物有规律地长距离搬迁到不同栖息地的行为，是动物选择最佳生存地域环境及调节种群密度的生态适应性行为。自然界中多数动物都具有迁徙行为，部分动物甚至把迁徙当作一生中不可或缺的重要部分，这种行为不仅对维护动物种群稳定有重要作用，还有利于平衡生态系统。春去秋来，无数的迁徙动物离开自己生活的故土，前往遥远的异乡寻找鲜美的食物和温暖的阳光。动物们在这场跋山涉水、声势浩大的旅行中面对艰辛所表现出来的恒心和毅力令人赞叹不已。恶劣的环境、天敌的追杀、伤病的折磨，甚至是死亡都无法阻止它们前进的步伐。

（一）动物大迁徙

哺乳动物的迁徙通常是定期的、定向的、以群体为单位进行。大规模的动物迁移场景尤为壮观，动物们成群结队地跨越高山、峡谷、戈壁和河流，向着目的地行进，坚韧不拔，一往无前。哺乳动物每年固定的迁徙活动，满足了它们在特定的生活时期所需要的食物和环境条件，也为它们的生存和种族的繁衍提供了可靠的保证和依托。

非洲坦桑尼亚塞伦盖蒂草原位于南纬1~3度，东经34~36度，这里栖息着世界上数量最多、种类最庞大的野生动物种群，可谓是动物的天堂。塞伦盖蒂草原每年都会上演世界上最宏大的动物奇观。6月，成群的角马、斑马和瞪羚追随雨水，以顺时针方向，沿着相对固定的迁移路径行进。角马迁徙大军是由多个小群体组成，每个小群体中都有一匹领头的角马。领头角马在群体的迁徙过程中负责安全、保卫工作。每当它们穿越公路时，领头角马会站在路边，密切注视路上的情况，直到群体中所有的角马都通过公路，它才会快步

跟上迁徙队伍。

随着角马的不断行进，焦渴万分的角马来到格鲁米提河岸边，开始喝水。饥饿的尼罗鳄悄悄地从水下靠近，角马却全然不知。突然，水中的尼罗鳄张开长长的嘴巴，迅速咬住正在河畔喝水的角马，并竭尽全力将其拖下水去。随后，水中的尼罗鳄一拥而上，将落水的角马活活地撕成碎块，囫囵

图 4-1 东非动物大迁徙（张文娟绘）

吞下。这也成了尼罗鳄一年一度的盛宴。见识了尼罗鳄的凶残，角马不敢停下脚步，它们在河边聚集形成高密度的集群，拥挤着、践踏着，仓促地渡过格鲁米提河。

角马迁徙大军继续向北移动，来到坦桑尼亚与肯尼亚交界的马拉河。马拉河也是角马迁徙旅途中最难逾越的一道天然障碍，这里不仅河岸陡峭、水深流急，而且还有饥饿了整整一年的尼罗鳄在水下潜游着。

角马迁徙穿越马拉河的场面十分壮观。迁徙的角马面对天然河道和虎视眈眈的鳄鱼，会在河岸上暂时停止脚步。然而，后面的角马不知道前面的同伴为什么停下来，仍然飞奔而至。于是，角马、斑马、瞪羚拥挤在河岸上，造成了严重的堵塞。后面蜂拥而上的角马将前面的角马推下河岸，这些角马再没有退路，只得纵身跳下陡峭的河岸，跃入急流，奋力躲避凶猛的尼罗鳄。终于，成群的角马游过了马拉河，在草地上得以喘息，但也有不幸被尼罗鳄捕食和溺毙的个体。

7 月下旬，角马迁徙大军到达肯尼亚，并会在这里的草地上觅食 3 个月，在此期间受孕的雌性角马也开始产仔。11 月初，塞伦盖蒂大草原南部开始降雨，雨后植被逐步返青，食草动物们又有了新鲜食物。11 月下旬至 12 月，成群的角马追随雨水迁移到塞伦盖蒂草原东部和南部，寻觅雨后生长的新鲜植被。巨大的迁移群体在草原上时聚时分，行进速度时快时慢。

随着时间的推移和降雨区的移动，整个塞伦盖蒂草原的角马、斑马和瞪羚循环往复地迁徙着。在迁徙途中，它们面临的捕食者不仅仅有尼罗鳄，还有数目庞大的非洲狮、猎豹和鬣狗等。不仅仅是角马、瞪羚，就连体形颇大的斑马，也会被狮群围猎。每年约有 25 万头角马由于干渴、饥饿、疲劳、伤病或被捕食而死亡。

在生物进化过程中，生物个体在生存竞争中优胜劣汰、适者生存。在年复一年、周而复始的大迁徙中，老弱病残个体被捕食者捕食，当然一些强健的个体也可能会被捕食。被

捕食的草食动物养活了草原上的肉食动物、腐生生物，而存活下来的个体会继续将基因不断地遗传下去。

（二）飞越海洋

我们将每年需要沿着固定的路线、在繁殖区和越冬区之间来回迁徙的成群结队的鸟类称为候鸟，如大雁、天鹅、家燕都是候鸟。而终年生活在一个地区，不随季节迁徙的鸟类称为留鸟，如喜鹊、麻雀等。鸟类的迁徙都发生在南北之间，部分鸟类的迁徙甚至穿过赤道跨越在南北半球之间。每年秋季，已经在北方完成繁殖的鸟类就会携家带口飞往南方，在那里度过冬季，等到来年春暖花开之时，鸟类又会返回北方老家，继续繁殖后代。

地球自转轴的北端，也就是北纬66度以内的区域，被称为北极地区。北极地区终年寒冷，飞行冠军北极燕鸥就在这里繁衍生息。北极燕鸥是属于燕鸥属的一种海鸟，体型中等，其羽毛主要是灰色和白色，以鱼、甲壳动物等为食。北极燕鸥是地球上迁徙距离最远的动物，他们以近4万千米的迁徙距离创造了生命的奇迹，成为地球上迁徙距离最长、飞行速度最快的动物。每年的5—8月，正值北半球的夏季，北极燕鸥在位于北极圈附近（包括阿拉斯加、格陵兰岛、北欧、加拿大、俄罗斯北部等地）的繁殖地内求偶、繁殖及养育后代。小北极燕鸥刚出生时身上长了灰色的绒毛，就如同小鸡一般。一个月左右，小北极燕鸥就能自由活动并长出飞羽，这期间它的父母会为其提供食物和保护。

8月末，北半球的夏季即将结束，小北极燕鸥已经具备了飞行能力，它们将跟随父母开始生命中的第一次超长距离迁徙。北极燕鸥在大西洋和太平洋上会选择多条迁徙路线。以北极燕鸥在大西洋上的迁徙路线为例，它们从北欧和格陵兰岛的繁殖地出发，先飞到拥有丰富食物的北大西洋，用一个月的时间在北大西洋上空进食，为即将开始的远行积蓄能量。当能量储备充足之后，北极燕鸥会分成两支，一支沿着非洲西海岸向南飞行，另一支沿着南美洲东海岸向南飞行。虽然它们的飞行路线不同，但是目的地一致，都是冰雪覆盖的南极大陆。

历时4个月的飞行，北极燕鸥终于在飞越了半个地球后纷纷抵达位于南极洲的栖息地，此时正是南半球的夏季。在南极四周的海域中大量的磷虾为北极燕鸥提供了食物，而且没有了繁殖的压力，北极燕鸥可以尽情享受南半球的夏天。在南极生活的4个月里，新生的小北极燕鸥会不停地进食，让自己尽快长大，以便有能力迎接来年新的迁徙。

次年3月，当北半球的春季到来时，养精蓄锐的北极燕鸥再次挥动翅膀开始长途迁徙，回到位于地球最北端的出生地。与来时的路线不同，北飞的北极燕鸥几乎都选择了同一条路线，这条

图 4-2　顽强的北极燕鸥（张文娟绘）

路线曲折地穿过整个大西洋，在地图上看呈一个大大的"S"形。在茫茫的大海上没有任何地方落脚休息，它们只能不停地飞行，饿了就掠过海面捕鱼充饥。

5月，北极燕鸥在经过2个多月的飞行后回到了位于北极附近的繁殖地。在这里，它们将再次开始生命中最伟大的工作——繁育后代。就这样，北极燕鸥们完成了一年一度两次穿越南北半球的超长距离迁徙，其往返一次的迁徙距离长达4万千米。一只北极燕鸥的平均寿命为30岁，一生的飞行距离达到了150万千米，相当于地球和月球间往返三次。正是因为北极燕鸥每年都会经历南北两极的两个极昼，所以它被称为是永远生活在光明中的动物，这也是大自然对最长迁徙的北极燕鸥最伟大的奖赏。

（三）洄游与回归

洄游是鱼类运动的一种特殊形式，是一些鱼类的主动、定期、定向集群的水平移动，大多数鱼类的洄游都是为了繁殖下一代。

大马哈鱼是著名的冷水性溯河产卵洄游鱼类，它们出生在内陆江河淡水中，却在太平洋的海水中长大。洄游，是属于它们的长征，用空间换时间，牺牲自己让自己的下一代可以在更安全的环境中出生。

每年的八九月份大马哈鱼性成熟时，成千上万的大马哈鱼会成群结队地从外海游向近海，在渡过鄂霍次壳海后，在入海口进入江河，其每昼夜可前行35千米左右。进入江河后的大马哈鱼都将进行一次九死一生的冒险之旅，它们将沿河而上，会遇到浅滩峡谷或是急流瀑布，大马哈鱼为了越过瀑布，会借助高速游泳而向上跃出水面，跃出水面最高点可达2.5米。

在洄游的途中，棕熊、灰狼等其他食肉动物早在沿河等待，它们随时都面临着被捕食的风险。对于即将迎来漫长冬天的大马哈鱼来说，至关重要的是脂肪和能量。大马哈鱼在

图4-3　大马哈鱼洄游

洄游路上几乎不吃不喝，体内 85% 以上的脂肪、60% 的肌蛋白都会消耗殆尽。先是内脏和皮下脂肪，然后是背部的肌肉蛋白，最后是尾巴上的肌肉。毕竟作为前进的关键动力器官，尾部肌肉一定要留到最后。

许多洄游大马哈鱼都没能抵达产卵地，便消耗了自己的大部分能量，有的甚至是全部能量。大马哈鱼用尽最后的一点力气产卵之后便会油尽灯枯而死。它们死后会为成千上万的生物提供营养，也包括自己的幼崽。来年的 4 月，待到小马哈鱼长至 50 毫米左右，它们便开始沿河而下，到达沿海后先逗留一段时间再向外海游去。待 3~4 年大马哈鱼性成熟后它们将开启返回出生地的新征程。

无论经历多少个春秋，面对多少未知的风险，大大小小的动物们都会在世界各地如约上演大迁徙的壮阔景象，这样的迁徙有时需要它们一生，甚至是几代同胞的努力才能完成。也正是大自然中年复一年的壮阔迁徙历程，才成就了整个生态的平衡之美。

二、适应与疗伤投射出的自我价值实现

由于地球演化和气候聚变，生物在其进化历程中发生过数次大变动，呈现出大灭绝和大爆发相互更替现象，即在生物大规模灭绝之后，往往又会有适应新环境的生物物种迅速繁衍和发展。达尔文在《物种起源》中提出，绝大多数物种繁殖的后代数量，往往超过了生存环境的承受能力，致使后代无法获得足够的食物、水和栖息条件等，而生物自身存在着许多突变，这些变异可能会适应于环境，也可能会影响其生存，在生存空间和自然资源有限的时候，那些有利的变异个体就存活了下来。这些个体更容易繁殖后代，他们的后代继承了有利的基因。经过许多代以后，微小的有利变异在物种内积累起来，一个更加适应环境和生命力更强的新物种便形成了。动物在不断的进化过程中，还练就了自我疗伤的本领，为的就是能够进一步地适应生存环境。

（一）长颈鹿进化之谜

根据达尔文的进化学说，在很早以前，长颈鹿还是"短颈鹿"，虽然脖子都很短，但是依然有细微的长短差异，个别脖子稍长的鹿由于有了身高的优势，它们可以吃到较高处的食物。食物短缺时，脖子较短的同伴由于饥饿而死亡，脖子较长的少数个体因为能吃到更高处的树叶而具有了更大的生存机会和繁殖优势。后来，脖子较长的少数派繁衍壮大，长颈基因也因此而遗传下去。

这个推理简单明了：短颈鹿 + 自然选择 + 时间 = 长颈鹿。长颈鹿的脖子就这样成为了自然选择的完美例证。乔治·杰克逊·米瓦特同 19 世纪许多博物学家一样，他接受进化这一概念，但却提出了与达尔文不同的理论。他认为自然选择无法有效且合理地解释祖先和后代之间的中间阶段，也就是过渡物种。这使得自然选择在生物进化

过程中没有连续性。

对于长颈鹿独特长脖子的演变之谜当代生物学界提出了两个假设。

一个假设是延续了达尔文的论证，认为长颈的进化是由于对事物的竞争而导致的。2007 年生态学家爱丽莎·卡梅隆和杜约翰对长颈鹿摄食生态学进行的实验研究发现，低级食草动物几乎将地面的食物瓜分一空，长颈鹿想要获取更多的食物只能向高处索求，毫无疑问，获取高处食物的能力就成为了它们的一大优势。

另一个是"性选择"假设。该假设认为长颈鹿那超乎寻常的颈部，是雄性长颈鹿们为了争夺雌性配偶而激烈竞争所产生的结果。动物学家们观察到，长颈鹿习惯使用"暴力头锤"和"交颈缠斗"的招式来进行格斗。其实，达尔文在《人类的由来》中也曾提到过这一点，但是当时人们并未将长颈鹿的这种特殊格斗技巧和其长颈进化联系在一起。1996 年，在罗伯特·西蒙和卢·希培斯发表的《以脖致胜：长颈鹿进化中的性选择》一文中，引用大量观测数据，论证长脖子并不能给长颈鹿带来获取食物方面的优势，反而带给了雄性长颈鹿格斗优势，他们认为是雄性长颈鹿之间的择偶竞争导致了长颈鹿脖子的变化。

总之，长颈鹿脖子的进化，无论是由于觅食竞争导致的还是由于择偶竞争导致的，都是对环境变化产生适应的过程，所有的生物都是在对环境的适应过程中来实现自我价值。

（二）蛇岛蝮蛇的生存之道

我国大连海域的蛇岛上生活的蝮蛇是一种爬行类动物，数以万计的蛇岛蝮蛇在一个没有淡水只有 0.73 平方千米的孤岛上繁衍生息，专以春秋两季南来北往的候鸟为食，它们没有四肢，行动迟缓，却能捕到鸟儿；它们还能忍饥挨饿，度过漫长的没有食物的季节。经过数万年的自然选择与适应，蛇岛蝮蛇形成了独特的习性与行为，创造了大自然中的一大奇迹。

尽管蝮蛇遍布蛇岛的每一处角落，但初登蛇岛的人还是很难发现它们，登山时一不小心不是手抓在蛇身上，就是脚踩在蛇身上了。原因在于蛇岛蝮蛇身着一身瓦灰色的外衣，与树干十分相似，完全与周边环境融为一体，隐蔽性极强。蛇岛上的蝮蛇都具有伪装这一生存技能。缠在树上的蝮蛇通常把自己伪装成一枯树枝，或者将身体的大部分隐藏在树叶下面，露在外面的头很像一个树结。伏在岩石上的蝮蛇，尽量把身体隐藏在岩缝和草丛中，或将身体顺着石棱、石角盘曲，很像天然纹理。伏在地上的蛇，则将身体完全躲在草丛里，只将头露在外面，这些地方经常是小鸟首选的飞落目的地。这种伪装行为可有效地猎取食物，避免太阳的直接照晒和天敌的袭击。

蛇岛蝮蛇的捕食季节很短，以春秋两季飞来的候鸟为食。天气好的时候就在树上过夜，运气好的时候一天能捕食几只鸟，运气不佳时几天甚至一个季节也未能捕获任何猎物。

即使吃饱了，仍在树上期待着下一个猎物的到来。这种以逸待劳、守株待兔的方式既可以节省体能，又可获取足够的食物，这就是长期适应和自然选择的结果。此外，蛇岛蝮蛇拥超强的耐饥力和耐渴力，即使一个捕食期都没有捕获猎物，只要在下一个捕食季节获得足够的食物就能维持生存。蛇岛没有天然的淡水资源，但蝮蛇仅靠吸吮不多的雨水和清晨的露水就能维持正常的生理代谢。据观察，蛇岛蝮蛇在没有供水的条件下，可耐饥80～392天，平均存活148天。

虽历经数万年的地理隔离，蛇岛蝮蛇与它们生活在辽东半岛的祖先蝮蛇千山亚种相比，成体的形态、体重和体长都相差无几，但幼蛇的体长和体重差别很大。蛇岛蝮蛇每胎产4条左右，单胎生产数量不及蝮蛇千山亚种的1/2，但其幼蛇体重却是蝮蛇千山亚种幼蛇的3倍左右，平均达13克，刚出生即可吞食小型鸟类。这种采取提高生殖质量、降低生殖数量的"优生优育"策略，是蛇岛蝮蛇种群延续至今的根本保证。

冬眠是爬行动物的普遍现象，是由低温导致的蛰伏状态。一旦动物不能把体温保持在一定温度的时候，它们就开始寻找合适的地方躲起来。而蛇岛蝮蛇在炎热的夏季也要"蛰伏"。每当人们6月至8月中旬登上蛇岛，很少看到蝮蛇，是因为它们都已经进入"夏眠"。夏眠与冬眠有着本质上的区别，夏眠的蛇没有进入蛰伏状态，所谓"夏眠"，实为避暑，生理代谢仍然很活跃。蛇岛蝮蛇夏眠，只是为了度过食物淡季和减少能量消耗，不得不逃到地下较为阴凉的地方。如遇阴天下雨，它们还会出来吸吮草叶上的水滴，以补充散失的水分。夏眠场所的选择多在岩石下，约占70%；其次是在草丛或者枯枝落叶下面，约占30%。生活在其他地区的蝮蛇就没有夏眠现象，这种夏眠行为也是蛇岛上的蝮蛇长期适应环境的结果。

（三）狐猴的自我疗伤

珍爱生命、自救生命是地球所有生物的生存本能，这一点在动物身上表现得尤为明显。许多动物生病或是受伤后出于本能的需要不仅能自己清洗伤口，而且还会巧妙地利用一些植物的药用功能为自己疗伤，有的甚至会借风使船向异类求医问药。

野生红领狐猴生存于马达加斯加岛东部沿海的热带雨林中，如今数量并不太多，它们的面部、四肢、尾巴黝黑，脖子后方有一块明显的白色毛发，其余大部分地方都长着红毛。

红领狐猴在进化过程中，为了适应恶劣的生存环境，掌握了通过嚼千足虫治疗和预防可能存在于其肠内和身上的寄生虫引起的瘙痒或体重减轻等方法。此外，红领狐猴受伤后会立即用牙齿磨碎一种叫满地爬的藤本植物的茎叶并敷盖在患处。倘若受伤的是雌狐猴，身旁的雄狐猴就争先恐后地上前献媚为它施医。

动物和人一样，容易遭到异类的侵袭以及病菌的感染。人类遇到了各种疾病可以到医院进行专业的治疗，但是生活在自然环境的野生动物没有医院，于是部分动物在同各种疾病的斗争中学会了给自己治病。正如红领狐猴所具有的聪明才智，形成了适应战胜残酷自然环境的能力，掌握了应对常见疾病的方法，造就了生存的本能，使得它们能够生生不息地繁衍。

为了适应千变万化的环境，大大小小的动物进化成各种各样的形态。它们的形态要么自身极具美感，要么与环境浑然一体，面对不幸的伤病，它们还可以自我疗愈，这些无不彰显出它们生命的智慧之美。

三、生存意志投射出的生命之光

无论是岩缝中的蝼蚁还是草原上的雄狮，都需要通过竞争来获取更多的生存机会，并繁衍后代将自身的基因永久地延续下去。这种由自然性质赋予生命追求存在的基本动力被称为生存意志，生存意志是生命存在发展最基础的力量，也是生命适应环境的发展路径后形成的功能进化力量。正是自然赋予了生命这种内生力量才使得自然演化出多姿多彩的生命体系。

生存意志在生命行为表象中呈现出生存和繁衍两个属性。生存在于追求适合于个体较好的生存环境和能量来源，繁衍是保证个体基因能够延续存在的唯一途径。纵观地球上各类不同形态的生命，小到细菌，大到虎鲸，从低等海洋藻类到高等生命的人类，驱动生命行为的核心力量是生存和繁衍，这种力量并非生命后天发展而来，而是先天自然性质所赋予，是自然存在和结构生长赋予生命的定向力量。自然界蕴涵的智慧奥妙无穷，为了获得生存优势，生命能动性智慧地选择了进化和竞争方式这两条发展路径，生存意志激发着生命体产生功能进化意志和生存竞争意志，使得生命之光璀璨。

（一）火蜥蜴的重生

一些动物遭遇危险的时候，往往会牺牲身体的一部分，吸引敌人的注意，以获得逃跑的生存机会，这可以说是一种牺牲局部，保全整体的求生方式。这是它们的一种自卫的生存技能，也可以说是生存本能。

提起断肢逃生，大家一定会想起壁虎。壁虎作为一种爬行动物，拥有与生俱来的复原能力。当它遭遇危险的时候，会切断自己的尾巴逃跑，一段时间后断尾还会重新长出来。这种断肢再生的能力已经少见了，自然界的神奇是人类无法想象的，有的动物拥有更强的复原能力，甚至是可以将自己的头重新长出来。

火蜥蜴，学名叫"火蝾螈"，是一种小小的亮白色的能够喷火的蝾螈，属于两栖纲，有尾目，蝾螈科。它没有鳞片，外皮非常光滑，很适合在水里游动。它有个本领，那就是再生。火蜥蜴不仅能再生出被切除的四肢、受损的肺脏、重伤的脊椎神经，甚至可以再生部分受损的大脑，在重生器官的过程中也不会留下任何的疤痕。

（二）海参生存的绝技

生存意志强烈，可以抛弃身体的一部分而保全生命的还有大家或多或少有些了解的海参。海参，属海参纲，是生活在海边至海底 8000 米的海洋棘皮动物，距今已有 6 亿多年的历史，海参以海底藻类和浮游生物为食，全身长满肉刺，广布于世界各海洋中。

海参也是为数不多的夏眠动物。当夏季来到，万物都正在生长的时候，海参却要选在这时"睡觉"了。原来，海参专门食用海洋中的微小生物，只有海底这些微生物充足，它才能衣食无忧。但海底里的微生物犹如温度计一般对海水的冷热变化十分敏感。当海水表面的温度升高时，它们渐渐漂浮到离海面更近的位置；夜晚水冷，它们又下沉到海底。当夏季到来时，气温上升，海水表面温度随着阳光的照射逐渐升高，此时，海底的微生物很快上浮到海面。而此时生活在海底的海参就很难寻觅到足够的食物。为了减少基础代谢消耗能量，海参只能选择夏眠。

海参的身体还会变色。只要谈到会变色的动物，大家第一时间就会想到变色龙。实际上自然界中会变色的动物很多，海参就是其中之一。它的颜色总能随着生活环境的变化而变化。生活在岩礁旁的海参，它的身体颜色为棕色；生活在海藻、海草中的海参则为绿色。海参将自己的皮肤和周围的环境融为一体，使攻击它的敌人很难发现它的存在，可以有效地躲过伤害。这些都是为了生存而进化的结果。

海参还会自己溶解，它的自身溶解能力很强。当它离开水后，在短短的十几分钟就会融化成水。那么自溶到底是怎么回事呢？原来在海参的体壁内存在着一种自溶酶，当它在夏季或者离开水的时间太长时，体壁就会变形，自溶酶发生反应融化成了胶体。这也是在长久的演变过程中产生的一种避免被捕食或减少被捕食概率的进化。

海参还有一个重要且鲜为人知的特性，当海参遭遇天敌时，它会主动地将自己的内脏抛向敌人，这一举动是为了诱惑敌人，当敌人注意力被转移到海参抛出的内脏后，海参就有足够的时间逃跑。

动物的生存意志，表现在他们无条件的求生本能上。在自然界，壁虎断尾求生，火蜥蜴截断四肢再长新肢，海参抛出内脏保命，都是在强烈的生存意志的驱动下，为了求生而做出的痛苦而明智的决定。

大大小小的动物构成了生态系统的重要一环，世界因为生命的多样性变得丰富多彩，不仅如此，每一个动物也都有属于自己的缤纷世界。求生的欲望、坚持不懈的意志，把生命和意志紧紧地联系在一起。生命之光因生存意志而显现，生命因意志而美丽。

第五讲　师法自然：人类对自然界的崇敬与灵感汲取

5

刘书朋

　　本讲针对人类在艺术创作中再现多感官体验的自然之美，分析了师法自然与审美意识的紧密关系，人类从自然界中汲取灵感与智慧，刻意模仿与创新，将自然之美融入艺术、科技、生活等各个领域。师法自然，能够更好地理解自然、尊重自然，创造动态美好、和谐的世界。

师法自然，就是遵循自然规律，按客观规律办事。《庄子》的"大道合乎自然"，意为尊重自然、顺应自然，应用自然，与自然和谐相处。当人们步入自然的怀抱，无论是壮丽的山川湖海，还是细腻的草木花香，都无不展现着其独有的韵味与魅力。

师法自然，意味着要以一颗敬畏之心，去观察、体验自然、于精微处致广大。

一、多维度感知：全方位领略自然之美

人类通过视觉、听觉和嗅觉等多种感官全面感知自然界，师法自然是多种感官共鸣的结晶。

（一）视之奇观

"创生之柱"位于距离地球约 6500 光年外的老鹰星云之中，柱中由星际气体和尘埃组合，当具有足够质量形成结节时，自身重力开始坍缩，内部急速升温，经过一系列聚变反应，最终形成新恒星，这是一个复杂的演化过程。人类对外太空的星系等还知之甚少，对外太空充满未知和好奇，定为未来创作灵感的源泉。人类赖以生存的地球，也有无数令人着迷的景观。地球上的最高峰珠穆拉玛峰，山体呈巨型金字塔状，地形极端险峻，自然之美宏伟壮观，洗涤人的心灵。在夕阳的余晖下，山顶光芒璀璨，犹如一颗巨大的宝石镶嵌在空中，仿佛一座金色的梦幻城堡，令人神奇膜拜。黄山日出之际，太阳从云与天之间喷薄欲出，缓缓升起，红光万丈，云海和峰林金辉熠熠、流光溢彩，美轮美奂的"霞海景观"令人震撼。

图 5-1　创生之柱 - 太空星团

图 5-2　珠穆拉玛峰

图 5-3　黄山日出的壮观景象

（二）听声之美感

文学作品中人的某种情绪状态常以自然界的声音寓意。萧瑟风声形容悲伤情绪。清晨的第一缕阳光伴随着鸟儿的引吭高歌，夜晚的宁静被远处偶尔传来的蛙鸣打破，这些声音构成了人类听觉感知的背景音乐，激发出人类情感与灵感的源泉。雨滴轻敲窗棂的声音，被诗人捕捉为抒发内心情感的韵律；海浪拍岸的声响，唤起了画家描绘波澜壮阔海景的激情。这种共鸣加固了人类与自然的联系，亢奋着人类对自身情感的认识和理解。

自然界的声音具有疗愈的力量。在繁忙的都市生活中，人们常常感到压力和疲惫。聆听一段大自然的录音——山林间的风声、溪流的水声等——自然界声音的独特魅力有助放松心情、缓解压力，促进身心健康。

珍惜每一次聆听自然界声音的机会，感受大自然的旋律与节奏，汲取生命的能量与智慧。

（三）嗅觉审美描述

中国古典诗词中，常见对自然界气味的描写。

李白《金陵酒肆留别》"风吹柳花满店香，吴姬压酒劝客尝。金陵子弟来相送，欲行不行各尽觞。""风吹柳花满店香"描绘了春风中柳絮飘飞、酒店内香气四溢的情景，这香气既有柳花的清新，也有酒香的醇厚，为离别增添了几分柔情与不舍。

孟浩然《夏日南亭怀辛大》"荷风送香气，竹露滴清响。"诗句以夏夜的荷塘为背景，描绘了荷花在晚风中散发出的淡淡清香，与"竹露滴清响"的清脆声响相映成趣，营造出一种清新宁静的氛围。

苏轼《海棠》"东风袅袅泛崇光，香雾空蒙月转廊。只恐夜深花睡去，故烧高烛照红妆。"诗中"香雾空蒙"四字描绘了海棠花在东风中散发出的淡淡香气与夜色中的雾气交织在一起的朦胧美景，充满了浪漫与神秘感。

图 5-4　莲花

李清照的《点绛唇》"倚门回首，却把青梅嗅"中"嗅"的形体动作含蓄地表达了少女青涩的情感和对青梅香气的微妙感受。

晏几道《清平乐》"折得疏梅香满袖，暗喜春红依旧。"句中以折梅动作和满袖梅香表达了诗人对春天的喜爱和对美好事物的珍惜之情，梅花的香气仿佛也随着诗人的诗情画意弥漫飘逸。

中国古典诗词中的气味描写展现了自然界的多样性和美妙性，还赋予了人的丰富情感和象征意义，文字间洋溢着浓浓的自然清新与芬芳。

（四）多重审美感知

人的各种感官与自然交融建立起了极其微妙的感悟联系，构思出饱含诗意与生机的图像。朱自清的《春》一文中对风的描写："风里带来些新翻的泥土的气息，混着青草味，还有各种花的香，都在微微润湿的空气里酝酿。"吹面不寒杨柳风"，像母亲的手在抚摸着你。鸟儿将窠巢安在繁花嫩叶当中，高兴起来了，呼朋引伴地卖弄清脆的喉咙，唱出宛转的曲子，与轻风流水应和着。牛背上牧童的短笛，嘹亮吹奏。春风触及皮肤刹那的轻柔、携带花草泥土播散出的特殊气味以及与鸟鸣、短笛一起合作而发的和谐乐曲都被描绘出来。视觉、嗅觉、听觉和触觉勾勒出的多重感知画面，使得读者仿佛身临其中，享受到了自然的美好。

图 5-5　春风拂柳

二、师法自然与审美意识的萌生

（一）生存的智慧：自然之美与审美意识的萌芽

面对自然的严酷与挑战，人类通过观察和模仿自然以适应环境，这种过程中逐渐形成了审美意识。法国亚眠市郊圣阿修尔遗址中发现的阿舍利手斧是旧石器时代中期至晚期的一种代表性石器，呈流线型，双面打制，两侧对称，刃部锋利。石器的设计符合人体工程学，使用稳定，能提高砍伐效率，透露出先民们的生存智慧、手工技艺和原始审美意识。新石器时代的先民们将自然界的色彩和形态融入彩陶的纹饰和图案中。彩陶上常见的图案，如太阳纹象征着光明与温暖，也寓意着时间的流转和生命的生生不息。植物纹包括花瓣、叶

图 5-6　新石器时代泥质红陶，口径 14 厘米，
高 9.4 厘米，1976 年江苏邳县大墩子遗址出土

片、果实等元素，形态各异，色彩斑斓，既反映了先民们对周围环境的细致观察，也体现了他们尝试用艺术的形式记录和传播自然之美。红山文化玉玦形龙是一件新石器时代晚期的玉器，因形状类似玉玦（一种环形有缺口的玉器）而得名。该玉器呈 C 形，龙头高昂，双目圆睁，龙身蜿蜒，背部有穿孔，可用于佩戴或悬挂。玉质温润，雕刻工艺精湛，展现了高超的玉器制作水平。造型灵感可能来源于自然界中的动物，如蛇、鳄等。龙作为中华民族的图腾之一，其形象融合了多种动物特征，寄托了先民们对自然力量的崇拜和敬畏。

（二）师法自然和人类的审美意识积淀

人类社会是一个充满图像记忆和图像认知的世界。在与自然的漫长感知适应性过程中，人类逐渐积累了丰富的认知和经验，形成了有意识的归纳和总结，并将图像刻在了石头、岩洞、动物的骨骼上，这便是图像记事，将图像用于计时、记事、记录日月星辰运行、表达心灵美好愿望等，图像的对比、排列和构成的审美法则也逐渐清晰并被归纳和记录。

远在 6000 年之前的新石器时代，人类的祖先仰观天象，俯察大地，通过智慧的头脑和勤劳的双手，在华夏大地上创造出了光辉灿烂的"图像文化"，陆续诞生了气魄浑厚，优美淳朴的仰韶文化、马家窑文化、大汶口文化和龙山文化等。那些结构严谨，描绘细腻，设色古朴的彩陶图形与图案，诉说着古代劳动人民在生活中创造出来的东方文明。在图像的记录中，祖先们将不同形状的日月纹、云纹、鸟纹、水纹、鱼纹、蛙纹、纹叶纹、花纹、兽纹和人面纹用规律的几何构成方式绘制或刻制在器物上，经后人整理、记录、归档，形成了人类文明的审美文化积淀。

（三）师法自然和自然而然的美之意识获得

地球上太多的地方，无需刻意创作，自然就是一道道美丽的风景，让人陶醉。元阳梯田，千百年来的农耕文化和丘陵地形构成了特色农耕景观。红土土壤和农作物构成优美的画卷。当漫山遍野的油菜花铺满罗平的土地时，一座座圆锥形的山丘守望着这片家园。

图 5-7　元阳梯田

凤凰山因其独特的地貌和气候，水蒸气遇到强冷气流后，在树上结成一串串冰晶，树叶与树干被雪花包裹，犹如给树披上一层层洁白的衣裳，在蓝天、阳光、白云、青松的点缀下，形成了独特的白色童话世界，美不胜收。"关关雎鸠，在河之洲。参差荇菜，左右流之。于以采蘩，于沼于沚。山有扶苏，隰有荷华。"这是《诗经》中描述湿地的优美句子。湿地自然景观质朴、河网交织、湖泊密布，万物栖息，生机盎然。

图 5-8　中国美丽湿地

显微图像揭示了物体微观层次的复杂性和美丽。从不同的方向观察劳斯鸟彩色胸毛的显微结构，可以看到黄橙色、蓝色和绿色反射的不同色彩变幻。很多物体的显微结构，如复眼和花粉的微观结构，引起了人们探索自然奥秘的浓厚兴致。

图 5-9　劳斯鸟彩色胸毛的显微结构

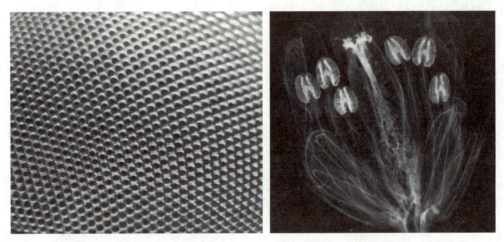

图 5-10　苍蝇的复眼微观结构和花粉管穿过拟南芥雌蕊生长的荧光显微镜图像

　　元阳梯田的农耕景观、罗平油菜花铺就的金色画卷、凤凰山冰晶覆盖下的童话世界，以及湿地自然景观的质朴与生机，彰显着大自然无需人为雕饰的原始之美，人们对自然之美的深切向往与审美感悟与日俱增。劳斯鸟彩色胸毛的显微结构、苍蝇复眼的微观构造，以及花粉管在拟南芥雌蕊中生长的荧光图像，吸引着人们探索自然的深层奥秘并在审美体现中发扬。

（四）师法自然之内心境界追求

　　陶渊明"采菊东篱下，悠然见南山"的启示：真正的美丽和智慧是不需要言语的，它们就静静地存在于这个世界之中。简而言之，天地有大美而不言。自然界宏大、深邃，以至于无需言语的修饰或解释，就能直接触动人心。师法自然，时常让心灵沐浴在无需言语修饰的壮丽与深沉之中。虚心学习自然的智慧，像大树一样坚韧不拔，像流水一样顺应自然，不强求、不执着，保持一颗柔韧而敏感的心，简约生活，减少纷扰，让心灵回归自然的怀抱，与天地同呼吸，与万物共命运。

自然是人类生存的基础和最终的归所。钱选自画《归去来图》并题诗卷后，曰："衡门植五柳，东篱采丛菊。长啸有余清，无奈酒不足。当世宜沈酗，作色召侮辱。乘兴赋归欤，千载一辞独"，则是引陶渊明以自况，表达誓不与世俗同流合污之心。

图 5-11　田园生活

图 5-12　钱选《归去来辞图》

追求内心境界的和谐与宁静，是人类共同的理想。师法自然，是为了与自然建立更深的联系，实现内心的和谐与自由。古元《松花江畔》，画面中，水天一色，水中植被郁郁葱葱，江水荡漾舟自行，渔歌庆扬伴远行。

诗意画意点点滴滴都在散发着师法自然的美。中国有王贞白的淅淅寒流涨浅沙，月明空渚遍芦花。日本有德富芦花的芦花年年开，唯美似故人。自然之美皆诗意，自然而然的诗情画意。

大自然以其丰富的色彩、形状和声音，提供了无尽的艺术素材。感知世界的丰富性与

图 5-13　古元　《松花江畔》（纸本水彩）　　图 5-14　遍地芦花

多样性，将这些自然景象融入创作中，极大地丰富了作品的情感层次。师法自然，艺术灵感将如泉涌般源源不断，赋予作品独特的生命力与韵味。

三、师法自然和仿生设计之美

（一）"虽由人作，宛自天开"的境界追求

　　人类向自然学习、模仿自然形态进行创造自古有之。时至今日，仿生设计依然在建筑、艺术、科技等多个领域发挥着重要作用，不仅师法自然，更在形态与意境上追求"虽由人作，宛自天开"的至高境界。

图 5-15　鸟巢与鸟巢草坪灯，以及鸟巢屋和鸟巢体育馆的艺术设计

北京 2008 年奥运会的标志性建筑鸟巢和水立方充分展现了人类对自然形态和元素的提取与巧妙运用。鸟巢体育馆采用高强度钢材和"编织"技术，外观宛如一根根钢筋编织而成的巨型枝条，这种复杂的几何形状让人联想到鸟儿在树枝间精心构筑的巢穴，寓意着人类回归自然的理念。水立方的外观设计灵感来源于自然界中的泡沫结构，其外表由数千个类似气泡的"膜结构"组成，犹如水面上的水泡，极具动感和现代感，体现了水的纯净与流动之美。

这些建筑不仅形态上模仿自然，更在意境上追求与自然的和谐共生。鸟巢设计贯彻了可持续发展的思想，采用了世界先进可行的环保技术和建材，最大限度地利用自然通风和自然采光，以减少对能源的消耗。在固体废弃物处理、电磁辐射及光污染的防护等方面也达到了国际先进水平，树立了环保典范。

ETFE 膜材料轻质且具有很高的透光性，能够有效地调节水立方建筑内部的自然光线，减少人工照明的需求。水立方还采用了雨水收集系统和循环水系统等技术手段，提高了建筑的节能效果。注重为游客提供水上乐园和温泉区域等多样化的娱乐和休闲设施，拓展了建筑的使用功能和文化内涵。

在人工智能领域，仿生设计同样发挥着重要作用。参考脑神经之间的连接原理，实现了人工神经网络连接：脑神经元聚合连接，对应于人工神经网络的节点汇聚；在猫或猴的初级视觉皮层中简单细胞仅对特定方向和频率的边缘特征有响应，对应于卷积神经网络的卷积核，可以局部处理和选择性响应。

以自然为灵感的仿生设计，可以营造各种形体造型变化的意境之美。例如，叶子路灯的设计充分借鉴了自然叶子的形态，以点线面和视觉色彩的情景交融，营造出了一种清新自然的意境之美。仿蝠鲼潜水器的设计则是从外形、游动姿态等细节优化，流线型外观，具备远距离滑翔、珊瑚礁生态监测、水文精细采集等多种功能。

图 5-16　水立方

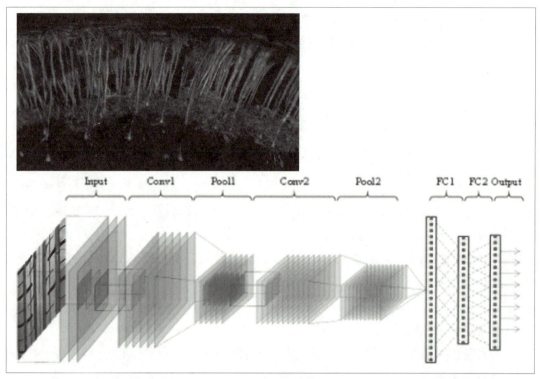

图 5-17　脑神经细胞网络图和人工神经网络连接示意图

图 5-18　叶子路灯

图 5-19　蝠鲼和仿蝠鲼潜水器

（二）镜像手法的运用及审美体验

田禾的雕刻作品《水》，呈现的是涌动的波涛。作品用不锈钢坚硬寒冷的材料，承载自然柔美的水，再人为把它切割成方块，四面的不锈钢镜面可以反射周围的环境，让观者看见天空、自然，也看到融入自然的自己。作品展示人与自然的依存，审美自然和自我，思考人与水、人与自然的和谐相处。

在创作的过程中，不仅仅要考虑创作的内容，还要考虑表现的语言、人类真实、高尚的情感等的形式表述。

梵高（1853-1890）的《星夜》描述的风景是他精神出状况后住的精神病院所在地圣雷米。画面表现的是一个望出窗外的景象。柏树画得像黑色火焰直上云端，天空的纹理像涡状星系，并伴随众多星点，一轮弯月挂在右上方。整幅画中，底部的村落是以平直、粗短的线条绘画，与上部粗犷、弯曲的线条产生强烈的对比，表现出艺术家对夜晚的审美感知。梵高的名作《星夜》酷似太空星系及地球上湖面漩涡、台风卫星云图、银河系的旋涡般空像图、旋涡状星系图等部分自然现象。

将雄伟壮观的自然景观投射到盆景作品上，真实又富有挑战与想象空间，如同不同凡响的作品喷出海面。

图 5-20　田禾　《水》系列作品（不锈钢铸造，2015 年）

图 5-21　文森特·梵高 .《星夜》, 布面油画, 1890

湖面漩涡　　　　　　　　台风卫星云图

银河系　　　　　　　天文望远镜拍摄的旋涡状星系

图 5-22　宇宙及自然中的漩涡图像

图 5-23　盆景

运用镜像手法可反映出个体周围的环境和自身的存在，无限地引导人们思考人与自然、艺术与现实之间的关系。

（三）师法自然美在"形""神""能"

人来自于自然，并与自然依存共生。师法自然的另一层之意在于越接近自然的新科技或新作品越容易被人类接受宠爱。例如：利用先进材料和科技设计的仿生飞行器能够煽动翅膀优美飞翔，酷似真的生物，可以飞行循环和急转弯，以假乱真，令人惊讶。随着仿生技术的发展，形似、神似、智能的仿生飞行器集自然之美、优异功能于一体，将更容易融于人类的生活中。其他如形似和神似的玉雕蟋蟀，栩栩如生；具有爬墙功能的粘性爬行机器人，能够如壁虎爬墙，形似和能似于一体。

图 5-24　外形蝴蝶和鸟类的仿生飞行器

图 5-25　形似和神似的玉雕作品

图 5-26　仿生壁虎的粘性爬行机器人

　　清代邹一桂在《小山画谱》中写道"今以万物为师，以生机为运，见一草一尊，谛视而熟察之，以得其所以然，则韵致丰采，自然生动，而造物在我矣。"师法自然的最高境界便是大千世界在我心，随手拈来便可以生动造物。

图 5-27　景观与科技结合的艺术表达　　　图 5-28　师法自然，赏心悦目

　　自然界是人类灵感的不竭源泉。山川、河流、星空、季节更迭……无一不孕育着人类的创造力与想象力。期待每一个人师法自然，从自然界中汲取灵感，创造出既反映自然之美又超越自然的作品。

思考题：

　　1. 描述你亲身经历的自然景观之美，从视觉、听觉、嗅觉等多种感官体验描述。这种多维度感知对艺术创作有何启示？

　　2. 举例说明古人如何通过模仿自然形态和元素，在石器、彩陶中融入审美意识。这种师法自然的方式对现代艺术创作有何借鉴意义？

　　3. 举例说明现代建筑和产品设计中如何借鉴自然界的形态和功能进行仿生设计，达到既美观又实用的效果？这种仿生设计对提升人类生活质量有何积极影响？

第六讲　共情之美：脑科学新视角

6

陈　军

　　人类自从降临到这个地球上，人生旅程就开启了我与自然世界、我与人类社会相互对立映射，相互认识和相互依赖的过程。在认识自然客观世界的过程中，人们通过感觉、知觉、学习记忆、想象和推理等能力形成了世界观。同时，在社会活动中，又逐步学会了认识他人和认识自我的能力，由此形成了人生观。共情一词的演化历史悠久，古代源于道德哲学，十九世纪末始用于美学和社会心理学，二十世纪兴于应用心理学，直到最近才开始发展为共情脑神经科学，它是哲学、社会科学和自然科学多学科交叉融合汇聚形成的新兴热点科学分支。

人类共情的培育对塑造正确的世界观和人生观极为重要，对价值观的形成也至关重要，经验思维、抽象思维、文学、艺术、权术、计算和科学技术等的产生离不开语言、文字、语义、审美、创造创新和信仰等，而大脑在认识世界和改造世界、认识他人和认识自我的过程中逐步雕刻下共情的神经密码和网络印记。本章分四个部分重点介绍了源于共情的哲学思考、社会科学思考和人类命运思考，也许共情科学的探索才能为减少社会冲突，增加友谊友善，最终走向世界大同带来全新的启迪。

一、共情之美：美学与社会心理学之根

　　共情一词是哲学家、社会学家、心理学家和生物学家经过两千多年的不断思考而刻画出来的一种文字表述（现在仍在完善之中）。它是用来描述人和社会性动物特有的亲社会行为方式和能力，概括地讲就是一种因为能够感受和识别别人的情绪（喜怒哀思悲恐惊）状态，能够理解和领悟别人所处的境遇，能够想象和推测出别人的行为举止，分享别人的快乐与幸福（因赞同、认同而生的正性共情）或分担别人的痛苦与不幸（因同病相怜和感同身受而生的负性共情），进而因为同感或同情而共筑息息相关与血肉相连的家族关系（血脉选择学说和性选择学说），同甘共苦生死与共的友谊和团结协作的部落关系（社群选择学说）。协作关系使人类对"你我他"的身份（种族）高度认同，产生了一种相互高度依赖的生产关系，身份（种族）高度认同促进了新的社会形态，即国家（体制），而只有国家这种最高形式的认同才促进了人类社会文明的诞生，产生了文字文明（文化与知识革命）和国家文明（农业与工业革命和城镇化）。共情是建立彼此信任依赖的生活与生产关系的认同过程，也是身份、价值、种族、国别符号的认同过程，若要构建人类命运共同体必须先树立跨种族跨国别的共情关系。

　　中文"共情"一词是个现代社会心理学的概念，有过诸多演变，20世纪30年代著名美学家朱光潜先生第一次把英文词 empathy 引入我国，译为"移情"。后来该词被引入心理学界，常与英文词 sympathy 之意混淆使用，衍生出同情、通情、同感、共感、感情移入、神入等词汇。改革开放后，港台小说或影视剧作品涌入大陆，心理咨询师的职业也出现了，"同理心"一词开始流行，据说这个中文词是上世纪四十年代留美回台湾大学心理系工作的一位教授从 empathy 翻译的。进入21世纪，《心理学大词典》编委会把这个词统称为"共情"。通俗地讲，同情心或同理心就是能够从别人的立场出发，感同身受（假如我是他…）地推己及人，西方谚语就是 Put yourself in other's shoes 或 Standing in someone else's shoes；或从别人的角度看问题，换位思考（假如换我来做…），即 Looking through someone else's eyes；或是想象、猜测和读心（她要干什么？）的过程，心理学叫心智理论（Theory of mind 或 Mentalizing）；或善于采择别人的意见和观点（OK，我同意你的决定…），英文是 Perspective-taking，由此看来东西方文化中的人际共情关系学如出一辙，只是表达的语言意同字不同而已。

如果追溯共情一词含义的历史渊源，我国儒家先贤应该是最早提出这个哲学概念的人，人际之间规范的"仁义礼智信"是构建我国古代社会道德体系的基础。孔子提出"仁、义、礼"，孟子延伸为"仁、义、礼、智"，董仲舒扩充为"仁、义、礼、智、信"（后称"五常"）。

孟子（前 372-289）曰："人皆有不忍人之心（怜悯体恤别人的同情心）。先王有不忍人之心，斯有不忍人之政矣（先王因为有同情心，所以才有怜悯体恤百姓的政治）。以不忍人之心，行不忍人之政，治天下可运之掌上（有同情心，施仁政，治理天下就如运筹于掌心那么简单了）。所以谓人皆有不忍人之心者，今人乍见孺子将入于井，皆有怵惕恻隐之心（为什么说人都有同情心呢，因为当有人突然看见一个小孩就要掉进水井里面去时，都必然会因为同情而产生惊惧）。非所以内交于孺子之父母也，非所以要誉于乡党朋友也，非恶其声而然也（这不是因为要和那孩子的父母套近乎，也不是因为要获得乡亲们的赞誉，更不是因为厌恶那孩子的哭叫声而产生惊惧的）。由是观之，无恻隐之心，非人也；无羞恶之心，非人也；无辞让之心，非人也；无是非之心，非人也。恻隐之心，仁之端也；羞恶之心，义之端也；辞让之心，礼之端也；是非之心，智之端也（由此来论述出同情心是"仁义礼智"的根本）。人之有是四端也，犹其有四体也。有是四端而自谓不能者，自贼者也；谓其君不能者，贼其君者也。凡有四端于我者，知皆扩而充之矣，若火之始然，泉之始达。苟能充之，足以保四海；苟不充之，不足以事父母。（基于同情心的"仁义礼智"是做人的四个根基，不要认为不可为而不为之，若不作为何以保家卫国孝敬父母呢）"（出自《孟子》公孙丑章句上第六节）

从西文词源上来看，公认的说法是 1909 年英籍美国学者爱德华·布雷福德·铁钦纳（Edward Bradford Titchener, 1867–1927)）把德文词 Einfühlung 翻译为英文词 empathy，在翻译时他采用了古希腊文 empatheia，意指情绪（affection）、激情（passion）和热爱（partiality）等，em 指 in 或 at（内在的），pathos 指 passion 或 suffering（激情或痛苦）。最初的德文词 Einfühlung 是研究美学（aesthetics）的产物，aesthetics 出自希腊文，意思是"去感受"（toperceive）。1873 年，德国哲学和艺术史学者小罗伯特·维舍尔（Robert Vischer,1847-1933）为了支持他父亲老西奥多·维舍尔（Friedrich Theodor Vischer,1807-1887）研究美学而首次在《论形状视觉感受对美学的贡献》中首次创造了 Einfühlung 一词。老西奥多·维舍尔曾论述道：物体的形象代表区发生在神经系统内部，当外观表现迫使人们下意识地把自己的精神状态转移到它的表面上时，这些外观表现就把人们自身的代表区与"他们客观的代表区及其含义"关联起来，而 Einfühlung 一词恰当地表达了这个含义。小维舍尔认为下意识模仿是一个动态过程，如自然美景撞击着人们的心灵，之所以引起注意、感动和喜爱是因为形状、光线和色彩刺激了人们内心深处

图 6-1　西奥多·利普斯

而引起情感上的共鸣与共振，这就是所谓的美学共情。现在已经知道，视觉享受的美感的神经中枢在前额叶的眶额皮质，这个脑区还与"享乐观"和"奢靡观"的形成密切相关。

西奥多·利普斯（Theodor Lipps,1851-1914）是德国美学家和心理学家、德国哲学、美学、心理学和社会学家，慕尼黑大学心理学系主任、教授，是德文共情（Einfühlung）一词的塑造者之一，是美学共情和心理学共情的奠基人。他的代表德文著作有《精神生命的基础》（1883）、《暗示与催眠》（1897）、《诙谐与幽默》（1898）、《美学》（1903）、《关于别人自己的知识》（1907）等。他曾主持慕尼黑大学心理学系 20 年，主要从事美学和社会心理学研究，著作颇丰，他被认为是同时代塑造美学共情（aesthetic empathy）和心理学共情（psychological empathy）概念的核心人物。

由于利普斯把用于美学的 Einfühlung 一词成功地引入到人际交往的社会心理学之中，并用它合理地解释了心理学中一直困扰人们的"如何理解别人？"的问题，因此开启了社会心理学研究之门。

利普斯的作品不仅限于美学，还广泛地涉猎了当时哲学和心理学范畴的热点问题，如"暗示""诙谐"和"催眠"等。他的《关于别人自己的知识》没有像小维舍尔那样把 Einfühlung 与泛神论联系在一起，而是强调其哲学性和科学性，并在美学、心理学和社会学三大领域都找到了它的落脚点。他认为知识包含三个方面：事物、我自己、其他个体。获得这三方面的知识有三个信息途径感知外界、感知自己内心（inner perception）、感知他人内心。他对 Einfühlung 的释义，也包括三个方面：首先，一般的感知性共情，如对光线、节律等伸展性属性的认识；其次，情绪共情，如对色彩和声谱等的认识；最后，以经验为条件的感知性共情。

如何理解别人（他/她/他们）？因为人们无法看到或听到别人的内心世界（感受、思想和欲望），人们只能通过即时感知来理解，而不是体验自身的感受。因为人在看不到自己的表情时，只能通过看别人的表情来推测自己的表情。"哇，原来那人在悲伤时是那个样子，自己悲伤时也应该是那个样子。"这个过程就是当一个人看到别人的表情时，那个表情就激活了"我"的大脑产生了冲动，冲动使表情的形象以动作的方式表现出来。这些动作反过来自然地表达出内在悲伤情绪状态的样子，结果悲伤情绪状态和动作冲动就形成了精神单元。利普斯认为：被别人（客体）悲伤表情诱导出的动作冲动可以唤醒"我"（主体）在此时经历同样悲伤的情绪状态，此时若主体曾经历过那种情绪状态并业已形成了自身的精神属性，而且又与"我"的自身没有冲突倾向时，那么这种倾向就意识到自身同样情绪状态的存在。利普斯认为这个过程受到两种本能的驱动：模仿本能和表达自己精神（心理）经历的本能。

共情的形成是模仿与表达自身经历同时工作的结果。但是，每个人表达自己精神经历的方式显著不同。比如，当我看到别人一个表情并试着去模仿时，那个表情就会同时唤起我相应的精神经历，结果我就如同"洞察到那人心灵深处"一样地去看到他的表情。利普斯认为当经历别人情绪冲动与"我"自身没有冲突时，Einfühlung 表达出的就是正面的或同情的含义，这就是共情的含义；但如果有冲突，它代表的就是负面的或反共情的含义（antipathetic）。在主体完全处于正面共情的情况下，去洞察别人内心深处的过程被客观化了，而客观化了的主体被投射到了外部客体身上，处于共情态（心心相印、感同身受）。但如果主体走出共情或处于反共情的情况下，主客体就分离了，此时主体的意识就脱离了"他"的存在，处于反共情态（貌合神离、背道而驰）。

西格蒙德·弗洛伊德（Sigmund Schlomo Freud,1856-1939），20 世纪最伟大的心理学家之一、奥地利精神病医师和精神分析法学派（或称弗洛伊德主义，Freudianism）创始人。他开创了潜意识研究的新领域，促进了动力心理学、人格心理学和变态心理学的发展，奠定了现代医学模式的新基础，为 20 世纪西方人文学科提供了重要理论支柱。代表著作有《梦的释义》（英 1900）、《玩笑与无意识的关联》（英 1905）、《关于开始治疗》（英 1913）、《群体心理学和自我意识的分析》（英 1921)和《精神分析大纲》（英 1940）等。他是精神分析法的开创者，他深深地理解和把握了 Einfühlung 的要义并把它引用到精神分析法。

图 6-2　西格蒙德·弗洛伊德

他在《抑制、症状和焦虑》中叙述道：Einfühlung 一词使我们理解了别人精神世界的存在，只有通过共情我们才能够了解我们之外的精神世界的存在。这个词还使我们懂得什么是别人自己之外的东西，那个他们无法知道的他们自己。这个词使我们理解了那些在无意识状态下的思想和感受。

卡尔·罗杰斯（Carl Ransom Rogers,1902-1987），被誉为 20 世纪与弗洛伊德齐名的最伟大的两位心理学家之一，美国心理学家、人本主义心理学的主要代表人物之一。他从事心理咨询和治疗的实践与研究，是临床心理学的奠基人，主张"以病人为中心的治疗"和"以学生为中心的教学"。著有《问题儿童的临床治疗》（1939）、《咨询与心理治疗》（1942）、《以当事人为中心的治疗：实践、运用和理论》（1951）、《论人的成长》（1961）、《存在之道》（1980）等。

图6-3　卡尔·罗杰斯

卡尔·罗杰斯早期在防止虐待儿童协会从事儿童心理学和犯罪治疗工作，又先后在俄亥俄州立大学、芝加哥大学、威斯康星大学和斯坦福大学从事教学、研究和写作。他在从事心理咨询和治疗、教与学中总结了一整套理论与经验，创立了"以当事人（患者）为中心的治疗"和"以学生为中心的教学"。他为心理咨询师能够被批准在临床直接为患者服务争取了工作资格（在此之前只有医学院毕业的人才可以），是临床心理学的奠基人之一。

罗杰斯在自传体著作《存在之道》（或被译为《论人的成长》）里总结了自己一生的工作经验和思考结晶，详细地解读了他创立"以人为本的方法"的思考全过程，以及将其应用于心理咨询治疗（以当事人为中心的治疗）和教学（以学生为中心的教学）实践中的心得，读起来使人颇为受益。

罗杰斯创立的学派认为共情是主体像客体（治疗师与寻求心理咨询的当事人）本人一样去感知其内心世界，忠实地去倾听客体述说，让客体感受到主体与他同样地在体验他的心境，这就是"以患者为中心治疗"的要义所在。虽然在实践中都用到共情理论，但弗洛伊德所处的时代是欧洲陷于第一次和第二次世界大战期间，他主要以精神或神经病患为当事人，他培养的是精神分析师，做的是精神分析治疗；而罗杰斯所处的时代是第二次世界大战之后美国和平繁荣时期，他所碰到的问题是儿童犯罪、一般人的心理和心理亚健康问题，还有教学改革问题，所以他扩大了咨询诊疗范围，在更广泛的心理咨询领域开疆扩土去培养了一批批心理咨询师或治疗师，现实影响远超过弗洛伊德。

在心理咨询中，罗杰斯也强调治疗师与当事人的真实融洽关系，治疗师必须非主观地、无条件地避免让当事人看出自己的职业属性，而是一个实实在在的人，越亲近越能够带来当事人的信任，即通过建立共情来进入当事人的私人内心世界。他与罗洛·梅（Rollo May，1909-1994），美国存在心理学之父和人本主义的杰出代表，一起推动创建了以当事人为中心的治疗（client-centered therapy）学派。

在教学上，罗杰斯提出与学习动机和意识发展密切相关的"自我实现倾向"理论，这个理论是他有一次在看到窖藏土豆发芽时获得的灵感和启示，任何生物都有自我实现的倾向、趋向，即自然发展倾向，他把这种解决自身问题、成长和治愈的能力叫自我实现。又通过十几年的研究与探索，罗杰斯又进一步发展了万物"形成倾向"（the formative tendency）理论，他认为所有物质，无论是无机物还是有机物，都有一种从简单形式到复杂形式的演化倾向，这后来成为其人性心理学的基础，即"以人为中心的方法"。有利于促进生长气氛的以人为中心的方法要求具备三个条件：（1）真实、表里如一；（2）创造变化的气氛，如接受、关爱和褒奖；（3）共情理解。基于这个理论基础，他认为教学环境和气氛很重要，在自由的"自我实现倾向"和"形成倾向"的氛围中，人会更加自信、自省和更有能力去解决问题，去实现自我成长。因为与传统的、刻板的、填鸭式的教学形成了鲜明对比，以"学生为中心的教学"法引起了一场教育方法的革命，这个方法现在依然被广泛采用和推广。罗杰斯深信，医患或师生关系中的共情高度是决定改善治疗和学习进步的最重要的潜在因素之一。这个原理也适用于所有人际关系的良性发展，亲子关系、师生关系、医患关系、领导和被领导的上下级关系、管理者与团队之间关系等。

如果进一步挖掘，我们会发现共情概念的演化有两条独立的线索。"共情的词源与演化时间线索"图显示了两条时间演化线索，一条是从哲学 - 美学 - 应用心理学的角度发展而来的经典主流学派思想，其要义是基于人文主义的"共情人类中心论"，其社会意义是弗洛伊德和罗杰斯在 20 世纪发展起来的人际之间的人文关怀，但不足之处是重于应用而缺乏实验科学理论。另一条从道德哲学 - 社会心理学 - 脑神经科学的角度新近兴起的"共情生物进化"新学说，其要义是在"生物 - 社会心理 - 脑 - 行为学"范式下研究共情的生物进化基础和神经机制（即共情神经科学），最终来回答亲社会行为、利他主义和道德是从哪里来的，是如何产生的，其科学基础是什么的问题。

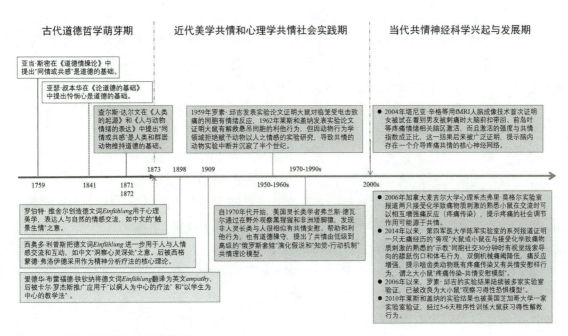

图 6-4　共情的词源与演化时间线索

二、共情之美：利他之源，美德之本

图 6-5　亚当·斯密

亚当·斯密（Adam Smith, 1723 - 1790），苏格兰哲学家、经济学家，著有《道德情操论》（1759）和《国富论》（1776）。在《道德情操论》中论述并提出了"同情或共感"（译自英文 sympathy 或 fellow-feeling，注：当时 Einfühlung 一词还没有造出来，更没有德译英的 empathy 一词）是道德的基础。他在该书第一章就论述"同情"（或翻译为"共感"），说人在看到他人处于不幸时，会"设身处地，深感其苦，如入其身，如显其神，感同身受，婉若伊人，如伤悲生于痛苦，仿佛亲临体受，或烈或弱，情同手足。"

他认为：同情或共感之于道德世界如同地心引力之于自然世界一样重要，是一个基本的普遍原则。他的基于"同情或共感"的道德思想最主要受斯多葛学派哲学的禁欲和坚韧克己思想的影响。斯多葛学派认为美德包括审慎、仁慈和克己，即控制私欲（良知），同情他人（仁慈），公平公正（宽容）。其实，亚当·斯密关于"同情或共感"的描述已经与现在的"共情"概念基本一致，如："人的痛苦多来自于感受别人的痛苦"（这是现代意义上"疼痛传染"），"通过想象可以设身处地，感同身受，如入其身地感受别人的痛苦和折磨，甚至在程度上都与遭受痛苦的人同样表现出来，……，或强或弱，情同手足。"

（这是现代意义上的"疼痛共情"）。他认为真正意义上的"同情或共感"不是简单地受情绪影响而产生，而是因为主体了解客体产生情绪的原因。

他还认为"人只能活在生养他的社会，并被自然形成的社会环境所塑造。人类社会所有成员之间都需要得到其他人的帮助，但也会受到其他人的伤害。在那样的社会里，爱心、感恩之心、友谊和彼此的尊重才能赢得必要的互惠互助，社会才能繁荣昌盛，人民才能幸福。社会上形形色色的人只能被大家高度认同的爱和热情所凝聚，凝聚在一个美好的共同家园。"（译自 *The Theory of Moral Sentiments, 1759, pp85*）

我们知道，马克思的科学社会主义曾受到亚当·斯密这一道德思想的启蒙。美国用亚当·斯密 1776 年出版的《国富论》建国，但没有用他 1759 年出版的《道德情操论》立国，其根本原因是以趋利为主要目标的资本主义社会制度的本质所决定的。

德国哲学家亚瑟·叔本华（Arthur Schopenhauer, 1788 -1860），著有《论道德的基础》等。1841 年，他在《论道德的基础》中也提出同情怜悯心是道德的基础。在书中他引用让 - 雅克·卢梭的话说：人们不会对比自己幸福的人产生共感（笔者注：同情），而只会对比我们不幸的人感同身受（笔者注：共情）。即我们的同情只局限于对他人的痛苦和不幸，而不是安逸。因此，同情实质上是对别人痛苦的感同身受，也就是将别人与自己视为一体。

从同情出发，直到高尚无私，慷慨大量，一切对于美德的赞美词汇都出于此而没有其它。

亚瑟·叔本华将伦理学基本原则定义为：不伤害别人，尽量帮助每一个人，人要养成两大基本美德—公正和仁爱。公正表现了同情的性质，既不能忍受他人的痛苦，还要迫使自己不去伤害他人。而仁爱则表现为高于同情的共情，看到别人痛苦时，就象自己受苦一样，从而产生去帮助受苦人的冲动。

亚瑟·叔本华认为：由于一切行为的动机都出于利己（希望自己快乐）、恶毒（希望别人痛苦）、同情（希望别人快乐）这三者，其中利己和恶毒是非道德的推动力，只有基于同情才是真正的道德行为。所以一个人的道德程度就可以看成这三者在"他"的性格中的比例。同情在这三者中所占比例越大，则一个人的道德程度越高。

图 6-6　亚瑟·叔本华

图 6-7　查尔斯·达尔文

1871 和 1872 年，英格兰人查尔斯·达尔文（Charles Darwin,1809-1882）在《人类的起源》和《人与动物情绪的表达》中试图从生物进化的证据里寻找道德的起源，提出"同情或共感是人类和群居动物维持道德的基础"。值得一提的是，达尔文本人并不是"丛林法则"社会达尔文主义的倡导者，达尔文主义一词是英国生物学家托马斯·亨利·赫胥黎（Thomas Henry Huxley,1825-1895）于 1860 年刻画出来的。相反，达尔文是一个富有同情心的坚定的废奴主义者，他反对不公平，为了回答道德的起源是什么的问题，他花了十几年考察和研究来写作这两本涉及人类本性的重要著作。

1831 至 1836 年，查尔斯·达尔文随贝格尔号（小猎犬号）舰长罗伯特·费茨罗伊远航，第一次目睹了火地岛印第安人的"野蛮"和人种的多样性，同时也第一次看到了被非人对待的奴隶，由此产生了基于同情的废奴主义思想。在完成《物种的起源》（1859）之后，他试图用生物进化的观点作为武器去寻找道德的起源，以消除人类的不平等和不公平。他的一个重要发现是"同情别人陷于痛苦或危险是大多数动物的共性"，但他又发现同情心的产生是有条件的，同情心有社群或族群选择性，熟悉的或形影不离的同伴更易产生同情。如今，这一点已被大鼠和小鼠的实验研究所证实，即在二元社交范式下低等动物的疼痛共情和解救同伴的亲社会利他行为只发生在熟悉的同伴之间，不发生在陌生的同种（亚种）之间。

他论述到："低等的社会性（群居）动物几乎没有例外地受给予同一社会群体成员

帮助的特殊本能所驱使，而高级的社会性动物也大多数由这种本能所驱使，他们部分是被互爱和同情所驱使，因而获得帮助。对于所有的动物来说，同情只针对同社区的成员产生，只对那些熟悉的、感情深的同伴产生，即同情并不针对同种属的所有成员产生。而对于人类，私利、经历、模仿等都增进同情，因为人都认为同情别人会善有善报，生活习惯也会强化同情心。"

比较查尔斯·达尔文关于"同情"的描述和现代关于共情的定义，有很多相似之处：（1）共情是道德的生物学基础；（2）共情不限于人类，也见于动物，共情是人和社会性动物共有的特征；（3）在熟悉的伙伴之间产生；（4）人和动物都同情他人陷于痛苦或危险。

在查尔斯·达尔文同情是道德的生物学基础观点的启发下，荷兰裔美国灵长类学者弗兰斯·德·瓦尔（Frans de Waal,1948-2024）在《非洲矮脚猿与无神论者：在非人灵长类动物中寻找人性》一书中声称："道德是一个与两个大写的 H 字母（笔者注：一个是英文"帮助"一词：Helping，另一个是"不伤害"：not Hurting）密切相关的制度体系，即帮助或至少不伤害同伙。道德提倡关心他人福祉，把社会利益置于自己利益之上。道德并不否定个人利益，但为了促进社会协作而限制追逐个人利益。共情是道德的关键。"

在过去百年科学史中，同情或共情被认为是人独有的能力，几乎看不到关于达尔文的同情的生物进化研究（学界更乐意做自然压力下的适者生存物竞天择研究），因为动物行为学领域一直拒绝赋予动物以人之情感的实验研究，学术期刊拒绝接受和发表涉及共情题材的动物实验论文，或要求在涉及动物共情或利他行为的题材时一定要加"引号"，这些偏见导致共情的动物实验研究进入了长久的休眠期，沉寂了一个多世纪少有人问津。

人们通常把冷酷无情的反人类反社会分子、叛徒或战争贩子形容为"畜生"，言下之意就是动物不配有任何情感，没有"七情六欲"。那么事实果真如此吗？真相是什么？进入二十一世纪之后，科学家应用脑影像技术发现了人有疼痛共情的脑网络，动物实验研究结果也有力地支持"共情的生物进化"新学说。当前，在"生物 - 社会心理 - 脑 - 行为学"范式下来研究共情的生物进化基础和脑机制（即共情神经科学）已成为一个新热点。相信，随着共情脑机制的解析，我们最终就能够回答亲社会行为、利他主义和道德是从哪里来的，是如何产生的，其科学基础是什么的问题。

从古代孔孟儒学发展到现代社会主义核心价值观，这体现了我国"仁义礼智信"和"温良恭俭让"的优良道德传统在融入中华民族基因中不断地得到了重塑。以"仁"和"義"为内核的传统社会道德体系提倡的"不忍人之心"（怜悯心、同情心）就是现代意义诠释的共情心，只有共情心才会驱动观察学习模仿他人的行为举止、关怀安慰他人于不幸、帮助和解救他人于危难、换位思考和博采众长推动社会大协作，这些在学术上被称为亲社会互惠、利他主义和道德伦理。

亲社会互惠是一种以互利互惠为目的，能从他人利益出发，自愿地为社会服务（如帮助、分担、捐赠、合作），遵守社会秩序和道德的社会行为。

利他主义是人类关心他人或其他群体福祉的道德实践和基本原则，这种原则要求自己无私地、不求回报地去为他或他们着想和服务，提供物质和精神帮助，其结果可以提高他人或其他群体的生活质量和幸福指数。"利他主义"一词来自于法文 altruisme，是法国实证哲学和社会学奠基人奥古斯特·孔德（Auguste Comte, 1798-1857）刻画的，取自意大利文 altrui 和拉丁文 alteri，本意指"他人"或"其他人"。奥古斯特·孔德的至理名言是"人不爱己，焉能爱人"。

道德或伦理是善良和正义的同义词，它根据特定的哲学、宗教、政治、文化、社会风俗和习惯所规范的思想行为准则来确定道德标准，并用特定的道德标准来区分一个人的是与非、善与恶、美与丑、得体与不得体等思想行为举止，约束其信仰、社会生活、职业操守和习惯养成等，包括私德和公德。道德是有历史局限性的，如在我国封建社会，儒家思想提出的三纲五常（"三纲"：君为臣纲，父为子纲，夫为妻纲；"五常"：仁义礼智信）和待人接物的"五德"（温良恭俭让）即是当时的行为准则和道德标准。现代社会在汲取其精华摈弃其糟粕的情况下逐步形成了中国特色社会主义核心价值观。

按国学字典释义，"仁"字，一种道德范畴，指人与人相互友爱、互助、同情等，冠其社会属性即仁爱、仁政、仁人志士等。孔子把"仁"作为人类的普世价值，创造了一个以"仁"为核心，孝悌为实践的思想道德体系，认为克己复礼为"仁"，提倡人们要以克制和礼让的态度来调和社会矛盾，"仁"就是道德原则、道德标准和道德境界，为实现"仁"可以献身（"杀身以成仁"）。"义"字，即指公平正义，公正合理的行为举止，不追求个人利益的公益性活动，如形容一个人的义举、义务、义愤、义演、见义勇为、义不容辞、义无反顾、仗义直言等。"义"字还有情谊之意，如形容一个人有义气、义重如山。仁义二字，即仁爱与正义、通情达理、性格温顺、有能为别人着想的共情心。孟子曰："生，亦我所欲也，义，亦我所欲也，二者不可得兼，舍生而取义者也。"（引自《孟子·告子上》）。"礼"字，指传统社会生活中由道德观念和风俗习惯而形成的礼节仪式（如婚礼、葬礼、典礼等）；"礼"字还指统治者制订的符合整体利益的行为准则（如礼教、礼治、克己复礼）；"礼"字还表示尊敬的态度和动作（如礼让、礼遇、礼赞，中华民族崇尚礼尚往来、先礼后兵）和庆贺、友好或敬意所赠之物（如礼物、礼金、献礼）。"智"字，形容人聪明，有见识，明辨是非、善恶、知书达理。"信"字，指诚实可靠，讲信用，不欺骗不欺诈。

以上，"杀身成仁"和"舍生取义"构成了中国传统道德的内核，其现代内涵即指人有共情心、同情心，"礼智信"使人待人接物有公德，知书达礼，温良恭俭让。

西方圣经有言："善待别人，像善待自己一样地善待别人，是道德的基石"。这似与我国古代儒家先贤提出的"仁"字如出一辙，但现代西方资本主义国家虽然也提倡慈善和富有爱心，但因其更注重张扬民主自由与惩罚原罪的法律体制建设，与东方文明的"仁义礼智信"和"温良恭俭让"道德体系形成思维落差，共情教育是缺位的。

社会主义核心价值观是当代中国精神的集中体现，凝结着全体人民共同的价值追求。社会主义核心价值观对国民教育、精神文明创建、精神文化产品创作生产传播具有划时代的指导意义。把社会主义核心价值观融入社会发展各个方面，转化为人们的情感认同和行为习惯，对于提高人民思想觉悟、道德水准、文明素养和社会文明程度具有划时代的指导意义。社会主义核心价值观对加强爱国主义、集体主义、引导人们树立正确的历史观、民族观、国家观、文化观，对推进社会公德、职业道德、家庭美德、个人品德，进而激励人们向上向善、孝老爱幼、忠于祖国、忠于人民更具有划时代的指导意义。

社会主义核心价值观体现了国家、社会和个人三位一体与法制和道德双重的价值观念，在个人品德修养方面要求"爱国、敬业、诚信、友善"，在社会公德和公权利方面要求"自由、平等、公正、法治"，在国家治理能力和治理体系方面要求"富强、民主、文明、和谐"，这是实现"美丽"国家的精神柱石。

三、共情之美：信任协作之基，美美与共之绾

人类的社会行为如打哈欠、挠痒痒、高兴、悲伤、痛苦与恐惧等都可以传染给身边亲近的人，这些低级的社会行为传染或感染在动物中也很普遍。但自发的或下意识的低级社会行为传染受空间的限制，如果要使一个庞大的群体，如非洲大草原百万头的角马、数十万头的斑马、羚羊从坦桑尼亚的塞伦盖蒂保护区北上迁徙到肯尼亚的马赛马拉国家公园，跋涉3000多公里，途中要穿越和躲避狮子、豹子、豺狼和鳄鱼的截杀，需要迁徙的动物群能够勇于牺牲、"扶老携幼"、步调一致地行动，这需要高度自觉的示范带头作用和群体模仿行为，即学术上所说的从众行为，中文的意思是符合、一致、遵从和依照。军队是人类维护国家统治地位和本族人民利益或对外发动战争的武装力量，要想取得胜利必须做到步调一致、一切行动听指挥。但要使每一位军人召之即来、来之能战、战之能胜，必须通过持久的军事训练形成严格的军规军纪才能达成。无论是动物还是人类，从低级的小群体的社会行为传染到高级的集群（兵团）步调一致听指挥的军事行动都需要一个基本的能力，就是能够感受、识别、理解示范者（或头领）的每个表情和动作的意图，然后群体模仿去行动，这个过程的基础就是共情模仿。

共情是人类和社会性（群居）动物共有的特征，是一个族群防御另一个或多个族群入侵自己领地以谋求生存的基本能力，是文明社会中家庭、氏族、民族、宗教、社会生产单位（公司）、政党和国家形成的根据。

社会心理学认为人的共情心的培育在自我认知能力（如性别角色、自我控制、认识自我、自尊自信）、人际沟通能力（如亲子依恋、师生关系、同伴同事关系）、情绪管理能力（如情绪识别、情绪表达、情绪理解、情绪调节）和社会适应能力（如生活自理、挫败应对、对付欺凌、化解冲突、合作分担）的培育和养成中都很重要，就像一棵树的树根，

而这四种能力就像树干，每种能力下的技巧是树枝。

举例，在新冠病毒肺炎疫情（COVID-19）大流行时，有一个让国人大惑不解的现象，就是我们每个普通人都能够理解新冠病毒（SARS-CoV-2）感染主要经过感染者打喷嚏（飞溅、气溶胶）传染给附近其他易感人群，如果每个人都戴医用口罩就可起到一定防护作用（当然如果有人戴，有人不戴，因为口罩防护标准不同，就可能使防护作用大打折扣），但西方人普通民众却不相信这样做会有效。为什么？因为中国政府秉持生命至上的理念，带头戴口罩，起到了良好的示范作用；而西方大多数国家的政府因为考虑戴口罩会引起社会大恐慌，而大恐慌会影响经济发展（经济利益至上理念），所以自己不戴也不号召民众戴口罩防护，甚至歧视戴口罩者，最终因为失范导致新冠病毒疫情在西方国家普遍失控，死亡人数超过千万。为什么面对同一种病毒造成的全球大流行，东西方国家在疫情防控救治上成绩截然不同，这不仅仅与社会制度不同有关，也与东西方"共情文化"的差异有关。

德国马普研究所进化人类学研究室的迈克尔·托马塞洛（Michael Tomasello）在《人类道德自然史》著作中提出人类道德进化的互赖理论假说。该理论假说认为人类的原始社会道德是因为合作的需求而产生的，合作或协作有两个基本形式：第一，利他主义帮助；第二，互惠共生合作。而道德是人类独有的合作方式，体现为两种形式：第一，基于怜悯、关爱和仁慈而牺牲自我的动机去帮助别人的合作，即共情道德；第二，基于平等、公平和公正而达成的有利于个体双方互助的合作，即公平道德。其实，这一自然道德理论构想的实质又回归到我国孔孟儒家道德思想体系的核心"仁义"上来了。由此看来，现代西方道德思想理论假说还停留在2500年前我国古代孔孟儒家道德思想体系的雏形阶段，但西方社会殊不知我国已在这个道德思想体系指导下践行了两千多年，这就是中华民族伟大复兴征程中文化自信的源泉。

2013年3月23日，习近平在俄罗斯莫斯科国际关系学院首次向世界提出"人类命运共同体"重大倡议，呼吁国际社会树立"你中有我、我中有你"的命运共同体意识。2015年9月，习近平在联合国总部发表题为《携手构建合作共赢新伙伴，同心打造人类命运共同体》的讲话，明确指出要"构建以合作共赢为核心的新型国际关系，打造人类命运共同体"。这是中国最高领导人首次在重大国际组织场合中提出"人类命运共同体"的概念并详细阐释了其核心思想。2017年1月，习近平在联合国日内瓦总部发表题为《共同构建人类命运共同体》的主旨演讲，阐述了中国为何要推动构建人类命运共同体，要构建一个什么样的人类命运共同体，以及怎样构建人类命运共同体这三大基本问题。演讲全面明确了"人类命运共同体"理念的动因、愿景与实施路径，显著提升了这一理念的影响力和感召力。

2014年6月28日，习近平在和平共处五项原则发表60周年纪念大会上说：我们应该把本国利益同各国共同利益结合起来，努力扩大各方共同利益的汇合点，"各美其美，美人之美，美美与共，天下大同"。这十六字箴言是著名社会学家费孝通先生在1990年12月就如何处理不同文化关系时提出的。"各美其美"就是守护各自的文化特征，耕耘自己的土壤、收获自己的果实、不侵略他人的家园土地、不驾驭他人的耕种法则；"美人之美"就是尊重他国的文化理念，君子和而不同、有成人之美，而非越俎代庖、掠人之美；"美美与共"就是丰富世界的文化多元，百花齐放、百家争鸣，而非一种标准、一家之言；"天下大同"就是人类文明的共同繁荣。"天下大同"出自儒家经典《礼运大同篇》，友爱他人，亲如一家，四海之内皆兄弟，人与人之间这样彼此相亲相爱的相处之道，其实也是文明之间彼此理解尊重的相安之法。

综合以上，从古代东方道德哲学到西方近现代道德哲学、从社会学到自然科学，如从斯多葛派的哲学思想到亚当·斯密和亚瑟·叔本华的道德情操论、再到查尔斯·达尔文和弗兰斯·德瓦尔的道德生物进化论，我们可以得出一个鲜明的论点：共情既是亲社会互惠、利他主义和道德的生物学基础，也是构建以相互信任和尊重为基础的"美美与共"和"人类命运共同体"的基石和纽带。

四、共情之美：感同身受与换位思考的大脑密码

社会心理学把共情分为情感共情和认知共情。"俄罗斯套娃"模型是国外学者提出的共情进化理论模型，认为共情的底层核心是运动模仿、情绪传染等；中间一层是共情担忧（焦虑）、同情关心和共情安慰；最外面一层是换位思考、视角采择和有意图的帮助行为。一般认为情绪传染和运动模仿是低等级的情绪共情，而换位思考和视角采择等是高等级的认知共情。研究证实，脑内有编码和加工不同等级共情的相关脑区和功能链接网络，通过底-顶向（bottom-up）传递和顶-底向（top-down）调节的交互作用机制来发挥功能。而共情担忧、同情关心和共情安慰等行为介于情绪共情和认知共情之间，在感性和理性的平衡中去做出行动选择，如遇社会关系亲密的伙伴有需求则会因共情冲动而去帮助，但若遇社会关系疏远的陌生者有困难则会因共情压抑而无动于衷。同情属于认知共情的范畴，主体可以与目标客体情绪匹配，但不会有利他行动。就人而言，利他行为包括多个层次：第一是利他性冲动，当看到同胞乞讨和求救时有自发性关心和帮助反应，这是基于情绪共情而不带任何个人意图的利他行为，如见义勇为行为；第二是习得性利他行为，是基于学习和观察而获得的把对自己有利作为条件的帮助行为；第三是基于个人意图的利他行为，是利益驱动的利他行为，利他的目的是为求回报，是以私利为目的的利他行为。"俄罗斯套娃"模型可以部分地解释共情从低级到高级的自然演化规律，低等级共情行为在低等动物和高等动物（包括人类）都高度保守，是内核，但随着脑的进化，高等动物如人类和非人灵长类动物的认知水平发生突变，演化出了人类独特的换位思考和视角采择等心智理论机制。

人脑有没有共情网络基础？这个问题随着多种脑影像技术在人类共情研究中的应用而逐渐被解答出来。第一个有里程碑意义的研究是招募16对有配偶关系的人进行实验，用功能磁共振成像技术扫描大脑比较女性观察者"自己"接受痛刺激（直接感受）和她观看

男性配偶接受痛刺激（间接感受）时所激活的脑区有何不同？结果发现在观看"男性配偶"接受痛刺激时，女性观察者编码痛情绪的脑区前扣带回皮质前部特异性激活，而女性观察者"自己"接受痛刺激时不仅编码痛情绪的脑区前扣带回皮质被激活，编码疼痛强度的脑区躯体感觉皮质也激活。另外与疼痛直接感受相比，疼痛间接感受还可以激活内侧前额叶皮质、岛叶皮质、小脑和视觉皮质等，提示疼痛共情有一个相对独特的脑网络。后来的人脑影像技术研究陆续发现前扣带回皮质背侧、中扣带回皮质前部和前岛叶等在很多共情体验（如疼痛、恶心、焦虑、味觉刺激）中均特异性激活，提示脑内有一个与负性情绪效价即负性共情相关联的共同神经环路。

情绪共情和认知共情是否分别由不同的神经网络所编码和加工？情绪共情是主体（观察者）直接感受客体（被观察者）情绪状态而产生的与客体相匹配的情绪反应，是一个由底-顶向信息流激活情绪共情脑代表区而产生的共情体验过程，即感他人所感的共情过程。认知共情是主体（观察者）通过想象来激活认知共情的代表区，通过顶-底向信息流编码、加工和调控情绪共情脑代表区而产生的共情体验过程，即感同身受、换位思考和视角采择。情绪共情和认知共情相关联的脑区，包括生理状态、面部表情、身体语言、语义概念、关联记忆。与情绪共情有关的脑区包括：前扣带回皮质、初级和次级躯体感觉皮质、初级躯体运动皮质、颞极、丘脑、下丘脑和杏仁核等。而与认知共情有关的脑区包括：背外侧前额叶、腹内侧前额叶、顶小叶、颞顶结合部、颞上回和梭形回等。此外，还有情绪与认知共情共享脑区：中扣带回皮质、补充运动皮质、扣带运动区、前岛叶和颞下回等。

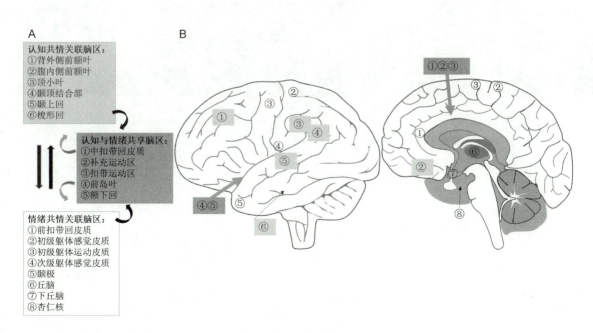

图6-8　人类共情关联的脑代表区（引自：韩济生主编《神经科学》第四版）

第七讲　权衡之美：人与社会的关系

7

刘会贵

　　在个人与他人关系方面，人的本质在其现实性上是一切社会关系的总和，每个人处于各类社会关系网络结点之上并以己为核心构建起层层叠叠的个人圈子，从中获得友谊并互相帮助，在遵循纪法前提下，把持自我，保持距离，可谓距离生美。在个人创业就业与生计选择方面，创业自主自由，公职约束严格，大家只要严于自律，勇于接受他律，多行奉献之善，皆可享有惧法之乐，可谓权衡择美。

权衡最初的含义指秤，"权"即秤锤；"衡"即秤杆。《淮南子．泰族训》："欲知轻重而无以，予之以权衡，则喜。"权衡的引申含义即衡量、比较。

权衡之美即个人在处理与他人的关系时，通过理性分析，说出得体言语，实施得当行为，带给自己和他人满意的、愉快的体验，是个人美丽心灵的反映。权衡之美属于社会美范畴，包括生活美、距离美、自律美、奉献美和境界美等，反映历史的趋势，促进社会的进步。

图 7-1　权衡之美（张文娟绘）

一、举国权衡与壮美

面朝大海，春暖花开，人世本美；千江有水千江月，万里无云万里天，境界生美。在人与社会的关系方面，能否创造美、感悟美、欣赏美、享受美，关键在于身处社会千千结的你，能否积极修为，提升境界，遵规守纪，权衡取舍。

（一）需要、欲望与满足

人，属于灵长目，诞生于第四纪早期。人类包括三大人种，即蒙古人种、尼格罗人种和欧罗巴人种；从肤色看，即黄皮肤人、黑皮肤人、白皮肤人。每一种人都是大自然的精灵，都是美的。

人，作为个体的人，有自然属性和社会属性。

人的自然属性即人的生物属性。人的生物属性包括形体高矮胖瘦之异、肤色黑白黄棕之别等。人的生存与发展需要消耗一定的物质资源和非物质资源，需要与外在环境交换物质、能量、信息。人的自然属性不是人的本质属性。

根据马斯洛层次理论，人的需要包括基本物质和心理需要、较高心理需要和最高心理需要三个层次。

人的基本物质和心理需要包括衣、食、住、行、性和安全。人的较高心理需要包括归属与爱和尊重。

人的最高心理需要为自我实现的需要，即满足一个人独特潜能的需要，包括认知、审美、自我价值实现等。

希望自己需要得以满足的心理即为欲望，个人欲望的满足可以在所处社会中通过自给自足和交换赠与等方式获得，个人具有客观条件支撑的合理合法的欲望应予支持，个人超出自身支付条件的欲望应予抑制。超出自身客观支付条件甚至超出自己合理需要的无休止地求取即为贪欲。贪欲是社会丑态和邪恶的根源。若一个人的贪欲蒙蔽理智，痴迷失去理性，错误权衡取舍，则美丑不分，善恶不辨。

在社会大背景前提下，由于个人所处家庭条件不同、所处地域条件不同、主观努力程度不同、把握机遇策略不同，其生产生活资源条件就会不同，个人发展状况也会不一。由于个人发展不一和供给不一，则每个人需要的满足不一。在我国，几乎所有人都能够满足最基本需要，只有少数人能够满足较高心理需要和最高心理需要。

（二）举国之权衡

脱贫攻坚。人类自诞生以来，贫困、饥荒、疾病一直相伴。一部中国史就是一部摆脱贫困的历史。1921 年诞生的中国共产党一直将国家富强、民族振兴、人民幸福、世界和平作为历史使命，带领中国人民先后推翻压在中国人民身上的帝国主义、封建主义、官僚资本主义三座大山，建设起人民当家作主的社会主义新中国，积极实行改革开放国策，着力保障和改善民生，取得了前所未有的伟大成就。2012 年，中国共产党十八大召开，党中央提出精准扶贫理念，创新扶贫机制，发扬钉钉子精神，践行发展生产、易地搬迁、生态补偿、发展教育、社会保障兜底"五个一批"战略，截至 2020 年底，在现行标准下，全国 9899 万农村贫困人口全部脱贫，832 个贫困县全部摘帽，12.8 万个贫困村全部出列，区域性整体贫困得到解决，完成了消除绝对贫困的艰巨任务，创造了一个彪炳史册的人间奇迹！

基本保障。农村贫困人口全部脱贫后，以 2013 年物价水平计，我国曾经的贫困人口人均年纯收入大于 2736 元，收入水平显著提高，全部实现"两不愁三保障"即脱贫群众不愁吃、不愁穿，义务教育、基本医疗、住房安全有保障，饮水安全也有保障，人们对美好生活的需要不断得以满足。

人生本美。农村贫困人口全部脱贫后，通过补齐基础设施短板，曾经的行路难、吃水难、用电难、通信难、上学难、就医难等问题得到历史性解决；通过补齐制度建设短板，现代产权制度、互联网＋制度、结对帮扶制度、医疗保险制度、大病救助制度、监督保障制度等一批制度得以出台完善，确保了全国人民干事创业的积极性；通过赓续中华精神血脉，全国人民生活于良好精神文化场域，中国共产党建党精神、钉钉子精神、愚公移山精神、一不怕苦二不怕死精神、披荆斩棘精神、栉风沐雨精神等得到发扬光大，全国人民的精神世界在脱贫攻坚中得到充实升华，信心更坚、脑子更活、心气更足了。生活于山河锦绣、国力强盛的大中华文化场域，人生本美。

二、利他权衡与善美

（一）个人与他人

本质关系。人的社会属性即人的社会立场性，马克思指出，人的本质并不是单个人所固有的抽象物，在其现实性上，它是一切社会关系的总和；在阶级社会，人的社会属性包括阶级性。人的本质属性在于其社会属性。

熟人社会。个人依据其触及的熟人社会关系构建起个人圈子，满足着自己的多重需要。我国当代社会学家费孝通认为，在熟人社会中，个人的社会关系格局是"差序格局"，亲属关系和地缘关系居于核心地位，类似"一块石头丢在水面上所发生的一圈圈推出去的波纹"。圈子的波纹所推及的他人就发生联系，圈子的波纹未推及的他人就不发生联系。每个人在某一时间某一地点所动用的圈子不一定相同。传统乡土社会治理方式是"人治"，人与人之间的社会关系的调节不是靠法律来调节，而是靠"礼"这种社会规范来调节。维持"礼"这种规范是传统，它是与乡土社会的"差序格局"相互配合适应的，通过不断重叠、蛛网式的社会关系网络影响到其他人，进而在整个社会营造一种合适的秩序。

友谊互助。今天，我国全面建成小康社会，改革开放深入人心，但是，传统意识仍然具有强大的影响力，以"差序格局"为基础的熟人社会关系满足着人们的多重需要，即在一定程度上可以满足个人的衣食住行等基本需要，可以促进人们恋爱交友、组建家庭、延续血脉，可以满足人们的安全需要、归属与爱的需要，以及认知、审美、艺术需要，圈内人一起互帮互助，发挥潜能，实现各自的人生价值。

（二）距离生美

在以"差序格局"为基础的熟人社会，人们容易欠缺平等意识和规则意识，学会保持距离和学会权衡显得尤为重要。

适当距离。每个人的出生不同、亲缘不同、地缘不同、经历不同，社会关系就不同，每个人的本质也不同，极其富有个性。富有个性的两人或者多人相处，平等意识、规则意识、距离意识尤其不可或缺，再亲密的人相处都要保持适当距离。情侣夫妻之间需保持一张纸的距离，曾经的出生、学习、实践不同造就了兴趣不同、爱好不同、职业不同、朋友圈不同，一张纸的距离确保了亲密和各自的独立。父母子女之间需保持一碗汤的距离，父母子女之间属于两代人，存在代沟，子女煲汤给父母送去，不凉不烫，正适饮用，恰到好处，一碗汤的距离确保了互相帮衬照顾，避免了相互扰攘。亲朋好友之间需保持一臂的距离，一个人走得快，一群人行得远，亲朋好友之间保持一臂的距离，既可避免腿脚羁绊，又可伸手援助，成就各自事业。

距离生美。今天，在实现乡村振兴，推进第二个百年奋斗目标征程中，需要大家接续奋斗数十年，容不得半点闪失。然而，我国的反腐败形势依然严峻，一方面反映出我国在发展社会主义市场经济过程中，社会治理机制有待进一步健全，不敢腐、不能腐、不想腐的"三不"机制有待完善；另一方面反映出我国以"差序格局"为基础的熟人社会，一些人不能很好地保持人与人之间的空间距离和心理距离，社会关系黏糊。在需要保持适当距离的多种社会关系中，领导与下属之间保持适当距离显得尤其关键。领导与下属之间需保持一杯水的距离，君子之交淡如水，在职业领域，领导与下属之间分工不同，属于领导与被领导关系，在非职业领域，领导与下属之间属于同志关系，彼此不卑不亢，热情周到，递上一杯热水，不油不腻，最为妥当，可谓距离生美。

图 7-2　距离生美（彭泰祺绘）

（三）奉献之美

奉献之善。从本质上说，个人归属需要、尊重需要、自我实现需要的满足在于奉献，一个乐于奉献的人都会有满满的团队归属感、社会尊重感、个人满足感。因为客观条件与主观努力不一，个人的发展水平不一、供给能力不一，奉献社会、回馈家乡、报答家人需量力而行。在确保安全的前提下，大学生在空余时间运用自己的专业知识技能，力所能及地参与义务劳动，服务社会，回报他人，皆为奉献之善。

奉献之美。"当代愚公"重庆市巫山县竹贤乡下庄村党支部书记毛相林，带领乡亲历时 7 年，在绝壁上凿出一条 8000 米长的"绝壁天路"，历时 15 年，带领村民探索培育出柑橘、桃、西瓜等产业，发展乡村旅游，推进移风易俗。四川省凉山州美姑县九口乡四峨吉村原第一书记蒋富安扶贫路上走烂多双鞋，各家门前的狗见到他不再吠，全村 721 个村民把他当成了亲人。他挨家挨户动员全村群众种植高产马铃薯等，发展脱贫产业带领村民致富。毛相林、蒋富安等人，带领村民如期打赢该村脱贫攻坚战，当选 2020 年度"感动中国"人物，实乃民族脊梁，其奉献善举受到世人交口称赞，可谓奉献之美。

科技是第一生产力，投身科学事业的人，其天然属性注定就是奉献。兴趣驱动、使命驱动、勇于担当、心无旁骛，方能成为合格的科学工作者，国内外的范例举不胜举。

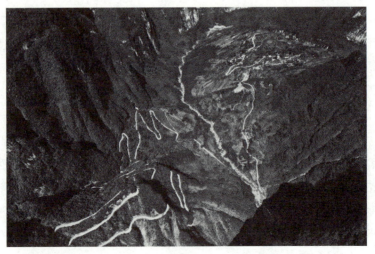

图 7-3　脱贫美丽乡村——重庆市巫山县竹贤乡下庄村

三、谋职权衡与安美

（一）生计与职业

在社会主义市场经济条件下，个人在完成学业后为了谋生及事业发展，或创业、或就业、或待业都是极其个性化的选择，需要极其慎重地权衡。

自由职业。个人从事自由职业即自主创业，通过自己的投资经营和劳动创造，为社会提供对路商品和优质服务，分别获取劳动力附加值、品牌附加值、营销附加值、资本附加值，满足自我实现等多重需要，获得成功和快乐。与此同时，在社会主义市场经济条件下，国内外市场主体之间竞争激烈，市场行情瞬息万变，难免投资失败，经营风险与压力不断加大。

公共职业。个人通过双向选择途径可实现择业就业，一类人员就职于民营单位或个体工商户；一类人员就职于国有单位，从事公共职业，该类人员即为公职人员。

我国公职人员包括四类：（1）国家机关工作人员；（2）国有公司、企业、事业单位、人民团体中从事公务的人员；（3）国家机关、国有公司、企业、事业单位委派到非国有公司、企业、事业单位、社会团体从事公务的人员；（4）其他依照法律从事公务的人员。其中，国家机关工作人员包括在各级权力机关（人民代表大会）、行政机关（政府）、司法机关（公安、检察院、法院）、军事机关、监察机关中从事公务的人员；在乡（镇）及以上中国共产党机关、人民政协机关以及全国各民主党派工商联常设机关从事公务的人员视为国家机关工作人员。其他依照法律从事公务的人员包括依法履行职责的各级人民代表大会代表，依法履行审判职责的人民陪审员，协助乡镇人民政府、街道办事处从事行政管理工作的村民委员会、居民委员会等农村和城市基层组织人员。

（二）公职担当

公职公务。公职人员的公务是代表国家或者某一国有单位履行组织、领导、监督、管理等职责，表现为与职权相联系的公共事务以及监督、管理国有财产的职务活动。村民委员会等村基层组织人员的公务包括：协助人民政府从事救灾、抢险、防汛、优抚、扶贫、移民、救济款物管理；社会救助公益事业款物的管理；国有土地的经营和管理；土地征收、征用补偿费用的管理；代征、代缴税款；有关计划生育、户籍、征兵工作；协助人民政府从事的其他行政管理工作。

担当之美。名校硕士研究生黄文秀义无反顾回到家乡，返回大山，担任广西壮族自治区百色市乐业县百泥村第一书记，在一次扶贫途中遭遇山洪灾害，不幸遇难，献出年仅30岁的年轻生命，为国家民族留下宝贵扶贫精神财富。其实，在公务的每一个岗位，人们都可以践行初心，服务人民，回报社会，成就事业，体验到担当之美。

（三）自律与他律

在我国，一个人只有在严于自律、接受他律前提下，才能够充分发挥自己的聪明才智，更好地为国家和社会服务，干出一番事业。

惧法之乐。位于各类社会关系网节点的人们无不受到习俗、道德、纪律、法规的严格约束，往往言语得体，行为得当，事业有成，广受赞美。基于规则，惧怕惩戒，循规蹈矩，反得安乐，可谓惧法之乐。

律己之美。受我国乡土社会"差序格局"传统影响，和国家各类规章制度的完善，每个人唯有严于律己，避免官商关系黏糊，保持政商关系清亲，才可享受那份律己平安之美。

今天的大学生不愁吃、不愁穿，基本医疗、住房安全、饮水安全有保障，实现美好人生？唯有选择公序良俗，遵纪守法，唯有积极践行爱国、敬业、诚信、友善价值观，惟有积极担当作为，直面人民期待，唯有想尽千方百计，费尽千辛万苦去投入到实现第二个百年奋斗目标的伟大实践中，才能实现美好人生。

新时代大学生，抑或选择普通一兵、抑或选择入团入党，抑或选择升学深造、抑或选择创业就业，抑或选择民营民企，抑或选择公职公务，一次选择，一次权衡，一次可能。新时代大学生，新时代的骄子，应当选择扣好人生第一粒扣子，应当选择责任担当，应当选择为天地立心，应当选择为生民立命，应当选择为往圣继绝学，应当选择为万世开太平。如此，可谓择善择明择美。

第八讲　劳动之美：人类物质创造和精神升华

余　旭

　　实践是某种理论、课程或技能得以具化或实现的过程，也可以指参与、应用、锻炼、实现或实践想法的行为。马克思主义美学认为实践是美和艺术产生的根源。在人类长期的社会劳动实践中，作为美感基础的生理器官和心理官能得以不断进化和发展，形成了欣赏美和创造美的能力。

　　实践之美体现在人类实践活动的过程之中，具体表现为劳动环境之美、劳动过程之美、劳动产品之美等方面。实践之所以美，在于实践活动中所蕴含的自由创造以及人本质力量的对象化。在这种实践活动中，人按照预期目的、依据美的规律进行创造，将自身的才智、情感和意志投射到对象上，使它成为人的生命价值的象征，人在物质满足的同时获得精神上的享受和升华。

学习导入

图 8-1 《野牛·人》，法国拉斯科洞穴壁画，前 15000—前 13000 年

图 8-2 让-弗朗索瓦·米勒 《拾穗者》

　　拉斯科洞穴壁画对史前时代猎人与野牛之间的冲突进行了叙事性的描绘；《击壤歌》描写了早期农耕生活的状态："日出而作，日入而息。凿井而饮，耕田而食。帝力于我何有哉！"；米勒的《拾穗者》对 19 世纪法国农村劳苦大众的艰辛生活进行了细腻的再现；近代工艺美术运动提倡"人造、人享，并且能够使制造者和享用者同乐"的艺术……那么，劳动实践美在何处？为什么劳动实践一直是艺术表现和人们歌颂的对象？

一、劳动是人类改造世界的物质性和精神性活动

（一）生产劳动是实践的根本性活动

　　人的社会实践不限于物质生产活动单一形式，还有许多形式，比如政治活动、经济活动、科学活动、艺术活动、关系活动等，是所有社会人参加的、发生在社会实际生活中的一切领域的、促进人类进步与发展的活动总和。也就是说，实践是人类改造世界的物质性活动，包括物质生产、精神生产、话语实践的活动。亚里士多德将人类活动划分为三种：理论、实践与创制。其中，实践是指处理人与人之间关系的行动，主要包括伦理和政治行为；创制是以制造或生产东西为目的的行动，包含生产物质生活资料的劳动和诸如写诗之类的精神性活动。德国哲学家黑格尔认为按照人类不同层面的需要，人类社会生活的实践活动包括了经济、政治、宗教、科学、艺术等具体内容。在马克思看来，实践是一种对象性的、现实的、感性的活动，劳动是人类为了满足生存必需和精神需求的物质生产和精神生产活动。马克思实践哲学的基石是"劳动"。马克思指出生产劳动是实践的根本性活动和首要内容，是人类其他行动的基础。并且劳动的生产性决定了政治、思想等其他实践活动的生产性，也决定了人的生命存在本质。

（二）实践的价值

劳动实践对于人类的诞生、理性的发展和美的产生等都有着重要的意义。首先，自由的有意识的实践活动使人与动物区别开来，成为人的存在的本质特性。马克思指出："这种活动、这种连续不断的感性劳动和创造、这种生产，正是整个现存的感性世界的基础。"人类学的研究表明，在自然选择的作用下，劳动使人直立行走，促使人体结构、思维语言的形成，并在制造和使用工具的过程中成为独立的主体性存在。

其次，在实践中，人对世界的认识逐渐深化，建构了人与自然、人与人的关系。人通过感性活动，尤其是最基本的物质生产活动来认识和改变世界，并不断实现人的自由。马克思在《关于费尔巴哈的提纲》中说："哲学家们只是用不同的方式解释世界，问题在于改变世界。"在他看来，必须从生活实践出发把握和理解人的理性活动，通过实践的力量恢复人与生活世界之间的联系。

实践也使人的感性体验越来越丰富，促进了人的审美意识的产生和发展。黑格尔提出以实践的观点看待美和艺术，认为人通过实践改变客观现实，然后使自我在创造的外在事物中复现，这就是美和艺术的根源。马克思把实践定义为人的生命的自我创造活动，人可以按照美的规律构造，把生命价值的生产运用于生产过程之中。

二、劳动创造了美

（一）艺术起源的劳动说

在人类社会发展史中，艺术究竟是如何产生的？对这一问题的思考，古往今来的理论家形成了许多不同的观点，其中一个影响比较大的观点认为艺术起源于人的劳动。19世纪末以来，艺术起源于劳动的理论广为流传。英国学者沃拉斯切克（1860—1917）在《原始音乐》一书中认为节奏产生于原始人的生存斗争中，是作为增进人与人之间合作的手段，也是人类歌唱和舞蹈艺术的起源。德国学者毕歇尔在《劳动与节奏》中针对劳动、音乐和诗歌的相互关系，明确提出了"艺术起源于劳动"，指出在人类发展的最初阶段，劳动、音乐和诗歌是紧密联系的，其中基本的组成部分是劳动，其余的组成部分从属于劳动。

俄国的普列汉诺夫通过对原始绘画、舞蹈、音乐等艺术形式的分析，以人种学、民族学、人类学和民俗学的文献佐证，得出艺术发生于劳动的观点。例如原始民族产生了熊舞、鱼舞、袋鼠舞等舞蹈，"野蛮人在自己的舞蹈中往往再现各种动物的动作。这怎样来解释呢？只能解释为想再度体验一种快乐的冲动，而这种快乐是曾经由于狩猎时使用力气而体验过的"。他认为艺术起源于人类所从事的各种实用功利活动，后来才逐渐摆脱实用功利的目的，产生了艺术的审美欲求，认为劳动先于艺术、功利先于审美。比如"原始人最初之所以用黏土、油脂或植物汁液来涂抹身体，是因为这是有益的。后来逐渐觉得这样涂抹的身体是美丽的，于是就开始为了审美的快感而涂抹起身体"，由此产生原始化妆艺术且不断演变。

鲁迅指出劳动的需要直接促进了艺术创作的产生："我们的祖先的原始人，原是连话也不会说的，为了共同劳作，必须发表意见，才渐渐地练出复杂的声音来，假如那时大家抬木头，都觉得吃力了，却想不到发表，其中有一个叫道'杭育杭育'，那么，这就是创作。"艺术源于劳动的需要，原始人用节奏统一步伐、协调动作、提高效率和减轻疲劳，创作了大量的音乐、舞蹈、诗歌等艺术作品。艺术题材也常常取自劳动场景，原始的洞穴艺术经常描绘狩猎场面，《吴越春秋》记录的《弹歌》："断竹，续竹，飞土，逐肉"，描写了从制作工具到打猎的完整过程。随着劳动的深入，艺术表现的形式和内容不断丰富和发展，《川江号子》《采茶舞曲》《黄河船夫曲》等民歌至今广为传颂，受到人们的喜爱，它们是在生活和生产劳动过程中产生的，体现了对劳动的再现和歌颂。

从考古发掘和艺术史料中可以看到，原始人的艺术活动带有实际的功利目的，艺术是作为劳动的一个组成部分伴随着劳动而产生的，原始艺术与劳动生活紧密联系。从原始人类的简单劳动开始，人类经过了石器时代、陶器时代、青铜器时代、铁器时代、机械时代、信息时代等等，通过不断改造物质世界建构人与世界的关系，也使自己具备欣赏自然和劳动产品的能力。

（二）人的审美意识萌芽于劳动实践

马克思说："劳动创造了美"，指出美和艺术起源于人类的生产劳动，是人类实践的产物。人类的审美意识萌芽于早期的社会劳动实践中。人与自然界的其他动物不同，其他动物只能被动地适应自然，人却可以通过制造和使用工具能动地改造自然。马克思指出："动物只是按照它所属的那个种的尺度和需要来构造，而人懂得按照任何一个种的尺度来进行生产，并且懂得处处都把内在的尺度运用于对象；因此，人也按照美的规律来构造。"人的活动是有意识有目的的，可以不受限制地按照客观规律加以生产。所谓"内在的尺度"是人本身客观要求的尺度，是认识客观规律与符合人本身需要两方面的有机结合。比如人们制造桌子，就要在认识材料的客观规律的基础上，再根据人的不同的要求制造不同式样的桌子，使桌子既可满足人的物质生活的需要，又能通过不同的形式满足人们的审美需要。

人类通过劳动改造世界，改造人与自然之间的关系，创造了丰富的物质财富和精神财富。马克思认为美是人的本质力量的对象化，"劳动的对象是人的类生活的对象化：人不仅像在意识中那样在精神上使自己二重化，而且能动地、现实地使自己二重化，从而在他所创造的世界中直观自身。"人类在有目的地改造自然的过程中，"劳动与劳动对象结合在一起。劳动对象化了，而对象被加工了。"在生产劳动中，生产物的形态体现了人的目的和意志，表现了人改造自然的创造力。人通过劳动在事物上印刻自己的痕迹，并从中反观自身，获得快乐。

劳动不仅创造美，还创造了欣赏美的能力。人类在长期的社会实践中，以美的尺度改造客观世界与主观世界，促使各种生理器官和心理官能不断进化和发展。恩格斯论述了劳动在从猿到人转变过程中的作用，指出："只是由于劳动，……人手才达到这样高度的完善性，在这个基础上人手才能仿佛凭着魔力似的产生了拉斐尔的绘画、托尔瓦德森的雕刻以及帕格尼尼的音乐。"我们欣赏艺术史上著名的作品时，会赞叹艺术家们充满创造力的手和他们巧夺天工的高超技艺，而人手的灵巧性和完善性来源于人类长期的劳动实践。马克思指出："只是由于人的本质客观地展开的丰富性，主体的、人的感性的丰富性，如有音乐感的耳朵、能感受形式美的眼睛，总之，那些能成为人的享受的感觉，即确证自己是人的本质力量的感觉，才一部分发展起来，一部分产生出来。因为，不仅五官感觉，而且连所谓精神感觉、实践感觉（意志、爱等），一句话，人的感觉、感觉的人性，都是由于它的对象的存在，由于人化的自然界，才产生出来的。"

三、劳动之美在于自由创造

（一）人的劳动的自由自为

人类生产不同于动物生产，人类由于会制造工具，因而能改造自然，使自然为自己的目的服务。马克思指出："最蹩脚的建筑师从一开始就比最灵巧的蜜蜂高明的地方，是他在用蜂蜡建筑蜂房以前，已经在自己的头脑中把它建成了。"人的生产劳动超越了肉体的直接需要，超越了动物仅仅按自己物种的尺度生产，是把"内在的尺度运用于对象"的自由、自为的活动。人类在社会实践中不断加深对自然规律的了解，并根据具体情况制订活动目的和计划，体现出作为劳动主体的自由创造力。

人的劳动是有目的的，人通过劳动将自身的本质力量体现在对象之中。在劳动中，人与世界发生联系，事物向人显现自身，而不再是与人疏离的异物。人在其中发现了自身的活力和生命力，当人类反观自己的劳动成果时，从中发现了自身的存在，体会到劳动的本质。黑格尔在《美学》中论述："人有一种冲动，要在直接呈现于他面前的外在事物之中实现他自己，而且就在这实践过程中认识他自己。人通过改变外在事物来达到这个目的，在这些外在事物上面刻下他自己内心生活的烙印，而且发现他自己的性格在这些事物中复现了。人这样做，目的在于要以自由人的身份，去消除外在世界的那种顽强的疏远性，在事物的形状中他欣赏的只是他自己的外在现实。"黑格尔举例说明，小男孩把石头扔在河水中，充满惊奇地看着水中显现的圆圈，觉得这是一个作品，因为从中看到自己活动的结果。从儿童的游戏到艺术作品中的创造，都是通过实践活动

图 8-3　劳动之美（张文娟绘）

图 8-4　《愉快的收获者》，浅浮雕，约前 1500 年，希腊克里特岛出土（彭泰祺绘制）

去改变外在事物，使自己的内心世界得以外化，成为观照和认识的对象，获得心灵的自由。

（二）人的劳动的创造性

人类的生产劳动作为调节人与自然关系的活动，是显现和外化人的本质力量的活动，也是创造美的活动。人通过改造世界的劳动实践，将自然的事物改造为人类世界的组成部分，石头成为石器、黏土成为陶器等等。从石器时代的打磨器具，到后来逐渐形成的人类技艺如陶艺、画艺、厨艺等等，这些手艺都是实践的智慧，在具体的劳动中将自身的目的与事物的特性相契合。手工技艺在历史发展中逐渐脱离实用的功利目的而走向自由的艺术，比如从事雕刻、绘画、建筑等活动的工匠开始自由地表达思想情感，使雕刻、绘画、建筑等成为自由的艺术。

马克思指出："劳动是积极的、创造性的活动。"在自由劳动的时候，生产劳动成为追求生命力表现的形式冲动。劳动的产品不仅能满足人类的生活需要，而且在它的形式特征中可以看到人的创造力。人在劳动中看到自身的智慧和力量，在精神上获得极大满足，产生强烈的美感。古希腊艺术中就有对劳动的雕刻，如《愉快的收获者》是装饰在一个尖底石瓶上的浮雕作品，表现了一队从田间收获归来的男子，他们肩上扛着劳动工具，正欢快地迈步返回家园。艺术家用富有动感的构图表现了收获者的狂欢，捕捉了青年们在田野间行进的动态和充沛的精力，观者从中感受到人的自由表现的创造力和生命力。

（三）异化劳动与审美的反异化

有些劳动充满了压抑、乏味和苦难。这是因为包括劳动在内的实践本质上是自由的，但在某些历史阶段，劳动产生了异化。在资本主义社会中，随着劳动分工的不断细化，完整的人经受分裂的痛苦，人丧失了审美的能力。"忧心忡忡、贫穷的人对最美丽的景色都没有什么感觉；经营矿物的商人只看到矿物的商业价值，却看不到矿物的美和独特性。"资本主义私有制下劳动产生了异化，缺乏创造性的劳动消解了劳动美，造成了人与自然、人与社会、人与自身的分离。劳动的抽象化和商品化扭曲了社会价值，压抑了劳动者的发展。当人只为生存拼命劳作时，他只是赚钱的工具，不是完整的自由的人。德国诗人和哲学家席勒曾说："真正自由的、完善的人是理性与感性完美结合的和谐的人。"只有当审美活动进入人们的生活时，他才能恢复自由和谐的、完整的人性。

审美具有自由性和反异化性。马克思在《资本论》中指出："从工厂制度中萌发出了未来教育的幼芽，就是生产劳动同智育和体育相结合，它不仅是提高社会生产的一种方法，而且是造就全面发展人的唯一方法。"这种生产劳动不是资本主义制度下的异化劳动，恰是人的本质力量的对象化，是按照美的规律建造的自由劳动，朝向人的全面、自由、协调发展。在马克思看来，生产劳动是人的生命本质，随着科学理论转化为生产力，社会财富不断增加，人类从充当手段和工具的处境中解放出来，得以成为自由行动的存在物。当劳动的手段性和工具性被洗刷，劳动的生产性和自由性得到发扬，劳动将成为人的第一需要。

自由的劳动使人与自然之间建立了贴近的关系，并赋予生活以深厚意义。海德格尔在《艺术作品的本源》中通过梵高对鞋的描绘表达了劳动呈现为人发现自身生存意义的过程，"器具确实存在于其有用性之中，但是这种有用性又植根于器具有根本存在的充实性之中。充实性即可靠性。凭此可靠性，农妇被置于大地无声的召唤中去。凭此器具的可靠性，她把握了自己的世界。"自由的劳动也是一种审美活动，在认识和改造世界的过程中实现人的自由，以达到人与自然的合一。

"美"是体现了人的自由创造性的感性形式，是合目的性与合规律性相统一的实践活动。自由是由于掌握了客观规律，使人的实践活动具有改造对象的伟大力量。中国古代形成的"六艺"，即礼乐射御书数，是作为培养自由人的方式。孔子说："从心所欲不逾矩"，主张"学而时习之，不亦说乎"、"游于艺"，他将学习与自由游戏的乐趣相结合，揭示了"艺"的自由本性。李泽厚指出："自由（人的本质）与自由的形式（美的本质）并不是天赐的，也不是自然存在的，更不是某种主观象征，它是人类和个体通过长期实践自己所建立起来的客观力量和活动。"无论是现实生活还是艺术实践，自由的实践活动由于运用客观规律达到自由形式，创造了美的世界。

庄子在庖丁解牛的寓言中，表达了一种追求天人合一的逍遥游境界。庖丁是一名宰牛的手艺人，最初他一味蛮干，一把刀很快就变钝了，很难产生愉快的感受。但在经年累月的解牛过程中，他不断熟悉牛的身体构造，技艺出神入化，最终达到"以神遇而不以目视"境界时，一招一式都富有艺术的美感，仿佛舞蹈音乐一般。"庖丁为文惠君解牛，手之所触，肩之所倚，足之所履，膝之所踦，砉然向然，奏刀騞然，莫不中音。合

图 8-5　梵高　《一双鞋》

于《桑林》之舞，乃中《经首》之会。"甚至庖丁自己也对自己的劳动过程和劳动结果有一种满足感和愉悦感，"每至于族，吾见其难为，怵然为戒，视为止，行为迟。动刀甚微，謋然已解，如土委地。提刀而立，为之四顾，为之踌躇满志，善刀而藏之"。庖丁解牛正是运用普遍规律处理具体对象时所达到的自由状态，人与对象的对立消除了，宰牛的技艺在庖丁那里最终成为一种身心契合的游刃有余。

四、劳动之美的内容要素及表现形态

（一）劳动之美的内容要素

劳动之美体现在劳动和社会活动的各个方面，包括劳动过程、劳动环境、劳动工具、劳动组织、劳动产品、劳动主体的美等。不过，劳动虽是美的源泉，但劳动的过程充满了困难和挑战，人们通过积极的创造性的劳动战胜重重困难，按照人的意志和目的改变自然和社会的面貌，彰显了人的本质力量，体验到人的伟大和尊严。人们将美和审美的规律运用到社会生产劳动和生活中，以此提高劳动的兴趣和成就感。劳动之美的内容要素主要有以下几个方面：

①劳动主体的美。参加生产实践的劳动者既是物质财富的生产者，也是美的创造者。劳动者健康的体质、朴素的生活、熟练的技艺、高尚的职业道德都可以使人产生美的感受。我们经常将"美"作为评判劳动者德性和劳动价值的重要维度，"最美劳动者""最美乡村教师""最美逆行者"等称号就体现了不同工作领域劳动者的劳动素养和高尚品格。集体劳动中劳动者之间相互配合也能产生和谐的美感，例如富有节奏感的旋律和画面会使劳动者更具美的感染力。劳动者的审美因素受到很多艺术家的推崇，产生了很多歌颂劳动者的艺术作品，比如西班牙画家委拉斯凯兹的《纺织女》、勃鲁盖尔的《雪中猎人》、梵高的《播种者》、罗中立的《父亲》等。

②劳动工具的美。"工欲善其事，必先利其器"。劳动工具不仅标志了人类劳动技能的发展，而且也指示了人类造型能力的进步。旧石器时代的人类制作了大量的打制石器，从初期元谋人用石英石制作的粗糙刮削器，中期大荔人制作的小型刮削器，到晚期北京周口店山顶洞人制作的精美骨针等，这些劳动工具除了实用功利价值，也具备了一定的形式美感，体现了某种装饰意图。在制作劳动工具的过程中，人类的造型能力和审美观念也得到培养和发展，并产生了美化自身和美化生活的装饰品。身处当今新时代，劳动工具美愈发体现在高科技的精细与人类智慧元素上。

③劳动环境的美。生产劳动是在特定的环境中进行的，环境的美化有利于培养劳动者健康的审美趣味，提高劳动效率。光线、色彩和声音可以刺激或稳定人的神经系统和心理状态，影响工作效率。同时，人们的生活实践所依赖的环境既是人类活动开展的物质前提，也能成为审美的对象。美国哲学家阿诺德·柏林特认为"人与环境是统一体"，环境之美

在于使人产生一种归属感和家园感。良好的自然环境和社会环境有助于提高生活质量、增进劳动的快乐、培养良好的个人气质和社会风尚。

④劳动产品的美。劳动产品是劳动过程的结晶，产品之美也是实用价值与审美价值的统一。从产品的实用价值来看，材质优良、工艺科学、功能强大有助于发挥产品的功利效益；从产品的审美价值来看，产品的造型、色彩、外观、装饰等符合形式美的原则，达到赏心悦目的审美效果。这就需要研究劳动产品的技术设计与艺术设计，满足人们的物质需要和审美需要。

劳动产品要达到美，需要将产品的目的要求与自然形式有机结合。《考工记》强调制作工艺品必须"材美工巧"，只有优质的材料与精湛的工艺相结合才能创造出美的工艺品。美的劳动产品一方面要符合实用目的，满足人的需求，另一方面还要体现出人对形式法则的自觉运用，满足进一步的审美需要。手工业时代的手工艺术具有独特的工艺之美，如青铜器、金银器、瓷器等表现出错彩镂金、雕饰满目的美感；明式家具、民居表现出清淡雅致、淳朴自然的美感等。高科技劳动产品强调内在美与外在美并重。

（二）劳动之美的表现形态

劳动之美的表现形态可谓多姿多彩。从人工创造的工艺美术作品、日常用品来看，受到物质材料和生产技术的制约，具有鲜明的时代风格和民族特色。仰韶文化的彩陶、奴隶制社会的青铜器、战国的漆器、唐代的唐三彩、宋代陶瓷等展现了中华文化的灿烂辉煌，体现了很高的审美价值和认知意义。河北满城区中山靖王刘胜妻窦绾墓中出土的西汉"长信宫灯"，既是一件实用的生活物品，也是一件造型独特的工艺品。宫灯灯体为通体鎏金、双手执灯而坐的宫女，神态恬静优雅。灯座上安有活动的环壁形灯罩，可根据需要调整照射方向，控制灯光强弱。长信宫灯的设计十分巧妙，宫女一手执灯，另一手袖似在挡风，实为虹管，用以吸收油烟，防止了空气污染，可谓匠心独运。

图 8-6　长信宫灯　西汉铜器

18 世纪工业革命之后，机器生产普遍取代了手工业的生产方式。19 世纪后期英国艺术家开展的工艺美术运动为了对抗机器和工业资本主义对工人的异化，提倡一种"人造、人享，并且能够使制造者和享用者同乐"的艺术。他们谴责资本主义，支持劳动人民，致力于为广大民众创造出具有高度美学价值的实用品。比如英国艺术家威廉·莫里斯（1833—1896），强调统一的装饰，营造美观而又实用的环境。

现代工业设计从 20 世纪中叶迅速发展，主要包括产品设计、环境设计、视觉设计等方面。工业设计针对现代化的工业大批量生产，必须在产品中体现技术与艺术的统一。

图 8-7　威廉·莫里斯红屋的内部设计

产品从设计之初就具有某种功利目的，功能的完善也是美感的因素。产品的功能之美一方面与材料本身的特性相关，另一方面也要符合美的形式规律。现代艺术家和设计师尝试将艺术融入生活环境，包豪斯学派强调艺术与工艺、设计与生产的结合，培养了大批具有艺术与技术双重才能的设计人才。马塞尔·布劳耶（1902—1981）设计的"钢管椅"是包豪斯家具设计的典范，这把椅子的外观简洁，皮质或布艺的靠背增加了舒适度和功能性，适合大批量生产。现代科技的发展和工艺的传承与变革也是人类追求自由的体现。在以大工业生产劳动为核心的社会实践过程中，美的形式与内容和谐统一。我们在欣赏现代建筑、高科技产品时，不仅欣赏它们的形式美，还从中感受到了社会前进的力量。

　　不论是工艺美术作品，还是工业设计作品，都体现了一些共同的审美特征。其一，实用性与审美性的统一。人类的实践活动多种多样，包含了生产劳动、日常生活、文化活动等诸多领域，不同的艺术满足人类不同的物质需要和精神需要。实用艺术如工艺作品越是接近现实便越美，"越是接近我们就越发显出优柔之美，日复一日地共同生活，产生了不能分离的感情"。其二，注重表现性和形式美。人类在长期的实践活动中总结了许多形式规律，比如黄金分割率、对称均衡、变化统一、虚实留白等，历代的建筑师和设计师常将这些法则运用于建筑设计和产品外观设计中。其三，民族性与时代性的统一。由于艺术与人们的生产实践和日常生活密切相关，不同民族的风格特色、思想观念、时代风貌都在作品中得到体现。比如建筑艺术体现了鲜明的民族性与时代性，古埃及的金字塔、哥特式教堂、德国包豪斯校舍、中国古典园林等。随着科学技术的发展、新型材料的发现、生产方式的革新，现代设计正呈现出崭新的面貌。

　　劳动实践创造了人类的存在和全部的社会生活，推动了社会历史的全面进步。马克思认为劳动产生了美，而且劳动本身也是可审美的。这启示人们去发现劳动的审美因素，通过具体的劳动实践满足自身的物质需要和精神需要。

　　同时，我们要转变审美观念，注重审美与生活之间的连续性。美的形象源自生活，体现社会实践的进步要求，美的形象创造肯定人的智慧和力量。当我们认识了人是整体的、和谐的存在，以此为目标创造自己的生活，

图 8-8　马塞尔·布劳耶，钢管椅，1925 年

用艺术的、审美的态度对待生活、社会和人生，自觉地按照美的尺度营造生活、建设社会，就能够提升人生境界，实现幸福美好的生活。

第九讲　科学之美：理性的内在美

9

郝石磊

　　科学是一种理论知识体系，是人类对于客观世界的正确的反映，是人类认识世界和改造世界的社会实践经验的概括和总结。科学美学是由自然科学和美学结合而形成的交叉学科，它既是理论科学学的一个分支，也是美学的一个分支。科学之美体现在以下方面：一是自然界的内在之美，体现在自然界发展的内在规律以及客观事物运动的理论；另一个是科学理论中的理性之美，主要是使用科学语言对科学规律进行描述和归纳，以及科学中的思维之美，科学思维是创造和发现科学美的前提，创新的科学研究往往依靠独特的研究方法，体现科学家的智慧之美。上述层面都能体现出科学美学的和谐性、简单性、对称性、逻辑性和新奇性。伴随科学的发展，美学与科学也逐渐深度交叉融合，发展出一些新兴的美学学科分支，例如将神经科学与美学相结合的神经美学、人工智能发展过程中衍生出的人工智能美学等，也将在本讲中进行介绍。

康德指出："没有美的科学，只有美的艺术"；"一个科学，若作为科学而被认为是美的话，它将是一怪物。"（康德，《判断力批判》）

"科学家研究自然，并非因为它有用处；他研究它，是因为他喜欢它，他之所以喜欢它，是因为它是美的。如果自然不美，它就不值得了解；如果自然不值得了解，生活也就毫无意义。当然，我在这里所说的美，不是给我们感官以印象的美，也不是质地美和表现美。并非我小看上述那种美，完全不是，而是这种美与科学无关。我的意思是说那种比较深奥的美，这种美在于各部分的和谐秩序，并且纯粹的理智能够把握它。正是这种美使物体，也可以说使结构具有让我们感官满意的彩虹般的外表。"（彭加勒，《科学的价值》）

那么，有没有美的科学？如果有，美在何处？

"科技是第一生产力"的论断对中国特色社会主义现代化的建设影响巨大，让我们认识到科技的重要性，并能深刻体会科技发展给生活、学习与工作带来的颠覆性变革。除了科研工作者之外，科技在被探索、验证和应用过程中的美往往被大众忽略或很难引起深刻体会。当然，在探讨其美学内涵和特征之前需要区分"科技"一词中包含的"科学"与"技术"，虽不同学科背景对两者有不同定义，但我们一般认为科学是一个系统性的理论知识体系，是对自然现象的观察、鉴定、描述、实验、研究和理论的解释，是人类认识世界和改造世界的社会实践经验的概括和总结。而技术是指人们从现实达到理想目标的方法，重在解决"怎么做"的实践问题。本讲中主要对科学之美进行介绍，并涉及科学之美的内涵、特征以及科学与美学交叉而衍生出的美学学科分支。

一、科学之美的内涵

科学美学是由自然科学和美学结合而形成的交叉学科，它既是理论科学学的一个分支，也是美学的一个分支。科学美最早萌发于古希腊毕达哥拉斯学派的数学理性传统，该学派在宇宙和谐论中指出宇宙是和谐的、有秩序的，并且其规律性和秩序性隐藏在数的关系和结构中。在随后的天文学和物理学探索中，很多科学成果都与数学中的美有关。爱因斯坦、麦克斯韦、开普勒等科学家都崇尚用数学语言描述科学规律，一个个简洁而精致的方程组、一条条神奇的线条奠定了数学在科学美中的地位。由此科学美具备了简洁、逻辑、对称、和谐等特征。科学美的存在是显而易见的，而不同学科的研究属性又给科学之美赋予了不同的表现形式。例如在化学和生物学等领域，美的存在形式主要在于化学和生物结构的可视化，因为大多数化学或生物的现象很难用简单的方程式进行描述和总结。不管科学之美是以何种方式呈现，其都与科学的研究活动相关。科学的研究过程中需获取可观察、可实验、可量度的证据，并进行合理的推测与总结。诺贝尔奖获得者、著名物理学家杨振宁将理论物理学分为了现象之美、理论描述之美和理论结构之美，其中涵盖了自然现象的内在美、规律描述的理性和真实美，以及理论归纳的数学结构之美。当然上述三美既无明确的分界，又互相重叠。一旦跨出理论物理学的研究范畴，广义的科学之美有内在之美和理性之美的内涵，不仅不局限于科学的数学化，还存在思维之美，即指科学家独特的研究思维在研究过程中迸发出的独一无二的美感。

（一）科学的内在之美

科学的内在之美就是自然本身的美。当我们惊叹宇宙的璀璨与浩瀚和太阳系星球的有序性运动，着迷地球错落有致的地形地貌和规律性的物种分布，欣赏五彩斑斓的花朵和显微镜下物质的有序结构，科学之美可在自然的尺度下呈现。其中的外在形式的美大部分人都可以领悟，而科学研究的内在动力是对自然规律的探索，其内在的和谐、统一和特殊性是科学之美的重要体现。对于研究者而言，能够发现和领悟自然界的内在规律，揭示其内在结构的秩序性和统一性，就能获得科学美感，被研究的对象越是深邃，研究的意义越重大，研究者获得的美感也就越强烈。

分形学为数学几何的一个分支，是自然科学与几何学的有机交叉学科。分形是几何外形，在各种尺度上分形客体都会呈现同样程度的不规则性，即无论是远处或近处看，整体形状看起来都是一样的。自然界中有许多分形实例，例如海岸线的平面图、闪电、雪花、树木主干的分支、树叶的图案等。分形学已经用于描述自然界许多复杂现象的外形。除了揭示自然规律的获得感，科学家在科学活动过程中同样会获得视觉美感。例如冯·卡门涡街现象、化学物质的结晶、显微镜下老鼠脊椎呈现出美丽的蝴蝶状等。科学家既可以将数学描述自然界运动的过程进行可视化操作，又能利用先进的科学仪器直接肉眼观察自然界的内在之美。

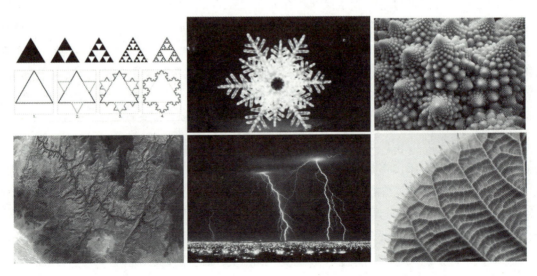

图 9-1　分形几何和自然界中存在的分形现象

（二）科学的理性之美

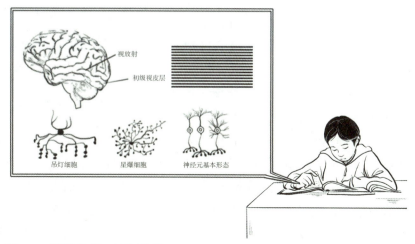

视放射
初级视皮层

吊灯细胞　　星爆细胞　　神经元基本形态

图 9-2　科学之美（彭泰祺绘）

审美是感性的，不同人对于同一事物具有不同的审美感受。但科学是理性的，是因为科学活动的目的就是揭示自然界的规律性，而规律是客观存在的。即使存在有些科学研究的结果是矛盾的情况，但大部分是因为规律的多样性，或者研究活动的局限性造成的。科学的理性之美一方面在于人类在理性认识的基础上进行科学活动，秉持理性的观点和态度来认识自然界和认识自己，这既是科学研究的最低标准，也是科学理性之美的源泉。另一方面，科学的理性之美体现在对科学规律的理性归纳与描述。尤其在数学和物理学中，科学认识形式是抽象的，如何通过简洁和准确的符号描述自然界中的基本性质是人类不断理性探索的必要环节。热力学第一及第二定律、爱因斯坦相对论、牛顿运动定律、麦克斯韦方程组等都是对自然界内在规律的优美理论描述，除了数学结构上的美学，其中的美感还体现在"真"上。精准、理性的客观规律描述对事物现象内在联系的理解和掌握，以及实践活动的结果至关重要，片面或有限的"真"不仅会使理论结果的影响和应用范围受限，还会在实际活动中付出不必要的代价。

（三）科学的思维之美

科学思维是人类实践的产物，是科学家在科学研究领域认识活动过程的思维。科学思维是科学家探索自然界本质的必备能力，科学家运用科学思维揭示自然界的内在规律，思维之美体现在科学活动的过程始终。科学家在科研活动中往往追求"首个"，诺贝尔奖的评选也会颁发给某个成果的"第一个人"，这就要求科学家在科研活动中的方法学需要有创新性，在每个客观认识自然界的活动中独特的研究方法也是科学思维之美的体现，彰显科学家的智慧之美。在当今的数字时代，系统的基础知识学习和飞速的信息传播使很多科学探索处在相近的水平，而最终研究成果的重要性就取决于不同科学方法所获得的理论和实验数据。利用现有的方法往往只能解决现有理论的残存问题，而重大突破往往就需要独特的、创新性的研究思维。因此，不同的科学思维可以让科学家获得不同量级的科学成果，得到不同的美的感受。

图 9-3　科学之美（彭泰祺绘）

科学思维的重要性在很多自然本质探索中都有体现，以地球是球体的发现为例，哥伦布的环球航行证明了地球是球体，在之前古希腊人通过观察帆船出海、天上的星星和月食也得到了地球是球体的证据。帆船在海上从远处开过来时首先看到帆，距离拉近后才能看到船身，帆船远离时船身先消失，随后再看不到船帆，由此推测地球为球体，海平面为弧形；在南北方向旅行时观测星星会发现北极星和其他星星是变化的，如果地面是平面，星星的位置是不会发生变化的；此外，当月食发生时地球投在表面的阴影也是圆弧状的。上述现象都是地球是球体的证据，同一现象可使用不同的科学思维来证明。

二、科学之美的特征

《美国国家科学教育标准》指出科学的认知方式有三个要素：事实依据、逻辑关系和审辩性思维。事实依据是指科学结论要以科学实验结果为依据，逻辑关系是以事实依据为基础通过理性推理获得科学结论，而审辩性思维则是以客观的怀疑态度思考事实是否支持结论，若有误则需调整科学结论，进而寻找新的事实。对于科学家而言，科学活动是一项特殊的审美活动，不仅包含了对自然界内在美的欣赏，还有揭示自然规律的满足感。科学之美的特征在不同的角度具有不同的分类方法，但普遍认为其具有简单、对称、逻辑、和谐和新奇等特性。上述特性既有以美学角度对科学活性的审视，又有科学的固有特征。

（一）和谐之美

美是和谐的，现代科学美学的奠基人彭加勒提到"我所指的是一种内在的美，它来自各部分的和谐秩序，并能为纯粹的理智所领会"。科学的和谐之美是自然界内在规律以"和谐"为表现形式的美。作为有序的典型代表，元素周期表按照原子序数由大到小排序，并且具有相似化学性质的元素在同一列中。元素周期表的和谐美来源于物质结构与其基本运动形态和变化规律的揭示，体现了元素内在的统一性；同一主族元素的变化趋势，体现了结构的一致性和发展的序列性。因此，通过元素周期表可预测新元素的性质，并指导催化剂和新型材料的开发。

除了内在美，科学的和谐之美还体现在科学理论外在功能的和谐统一。经过科学研究获得的科学理论被要求能够正确地反映自然界，要经得起检验，并指导理论在实践中

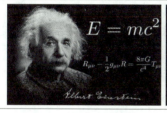

图 9-4　爱因斯坦相对论、牛顿第二定律和麦克斯韦方程组

的应用。用于描述宏观运动的牛顿力学定律具有普适性，因而被写入教科书。生物进化论作为生物学最基本的理论之一，描述了生物遗传、变异与自然选择下的演变发展，将数百万物种的生物起源统一起来。综上所述，科学的和谐之美是理论内在和谐结构和外在和谐功能的有机统一。

（二）简单之美

科学的简单之美是指从复杂现象或大量数据中概括出具有深广内涵的科学理论之美。越经典的理论往往越简单，理论越简洁，约束条件就越少，所涉及的事物就越多，越具有广泛的应用范围，因此"简单"是科学家不断追求的目标之一。爱因斯坦提倡逻辑简单性原则，认为物理上真实的东西一定是逻辑上简单的，逻辑简单的理论反映物理实在。爱因斯坦提出的质量与能量关系的公式 $E=mc^2$，十分简洁地描述了自然界质能变化的规律，是科学界中简单之美的典范。麦克斯韦方程组将电场的高斯定理、磁场的高斯定理、法拉第感应定律和麦克斯韦 - 安培定律进行整合，用于描述电场和磁场的关系，形式也十分简洁；而众所周知的牛顿第二定律 $F=ma$，也十分简单地描述了运动和力的关系。不仅在物理学上，其他学科的科学也具有简单性。人类含有 23 对常染色体和 1 对性染色体，含有约 31.6 亿个 DNA 碱基对。基因不仅可以控制人的肤色、面貌甚至习性等，还与人类的健康和疾病息息相关，一种基因可能具有多种调控功能。而 DNA 分子仅由胸腺嘧啶（T）、腺嘌呤（A）、胞嘧啶（C）和鸟嘌呤（G）四种碱基组成，按照 A 与 T、G 与 C 结合形成碱基对。科学的简单之美是科学家对自然界规律经过长期研究凝练和浓缩的结果，就像麦克斯韦方程组一样，经典的科学结论都是在前人的研究基础上形成的，不具有简单性特征的科学结论最终会被新的理论所替代或更新。

（三）对称之美

对称是重要的美学要素，具有美观、平衡和稳定的特性，对称设计也在设计学中被广泛应用。对称性在自然界广泛存在，人体和动物的对称性就是一个典型的例子，其不仅具有结构的对称性，还具有功能的对称性。结构的对称不仅增强美观，还便于生存。功能的对称是在结构对称的基础上附加的功能，例如左右眼图像的立体感和距离感能够辅助动物准确捕捉食物，左右耳的声音叠加使动物能躲避来犯之敌。在科学研究中，对称美也是科学家追求的美学目标之一。对称性在科学活动中体现在空间对称、时间对称、性状对称、守恒对称等。例如化学反应中的合成与分解、氧化与还原，生物学中的遗传与变异、神经调节，以及物理学中的宏观与微观、经典与量子等。在数学学科中，方程与图案的对称随处可见。

碳60是由60个碳原子组成的形状如足球的稳定分子，1996年哈罗德·克罗托、理查德·斯莫利和罗伯特·柯尔因发现碳60足球烯分子而获得诺贝尔化学奖。碳60是无机化学和纳米化学研究领域的明星，在分子物理学中具有最高可能的对称性。碳60高度稳定，最初是天文学的研究领域，在许多星际云中被发现。碳60的研究不仅有助于认识恒星和行星的形成机制，还由于其独特的结构和性质，被广泛应用于超导体、催化剂、润滑剂等领域，推动了化学、物理和材料科学的发展。

如果说碳60是因为结构的对称性而使其具有特殊的功能，那么人体生理活动也因许多功能的对称性以保证我们正常的新陈代谢。神经调节是指在神经系统的直接参与下所实现的生理功能调节过程。反射作为神经调节的基本方式，包括感受器、传入神经、神经中枢、传出神经和效应器5个基本环节，可对各种刺激做出应答性反应。神经调节的对称性体现在皮肤的温度感受器，其可根据外界温度的变化，给予中枢神经不同的信号，进而皮肤上的效应器可以通过舒张血管、增加排汗等方式增大散热，或者借助产生"鸡皮疙瘩"等方式减少散热，从而实现体温的动态平衡。类似的生理活动还有很多，例如体液调节中的生长激素分泌会在人幼年、儿童和成人以及老年不同时期产生动态变化，在人体血管中对称性分布。

（四）逻辑之美

科学致力于通过充分而有效的观察和研究揭示自然界的本质，逻辑是人们在实际思维过程中总结和提炼出来的关于思维的模式、规律和规则的学说，科学理论的凝练需要对获得的数据和观测到的现象进行逻辑分析，因此科学理论是具有逻辑性的。钱学森认为科学工作源于形象思维，终于逻辑思维。恩格斯提出，一个民族要想站在科学的最高峰，就一刻也不能没有理论思维。在古希腊，逻辑诞生之初就作为科学思维的工具，是探索自然奥秘的有力武器，每一次逻辑学的重大进展都能带来科学的巨大进步。科学理论的获得途径赋予了科学的逻辑之美。

数学是最具有逻辑性的学科，罗素说："数学，如果正确地看，不但拥有真理，而且也有至高的美。"数学在科学中的应用也最为广泛，常用于解释和概括包括物理学、天文学、生物学、化学、医学等各自然学科中的内在规律，数学的逻辑美典型代表当然是经典的物理定律，牛顿运动定律、爱因斯坦相对论、狄拉克方程等。在其他领域，英国医生哈维应用流体力学知识和逻辑推理了血液循环系统的存在，英国生理学家、生物物理学家霍奇金和赫胥黎建立神经细胞膜产生动作电位时膜电位变化的模型，揭示了神经电生理的内在机制，于1963年共享诺贝尔奖；利用药物吸收动力学模型可以预测药物在体内的吸收、分布、代谢和排泄情况，大大减少了新药的研发费用和时间周期。生物学中很多问题的解

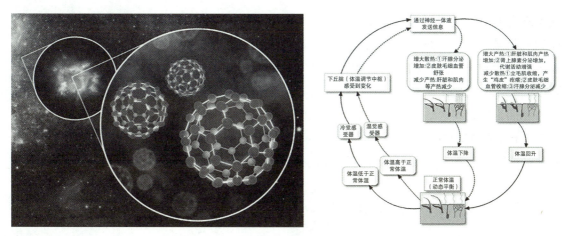

图 9-5　星云中碳 60 的示意图（左）和人体通过神经调节动态调节体温变化示意图（右）

决也具有很强的逻辑性，向日葵种子的排列图案符合斐波那切数列，每个数字是前 2 个数字的总和，并在向日葵的花盘中以螺旋状从中心由两条相反的方向延展；蜜蜂六角形蜂房的角度非常精确，其钝角为 109.28°，锐角为 70.32°，既节省材料又坚固。众多自然界现象的本质规律都具有逻辑之美。

（五）新奇之美

　　科学的新奇之美是科学美的重要特征之一。科学的目标是揭示自然界的内在规律，追求真理，形成有效的理论，科学家对新生事物的认识过程就是一场新奇的探索之旅。科学的本质具有批判和创新的属性，是源于科学研究具备批判性思维、质疑态度和好奇心的需要，通过质疑和反省可以获得创新性的科学思想，再加上新颖的科学方法，这是获得重大科学成果的必要保证。培根认为极美的东西在调和中有着某种奇异，科学的新奇之美与和谐之美是对立统一的，在和谐性的前提下具有新奇的特征，才能体现科学的新奇之美。科学家在科学活动中会把这种统一对立作为自己追求的目标，但在科学中一味追求标新立异很容易走上歧途。

　　科学中新奇之美的追求体现在创新，包含了理论创新和方法创新。创新是科学不断进步的重要因素，科学家进行论文撰写时首先要进行的是论文创新性的凝练，要在综述领域或研究背景过程中提出研究的创新思想所在，在前人可靠的研究基础上提出新颖的研究方法，进而获得新奇的理论成果，即完成某个科学问题的和谐与新奇的对立统一。当然，科学理论的影响和重要程度与研究的创新性直接相关，新、奇、美的典范——牛顿运动定律、爱因斯坦相对论等可直接推动科学的革命，而有意义但创新性差的研究往往很难引起研究者的共鸣。

　　无论是新奇的科学思想还是科学方法，都是思维创造性的体现。"一千个人眼里有一千个哈姆雷特"，同样地，不同科学家在研究基础资料和观察实验现象时具有不同的联想和体验，只有拥有新奇的科学思想才有可能在研究共性的科学问题和共享的科学资料时获得新奇的科学成果。卡罗勒斯·林奈作为生物分类学之父，是现代生物地理学领域最重要的贡献者之一。林奈建立了人为分类体系和双命名法，应用于数千种动植物的分类，积累了大量的有关生物性状材料，提出了"物种不变论"；达尔文通过考察不同生物性状与环境的关系，提出了生物进化论。

　　总而言之，科学之美是和谐的、简单的、对称的、逻辑的和新奇的，上述五种特征都是基于科学研究的特点发展而来，是科学家在科学探索过程中的丰富体验，五种科学之美的特征既有相互补充、互相印证的关联，还有统一对立的关系，体现了科学之美的丰富多彩。

三、科学与美学的结合

　　随着科学的发展，美学的内涵也不断延伸，扩展应用于很多新兴的领域。同时，美学也积极与其他学科交叉形成新的美学学科分支。

（一）神经美学

　　神经美学是 1999 年由视觉神经科学家萨米尔·泽基首次提出，并成立了世界上第一个神经美学研究所。神经美学主要是利用认识神经科学方法和手段进行艺术中美感的神经基础研究。目前神经美学的研究主要应用于视觉艺术中，通过功能性磁共振成像、脑磁图和脑电图等影像与信号探讨人类艺术创造与审美活动的神经学规律。美学中争论最多的问题之一是美是否可以由某些客观参数来定义，或者它是否仅取决于主观因素，这是神经美学重点要解决的问题。虽然普遍认为主观标准在一个人的审美体验中起着主要作用，但也有研究表明审美存在特定的生物学原则，可以促进观察者对美的感知。毕竟，艺术家通常首先学习和掌握表现标准美原则的能力，例如对称和比例等，然后才突破规则来发表他们对世界的整体看法。目前的神经美学研究包括了视觉、听觉以及艺术创造等形式，其中视觉艺术研究最多。研究结果表明，视觉艺术作品的审美体验主要与大脑的感觉运动区域、核心情感中心和奖励中心有关。

　　瓦塔尼安等人使用功能性磁共振成像（fMRI）研究了人对具象绘画与抽象绘画的明确审美偏好，每种绘画包括三个刺激版本：原始、修改和过滤，参与者在每次刺激演示时按下按钮表示他们的偏好。结果显示：具象绘画比抽象绘画引起了更高的偏好，在这两个类别中，原画都引起了最高的偏好。脑成像结果显示当观察到偏好低的绘画时，尾状核的激活减少，而尾状核与奖赏及情绪加工管理密切相关，这表明审美体验也依赖于参与处理刺激的区域，持有奖励属性。

　　神经美学研究发现与性别相关的美的神经关联的异同。塞拉-库德等人使用一组艺术绘画或自然物体的图像，包括抽象艺术、经典艺术、印象派艺术、后印象派艺术，以及风景、文物、城市场景和真实生活描绘的照片。脑磁图结果显示，在"判断美丽与判断丑陋"刺激下，女性是双侧的顶叶区域激活增强，而男性则是在右半球。

审美过程的一个关键点是激活大脑对动作、情感和身体的反应，迪蒂奥等人通过使用功能性磁共振成像观察没有艺术理论经验且受过教育的本科生或研究生对 15 幅文艺复兴时期古典雕塑的二维图像进行审美时的反应。研究者对雕塑图像进行了不同比例的修改，分别进行观察、审美判断和比例判断三个实验条件下的刺激。结果显示，相对于修改后的雕塑，原始雕塑的观察产生了右侧岛叶以及一些外侧和内侧皮质区域（外侧枕回、楔前叶和前额叶区域）的激活。在观察条件下，岛叶的激活特别强烈，而当志愿者被要求做出审美判断时，被判断为美丽的图像与被判断为丑陋图像相比，可以选择性激活右侧杏仁核。最终得出的结论是对于没有艺术教育背景的人，美感是由两个非相互排斥的过程介导的：一种是基于一组皮层神经元的联合激活，由刺激固有的参数和岛叶（客观美）触发；另一种基于杏仁核的激活，由自己的情感体验（主观美）驱动。

神经美学作为一个新兴的科学有了一定的发展，但还存在很多的挑战。例如很多神经科学家认为无论多么著名的艺术作品，对作品的分析是否会产生美的普遍原则，是一个悬而未决的问题。同时暗示人类大脑以特定方式对艺术做出反应，有可能在艺术本身或个人对艺术的反应中制造出对或错的标准；也有科学家认为美不是一个科学的概念，因此神经美学研究的问题本身就是不清楚的。但无论如何，神经美学总是一个有益的尝试，它试图从神经科学方面理解和挖掘美的产生机制，也许随着人类神经活动检测方法和技术的发展，神经美学会有更多新的发现。

（二）人工智能美学

如果说需要列举推进我们当代生活和工作的重要技术有哪些，人工智能肯定在很多人的答案中。人工智能来源于计算机科学，经过半个多世纪的发展已经在我们的生活中得到了广泛的应用，包括信息精准推送、汽车导航、人脸/语音识别、自动驾驶等。人工智能看起来好像无所不能，那人工智能可以创造美吗？人工智能具有审美能力吗？这就是人工智能与美学相交叉的学科—人工智能美学的主要研究内容。

首先人工智能是可以进行艺术创造的。2018 年人工智能创作的一幅肖像《埃德蒙·德·贝拉米肖像》在纽约佳士得拍卖会上拍出了 43 万美元，这是大型拍卖行首次竞拍计算机创作的艺术品。这幅作品是一个名为"易见"（Obvious）的团体通过"生成对抗网络"（GAN）的技术来创造 18 世纪风格的写实肖像。计算机在分析了成千上万的经典肖像后，通过判断图像的相关性以及放弃没有足够共同特征的图像，从其他数据中学习，从而创建出与原始数据源相似的新图像。除了进行绘画，人工智能可以与建筑有机结合。微软设计和构建了一个名为艾达（Ada）的建筑，重量约为 1800 磅，外骨架是由 3D 打印的 895 个特制节点组成，由 1274 根玻璃纤维杆连接，组成了六边形的网络结构，构建出一个坚固的椭圆形展示棚。该建筑通过数字化编织技术融入了荧光纱线，借助人工智能技术，能够将包括面部表情、噪音、语音语调和语言在内的数据转化为精致的光与彩之舞。除此之外，人工智能还可以创作音乐、灯光秀等。

图9-6　人工智能创作的《埃德蒙·德·贝拉米肖像》（左）和艾达（Ada）建筑（右）

　　虽然人工智能美学已经初步成型，但仍面临很多困境。主要问题还是在人工智能不够智能的问题。人工智能的演进分为计算智能、感知智能和认知智能，或者强人工智能与弱人工智能。目前绝大部分的人工智能仍处在计算智能或弱人工智能的阶段，需要人类编写算法，定制选择标准和规则，加上大数据的学习，才能进行创作。若要模拟人的情感进行美学活动，还需要人工智能的进一步发展。

第十讲　艺术之美：成就人自身

10

邱正伦

　　一首诗、一首歌、一幅画、一件雕塑、一部电影，都是我们所说的艺术。一言及艺术，也就言及艺术之美。何谓艺术？何谓艺术之美？艺术之美的本质是什么？艺术之美主要表现在哪些方面？如何唤醒艺术的审美经验？为此，我们希望通过相应的文学艺术故事和具体的艺术案例讲授艺术之美的相关内容。本讲所言及的艺术之美是包含文学艺术在内的大艺术之美，而作为美育的艺术之美，则是要通过对艺术审美的价值、艺术之美的主要范畴、艺术之美的创造来唤醒人们的审美经验、审美情操、审美心灵。

图 10-1　雷内·马格利特　《这不是一支烟斗》

通过具体的艺术案例分析导入有关艺术审美本质、审美价值、审美范畴、审美特征的分析和阐释。

比利时超现实主义画家雷内·马格利特在 30 岁时创作了《形象的叛逆》，又称《这不是一支烟斗》，雷内·马格利特说："有名的烟斗啊，人们老是用这个来批评我。然而你能填满我的烟斗吗？你不能，因为画上的只是一种象征，难道不是吗？所以如果我写下'这是一支烟斗'这样的话，我就是在说谎了！"当人们看到画面上明明是烟斗但却写着"这不是一支烟斗"时，会感到费解和不舒服。"这不是一支烟斗，那它是什么？"

究竟该怎样作答？虽然我们不能也没必要提供一种精准的答案，但提问本身更具有吸引力、探索性、审美的期待性。在这里，本讲力图通过马格利特这支"烟斗"引发我们对"实在事物"和"表达世界"的再度思考，对艺术再现与艺术表现的再度探索，也希望由此引发我们对人们"认识世界"和人们"审美世界"的进一步思考。

如果非得要做出一个答案：它不是一支烟斗，它是一幅画，是表现一支烟斗的符号，那我们就要思考：美术作品是再现还是表现？是实在世界还是表现世界？艺术之美的本质是什么？

一、艺术之美的本质

在我们探讨艺术之美的本质时，最先面对的就是价值。无论我们怎样躲闪和逃避，价值都会横亘在我们面前。但奇怪的是，价值既是引领我们前进的方向，又是阻挡我们前进的关隘。我们之所以陷入盲区，从根本上讲，就是价值的火光被遮蔽，我们之所以能够继续行走，就在于价值之火还在燃烧。如果价值之火燃烧得越旺，我们行走和追赶的激情就越强烈，否则，我们就会陷入疲惫和软弱，缺少最起码的勇气。然而，价值确实是太抽象了。无数的思想家和艺术家都想捉住它，但它迄今仍不现身。滔滔不绝之辞在打开的书卷中涌来涌去，不断撒网又不断收网，年复一年依然一无所获。直到现在，价值依然是一个未解之谜。但我们可以尝试给它一个可描述的形式。

（一）美的起源：伊甸园的故事

我们先从伊甸园的故事来分析：第一，文化是怎样产生的？什么是文化？第二，价值是怎么产生的？什么叫价值？第三，美是怎么产生的，什么是美？第四，艺术是怎么产生的，什么是艺术？

我们首先来讲述一番伊甸园的故事。伊甸园有哪些主人公？上帝、亚当、夏娃、蛇、禁果。上帝代表绝对理性，亚当代表相对理性，夏娃代表感性，蛇代表邪恶，禁果代表欲望的诱惑。我把这组概念翻译一遍：绝对理性又叫绝对价值，从真理的角度来讲就叫绝对真理，也就是普遍真理，永远颠扑不破，放之四海皆准；从价值的角度讲，绝对理性又叫终极价值。那么何谓相对理性呢？又何谓相对价值呢？

图 10-2　寻找精神家园（张文娟绘）

在伊甸园中，亚当和夏娃他们所做的一切永远都是相对的，亚当的真理观和价值观只有建立在上帝绝对真理和终极价值的背景下，才可能正确判断一个事物。上帝告诫亚当和夏娃，在这个乐园般的世界里生活，用不着担心衣、食、住、行，一切物质性的要求都能得到满足，但是有一样东西不能触碰，这就是智慧树上的果实。上帝离开后，蛇出场了。有人说蛇代表邪恶，但蛇也充当着说真话的角色。上帝的告诫其实是给亚当、夏娃布置了一个陷阱，让他们禁不起蛇的诱惑。蛇透露出了智慧树不仅可以碰，而且还可以爬上去，攀摘树上的果实；这树上的果实的味道简直是妙不可言。蛇揭露了禁果美好的真相和秘密，感性的夏娃经受不了这一美好的诱惑。亚当尽管代表理性，但毕竟还不成熟和完美，最终也经受不了诱惑。于是，亚当夏娃双双犯下了偷食禁果的罪过，被逐出伊甸园。实际上，亚当与夏娃偷食禁果的行为是一场伟大的革命，亚当和夏娃背负十字架、原罪通过努力劳动维持生计，想以此方式得到上帝的宽恕，重回伊甸园。事实上，伊甸园在哪儿呢？

我们都知道，亚当和夏娃吞食禁果的那一瞬间，一片树叶落下来，遮住了一片隐秘的地方；另一片树叶落下来，遮住了另一片隐秘的地方。从此善与恶、美与丑等成为我们一直都在思考和探讨的价值世界。

一元的封闭的完美世界成为矛盾冲突的二元世界。但是人的主体意识或者是人的欲望觉醒了。这样的一个二元世界本质就是一个文化的世界、一个人文的世界、一个价值的世界。

所谓价值，就是人的自我确证，类似于"我们是谁？我们从哪里来？我们往哪里去？"这样的追问，都是人自我确证的例证，艺术正是起源于此。

亚当夏娃的故事揭示了人类为什么要不断地寻找精神家园。怀着乡愁般的情绪，是想重新获得安定幸福的价值保障。

（二）美的永恒：劳公的故事

2006 年，笔者前往巴黎做艺术考察，先后观看卢浮宫、奥赛博物馆、蓬皮杜国家艺术中心。最让笔者动心的是奥赛博物馆，那里面有前后印象派、野兽派、立体派、德国表现主义、超现实主义等现代艺术专场，特别是后印象主义的梵高，引发笔者极大的热情。梵高的作品始终给人一种不安的感觉，那种火焰般的笔触、痉挛般的视觉能量，不断引发观者对生命疼痛般的体验和沉思。依照笔者的看法，梵高的作品总是从内在激发观众，这种激发往往让人停止不下来，甚至内心有一种不休眠的火山爆发。笔者把在奥赛博物馆拍摄下来的梵高的《自画像》放在这里，不仅仅出于一种对梵高的个人偏爱，更希望唤醒我们对生命的永恒观照。

图 10-3　梵高　《自画像》

美国作家房龙在他的《人类的艺术》一书中，讲了有关中国古代一位画师劳公的故事，这个故事讲明了艺术美永恒的精神本质。据说劳公在弥留之际，把他所有弟子叫于床前。此时众弟子全都跪倒在地上、号啕大哭。劳公见此情景大惑不解，说："我叫你们来的目的就是在我快要离开人世的时候，我们师徒之间能有一个欢乐的团聚，结果没想到你们会这样来对待。"其中有位弟子听到劳公这样一说，便解释说："我们哭的原因不是为了别的，而是我们看到老师您一生都在努力地画呀画呀，却家徒四壁、无妻室、无儿女。生活对您实在太不公平了。"这时劳公以一种锐不可当的眼光对他的弟子们说道："生活不仅对我是公平的，而且还对我太优越了，因为生活把永恒给予了我，我现在已经和永恒站在一块儿了。"说完随手操起一件东西在地上随意画了一笔。画的是一片草叶，可谓栩栩如生。正是这一笔，正是这一片草叶，正是这一幅画，让所有的弟子明白了，劳公确实是与永恒站在一块的。这么多年过去了，人们仍然记得他。从劳公的故事中可见，艺术之美是从情操中获取的，是从心灵中获取的，只有情操之美、精神之美才是永恒的、不朽的。

二、艺术之美的范畴

我们在考察艺术审美价值与其他价值范畴的相互关系后，必然要涉及艺术审美价值的表现范畴：优美、崇高、滑稽、悲剧和喜剧、荒诞等。这些审美价值表现范畴在叶朗主编的《现代审美价值体系》一书中，有简洁的介绍和分析。

（一）优美

作为审美价值最常见的表现方式，"优美"在感性形式上一般都表现出平静、和谐、完整等审美价值特征。早在古希腊时代的文艺作品中，阿波罗神静穆、乐观的个性被视为优美的象征。玫瑰花、百合花呈现处女般的秀雅和纯洁；菲狄亚斯和普拉克西特列斯雕刻的男神和女神圆满且健美；提香和鲁本斯的裸体画得艳丽和柔嫩；莫扎特、舒伯特和门德尔松音乐韵律婉转和甜蜜；"杏花春雨江南""白云抱幽石，绿波媚清涟""风鸣两岸叶，月照一孤舟"这些都是优美的形态。

优美形态"完整"，是指它是一个统一、单纯而自足的整体，从感觉上讲，没有什么形式上的缺陷或累赘。所谓"和谐"则是指事物内在的各结构因素间的相辅相成，协调一致。

（二）崇高

崇高这一审美价值范畴在审美价值史上一直被人关注。比如中国先秦时代的孔子、孟子、庄子等人都注意和提出过"大"与"美"的关系。孔子说："大哉！尧之为君也。巍巍乎！"孟子说："充实之为美，充实而有光辉之谓大。"庄子说："夫天地者，古之所谓大也，而黄帝、尧、舜之所共美也。"古罗马美学家朗吉弩斯把崇高看作是"伟大心灵的回声"。但是对于崇高的真正的理论探讨开始于近代。

英国美学家博克第一次把崇高作为与美对立的审美范畴进行研究。他从外在形式与内在心理情绪两方面，对比了崇高与美的不同：从对象形式看，崇高的特征是大，凹凸不平，变幻莫测，坚实笨重等；从主体心理看，崇高以痛苦为基础，令人恐怖，它涉及人的"自我保存"的欲念。他说："凡能以某种方式适宜于引起苦痛或危险观念的事物，即凡是能以某种令人恐怖，涉及可恐怖的对象的，或类似恐怖那样发挥作用的事物，就是崇高的一个来源。"

康德则把崇高上升到哲学高度，认为"崇高"对象的特征是无形式，即对象形式无规律、无限制，具体表现为体积和数量无限大（数量的崇高）以及力量的无比强大（力的崇高）。他指出，这种无限的巨大，无穷的威力超过主体想象力（对表象直观的感性综合能力）所能把握的限度，即对象否定了主体，因而唤起主体的理性观念，最后理性观念战胜对象，即肯定主体。这样，主体就由对对象的恐惧而产生的痛感（否定的）转化为由肯定主体尊严而产生的快感（肯定的），这就是崇高。他说："我们称呼这些对象为崇高，因它们带给了我们的精神力量超过平常尺度，让我们在内心里发现另一类抵抗的能力，这赋予我们以勇气和自然界的全能威力的假象较量一下。""另一类抵抗能力"是什么呢？就是主体的超越精神。所以，"对于自然界的崇高的感觉是对于自己本身的使命的崇高经由某种暗换赋予了一自然对象，把这对于主体里的人类观念的崇高变为对客体"。

崇高对象的背景（非感性的内层）与前景（感性的外层）之间的显现关系非常矛盾。一方面，作为崇高唯一背景的"无限"，总是压倒、突破感性的前景，强烈地显现于感性的实在的前景之中，以至于主体直接与"无限"面对，感性的前景反而显得微不足道，或消失在背景中了。另一方面，"无限"又是不能由有限的感性的前景全部显现的，它显现于感性的外层仅仅是局部的、暗示的，所以崇高中神秘的、未知的以及不可能把握的方面，造成了崇高的深邃境界。"优美"和"壮美"都缺乏崇高的这种深邃。如古希腊陶立克式的神庙，严格地说，是没有内部空间的，它那一排一排的圆柱组成的庙堂内部，统统向外张示着，单纯而明澈，远距离观望，非常优美，近距离瞻望或进入，非常壮美。而哥特式教堂，却通过多色的、半透明的窗户和层层深入的拱门作为其"深度经验"的重要象征之一，让人感受到深邃的境界及一种从内部向无限挣扎的意志。

（三）悲剧

鲁迅先生说过："悲剧就是将有价值的东西撕毁给人看。""悲剧"作为一种审美价值表现，与日常生活中的悲剧既有联系，又有大的区别。日常生活中所说的悲剧，含义很广，一般泛指一切痛苦、悲观、不幸的事件或人物，包含很多不同的内容和意义，引起不同的情感态度。作为审美价值范畴的悲剧，不仅是生活资源的集中和提炼，更重要的是，它在本质上与崇高的审美价值相通。从西方的文化特征来看，希伯来文化应该是最具悲剧意味的文化，正如犹太人的命运一样，希伯来文化中蕴涵着一种精神——坚信上帝为救世主，把所有的苦难都看作是向上帝的自觉献身和救赎，所以对于他们来说，人生并不是一出"悲剧"。这绝不像希腊人那样去逃避命运，躲避复仇女神，悲剧意识是希腊人精神生活的负面：希腊人的理性不能解释"命运"。尼采认为，希腊人并非无端产生出他们的悲剧。希腊悲剧来自对人生痛苦与邪恶的一种敏锐的认识。悲剧就是正视死亡、焦虑、罪行、恐惧和绝望。在希腊神话中，负责这些人生负面经验的是最古老的掌管黑夜和土地的女神——复仇女神。她曾是掌管预言的，只是后来由光明之神阿波罗所取代，但仍给她保留下一席之地。这就是说，代表理性（在希腊人眼中这就是太阳光下的真善美，是人生的正面）的阿波罗可以部分掌握一个人的命运，复仇女神仍保留着她对命运的预言权以及因果报应权，她的预言实现就是一种惩罚。这样，命运就变得难以理解和不可掌握了。人作为一种存在，不可能一片光明澄澈，现实中不可能存在真正意义上的水晶人；人的存在空间也不可能同样光明澄澈，现实中也不可能存在真正意义上的一座水晶宫。丹麦王子哈姆雷特是悲剧人物。个人不能自由地掌握自身命运。悲剧中的历史人物也不一定是英雄，可以是小人物，如鲁迅《阿

Q 正传》中的阿 Q，由于中国农民是中国社会的主体，阿 Q 的悲剧发生于历史转折时期，也就成了历史的悲剧。

（四）喜剧

鲁迅先生对喜剧的认识是："喜剧就是把没有价值的东西做出貌似有价值的样子来。"喜剧是与悲剧相对应的一种审美价值表现方式。崇高或悲剧是现实肯定实践的沉重形式，而滑稽或喜剧则是现实肯定实践的比较轻松的形式。滑稽或喜剧的对象是人的性格与行为中乖谬悖理而当事人又自以为是的东西，它们与人性、人的正常生活秩序摩擦，显得不近情理，但又没有产生严重的后果，只是使当事人哭笑不得，于是，与此无直接利害关系的旁观者才可以自由地发出智者的微笑或大笑。哈特曼曾经指出，喜剧中常常会产生某种"透明错觉"：在观者面前某种属于深远内层的东西被虚构成为伟大而重要的事物，为的是最后化为某种无意义的东西。可以区分为两种类型：一是低下卑劣的东西以高尚堂皇的面貌出现。刚开始呈现于观者面前时，这种低下卑劣的东西尚处于深远的内层，赫然于耳目之前的是被夸张了的高尚堂皇的感性外层，只有到了一定的时候，深远内层的东西才浮现于感性外层，明显的矛盾与反差立刻让观者洞察错觉。感性外层越是化为无意义的东西，对象越是保留甚至夸张这一感性外层的高尚堂皇，它越是显得毫无意义。由于对象并不构成严重的后果，所以它不像悲剧中的恶那样使人恐惧和愤怒，而只是让人鄙夷；二是无足轻重的东西以异常严重的面貌出现。刚开始呈现于观者面前时，这种无足轻重的本质尚处于深远的内层，引起观察者焦虑的是显然被夸大了严重性的这一感性外层，只是到了一定的时候，在接连几件事态发展与观者的期待相违时，无足轻重、无关紧要这样的深远内层性质就浮现到感性外层上来了。这样，事实上的无关紧要与表面上的异常严重之间形成矛盾与反差，使感性外层的严重性化为一种滑稽的东西。当喜剧中的人和事刚刚出现于观察者面前时，常常是以深不可测、重要无比甚至危险重重的面貌出现的。它引起了观者一种类似于对正剧和悲剧那样的期待，人们在上了一次或两次当后，便清楚地知道它只是虚假地具有那样的性质，观者知道这是错觉，却又不敢绝对肯定。只有随着事态的进展，"错觉"才能被消解——而这又是在观者预料中的，虽然消解的方式以及实际的结局对于观者仍是突然的、意外的。

三、艺术之美的创造

无论是有关艺术的创作还是有关艺术的欣赏，都涉及艺术之美的创造。要谈论艺术之美的创造，就无法回避艺术的审美知觉、审美情感、审美想象等一系列问题。

（一）艺术的知觉之美：《草地上的午餐》

划定艺术的审美价值知觉和非审美价值知觉的界限是至关重要的，但问题的关键是如何划定。很明显，我们不能单纯地使用贴标签的方式来判定哪种是审美价值知觉，哪种不是审美价值知觉。当我们欣赏马奈的《草地上的午餐》，画面是统一完整的，草地上的两男两女同周边的树林、草地保持了一种非常和谐的状态。我们不仅可以从画面里感受到一种宁静的气息，而且似乎听得见林子里露水碰击的响声。画面的最深处和最近处是两个神态动人的裸女，不仅没有伤害画面的和谐，相反更加重了画面的宁静氛围。如果不是按照这幅画的方式去调动你的知觉、想象，那么将是一种截然不同的情景状况。假设你就是这四个人中间的一个成员，一个参与者。那么，你面对的同样是草地，是午餐，是裸女，你的知觉对象同样是客观的，但你的知觉方式、目的意识，可能完全是另外一种状况，你可能不是按照一幅画的方式知觉的。你也许会觉得午餐的质量不高，也许会觉得草地太潮湿，两个羞愧难当的裸女也同时会使你处于尴尬的境地。

审美价值知觉是艺术知觉，它是审美活动中主体对对象审美属性的感知。它既是审美活动得以建立的基础，也是导向审美想象、审美认识和审美判断，产生审美愉悦的桥梁。其基本特征主要有两个方面：一是审美价值知觉具有非功利性，二是审美价值知觉具有超

图 10-4　马奈　《草地上的午餐》

越性。从非功利性的角度讲，绝不是指这种知觉一开始就与功利无关，而是说它有一种从欲望、功利的束缚中解放出来，进而达到无关欲望和功利的审美境界。正如巴尔扎克提出的"第二视觉"和马蒂斯提出的"第三只眼睛"一样。在巴尔扎克看来，那些一心贯注在发财、寻乐、经商和掌权的人们，即便是面对最具有审美属性的对象，他们也往往不容易发现美，因为他们只有充满欲望、功利的"第一视觉"，而缺乏超然于欲望、功利的"第二视觉"；马蒂斯站在一个画家的角度指出一个艺术家最伟大、最独特的地方就在于能够刻不容缓地动用第三只眼睛去接管第一只眼睛，以此来弥补那一刹那的知觉空白，从而实现从一般的知觉向审美价值知觉的跨越。再从超越性方面看，要获得审美价值知觉经验，就要努力实现知觉主体对客体的最大超越，进而达成对主体的知觉定式（包括人的需要、动机、期待、情绪、态度、心境、价值观念）的超越，造就审美价值知觉的极致。

（二）艺术审美情感价值的创造

无论是艺术创作，还是艺术评价，艺术价值的审美知觉都将是我们获得审美经验的起点和基础，但真正的核心是审美情感价值和审美想象。这是因为艺术创作以感性的知觉活动开始，却不以此结束。一旦艺术家进入艺术构思过程，那么他们的活动主要就在情感和想象的领域里展开。因此，我们的思考只有深入到情感和想象的领域，才可能揭开创作和鉴赏的心理奥秘。

（1）艺术审美情感价值与自然情感

艺术家一定要在作品中表现情感，但绝不是表现了情感的作品就必定是艺术品，表现了情感的人就一定是艺术家。这里涉及对审美情感价值的认识。什么是审美情感价值呢？

艺术真实来源于生活真实，但又不等同于生活真实；同样，审美情感价值来源于生活中的自然情感，但又不等同于生活中的自然情感。实际生活中的快乐、愤怒、恐惧和悲哀，都不是艺术所必备的审美情感价值。苏珊·朗格强调说："一个艺术家表现的是情感，但并不是像一个大发牢骚的政治家或是像一个正在大哭大笑的儿童所表现出来的情感。"她举例说："一个号啕大哭的儿童所释放出来的情感要比一个音乐家释放出来的个人情感多得多，然而当人们步入音乐厅的时候，绝没有想象到要去听一种类似于孩子号啕的声音。假如有人把这样一个号啕的孩子领进音乐厅，观众就会离场。"同样的道理，革命志士向敌人开火时心中涌动的愤怒，迷路的人在荒山野岭遇到狼群时的恐惧，手术室里失去亲人时的哀哭……这些作为一种自然的感情，也能感染人、打动人，但它还不是审美情感价值。

为什么自然情感不能自动成为审美情感呢？主要因为自然形态的情感往往带有刺激

人、折磨人的特性，而不带有可供享受的特性。政治家大发牢骚，可以激起人的痛感或反感，但不能给人带来享受的愉快感，孩子在音乐厅号啕大哭则只能干扰、折磨人，所以还不能说是审美情感价值。那么自然形态的情感要经过怎样的转换、移植才能变成可供享受的审美情感价值呢？最关键的是回忆与沉思，或者说是"再度体验"。人们在谈到英国18世纪著名诗人华兹华斯的艺术见解时，无不提到他的"诗是强烈情感的自然流露"这句话，甚至把他的话加以理解，认为他主张的是人的丰盛情感的自然的溢流。实际上在"诗是强烈情感的自然流露"之后，诗人的情感是趋于平静回忆中的。只有经历了这一平静回忆的情感，才是审美意义上的情感。比如笔者的一首有关春天的诗——《趁春天还没有结束》。在这首诗里，既表达了种子与大地春天的自然关系，又抒发了对种子、大地、春天的美好期许。

趁春天还没有结束

趁春天还没有结束
我悄悄地将一粒种子
运回到家乡，运回到大地中去

这粒种子在城市里掩埋得太久太深
表面覆盖着城市厚厚的灰尘，密不透风的病毒
不断地攻击种子的心脏，种子的呼吸微弱
生命危在旦夕

于是，我聆听种子最后的遗言
趁春天还没有结束，我要将它运送回家乡
运回到大地中去，在埋葬种子的地方
注定要长出茂密的春天

（2）审美情感价值与理智情感价值、道德情感价值

审美情感价值与理智情感价值、道德情感价值同为人类的高级情感，是人的精神生活整体的不同方面，是有机地联系在一起的。审美情感价值包括了理智情感价值和道德情感价值的成分，反之在理智情感价值和道德情感价值中又包括了审美情感价值的成分。作为完整的人，三种高级情感是不能截然分开的。从心理学的角度看，这三种高级情感也有共同的基础，在此基础上的心理反应均表现为愉快、不愉快、喜悦、悲哀、赞叹、厌恶、自豪、自卑、疑惑、失望、愤怒等。

审美情感价值主要有以下一些基本特征：第一，自我情感与人类情感的相互协调和相互征服；第二，审美情感价值是形式化的情感，或者说，审美情感价值是形式情感对内容情感的选择和征服。

（三）艺术的审美想象

我们已经讨论了艺术审美创造中的知觉经验价值和情感经验价值，接下来我们将继续讨论艺术审美中的想象经验价值。在讨论审美情感经验价值时，我们已经懂得了审美情感是一种形式化的情感。不管是艺术创作，还是艺术欣赏，我们的情感都必须经由一定的形式才得以实现。但是，我们的审美知觉价值和审美情感价值究竟要经过哪种基本途径才能得以实现，才能按一定的时间和空间方式呈现出来？这就涉及艺术审美价值想象，或者叫作艺术想象价值。

已有大量研究讲述了艺术审美价值想象的重要性。为此，我们只需要引用波德莱尔的一段话，就足以说明这一问题："如果没有想象，一切能力无论多么坚强，多么敏锐，也等于乌有。任何能力都缺少不了想象力，而想象力却可以代替某些能力。往往这些能力要经过好几种不适应事物本质的方法去连续探索试验才能发现的东西，而想象力却可以自豪地直接地猜度出来。"真正的艺术创作和艺术鉴赏就是艺术审美价值想象的活动。没有艺术审美价值想象，也就没有艺术。艺术审美价值想象是艺术和艺术家的太阳和神祇。

什么是想象？广义地说，想象是事物不在眼前而头脑中出现的形象——表象（心象）的自由组合运动。它是人的心灵的一种能力。"一个远离故乡的游子，在他记忆中保留着对故乡的种种印象，那双亲的音容笑貌、兄弟姐妹的身影姿态、做过许多美梦的陈旧而亲切的小屋、绿色的草坪、潺潺的小溪、充满稻香的田野、长满杉木的山坡、窄窄的田埂，那弯曲的山路，还有黄昏时分给人以温馨与平和的袅袅炊烟……虽然此刻我远离故乡，甚至闭上眼睛，但那一切都历历如在目前。"这是童庆炳先生描绘故乡的一段文字。事实上，故乡的这些形象正是建立在作者童年记忆基础上的。作者心中常萌动故乡的种种形象就成为作者的一种心理现实。心理学就把浮现在脑海中的不在场的事物叫作记忆表象。这种记忆表象具有形象与情感双重特点，既保留了过去知觉而现在不在场事物的外部形象，又保留着对这些事物所怀有的情感。比如故乡的意象激起了一个人对它的思恋之情。即使这个人老了，他回不到故乡去了，但乡愁总是伴随着故乡的种种形象在心中涌动。因此，故乡意象不仅仅是一种单纯的记忆，而是人的一种内在生活，是对朦胧、模糊的故乡记忆表象的加工创造，具有审美的想象特征。一个人处在自己家乡，面对那里的山山水水、包括人情世故，或许都很难产生审美感受，然而一旦久别和远离自己的家乡，那种追忆家乡的感受和想象就会不由自主地打上审美的烙印。创造性想象是以记忆表象为基础的，它把实际上无关的事物从观念上合在一起，从而实现了新的形象或形象系统的创造。

那么，艺术创作中的艺术审美价值想象与科学研究中的想象有什么不同呢？或者说艺术创作所需要的艺术审美价值想象的特征是什么呢？

首先，艺术创作中的艺术审美价值想象是灌注了艺术家主体情感的想象，而科学研究中的科学想象则是冷静、理智的想象。古人在谈"神思"（即艺术审美价值想象）时已深刻地揭示了这一点。陆机认为，在艺术审美价值想象那一刻，即在"精骛八极，心游万仞"之际，就会出现情景交融的审美景象。刘勰也认为在"神思方运"之时，会出现"登山则情满于山，观海则意溢于海"的极致，说明情意总是伴随着想象中的景物。实际上，艺术创作中的艺术审美价值想象总是包含了移情。艺术家对自己通过想象虚拟出来的人物、景物，总是充满情感，与人物、景物共鸣，甚至跟人物、景物融为一体。

其次，艺术中的审美价值想象能加强对象的个性特征，而科学中的价值想象则必舍弃对象的个性特征。艺术创作中的艺术审美价值想象之所以要着意加强对象的个性特征，这是因为艺术作品本身就是由想象的对象构成，因此，想象中的人物、景物越是个性化，艺术作品就越具有生命体的活力，就越真实、越动人，就越具有普遍性。

对此，为什么同一个对象面对同一个人，在不同的背景下有的构成艺术的价值创造，有的则构成日常的生活经验，可以说明的例子很多，如杜桑的《泉》，把一个小便池贴上艺术的标签就堂而皇之地进入了展览馆，成为了艺术作品，开创了现成品艺术的先河。而家里边的小便池仅仅是一个日常用品。首先同一个物品既可以是日常经验也可以是审美价值经验，其关键就是我们前边所提到的语境。当小便池在家里的时候，是日常语境中的物品，是作为家庭用具出现的，而到了艺术馆我们再一次面对它的时候，抢先进入我们脑海的是这样一个疑问：这是艺术品吗？不管答案是否定的还是肯定的，我们已经是按照艺术、想象的语境来面对它了。因此这个对象成了形式因素与审美因素兼具的艺术价值创造品，视为现成品艺术，成为了架下艺术开始的标志。再例如：有一对新婚夫妇，婚前，男方特别喜欢听女方唱歌，说她的声音特别甜美，犹如夜莺，但婚后没过多久就出现完全不同的情景，新娘子一唱歌，新郎就跑到阳台或其他安静的地方去。新娘大惑不解，便追问丈夫，丈夫回答："如果我不走开，别人还以为我在打你！"。丈夫对妻子的嗓音在婚前婚后有着截然不同的评价，从婚前的夜莺变成了每次一听妻子唱歌就要躲到阳台，这种极端的变化说明了同样的声音在不同的背景下对同一个人来说，语境不同，意义不同。

第十一讲 至善仁爱：医之美的最高境界

11

李 波 王 伊

人类的发展经历了漫长的岁月，恶劣的自然环境、毒蛇猛兽、饥饿疾病无时无刻威胁着人类的生命。在曲折艰辛的生存过程中，人类产生了原始的经验医学。伴随生产力的发展、人类思想的进步，人们对疾病的认识能力也在不断提高，目前医学已经进入了基因组学和人工智能阶段。在医学发展过程中，医疗和护理一直传承着美，形成了独特的医学美学。为此，医护人员不仅应拥有渊博的专业知识和技能，还应该提升美学修养，达到医学美学的最高境界——至善仁爱。

图 11-1　特鲁多医生的墓志铭

　　长眠在纽约东北部的撒拉纳克湖畔的特鲁多医生的墓志铭："To Cure Sometimes,
To Relieve Often, To Comfort Always"，中文翻译简洁而富有哲理：有时治愈，常常帮助，
总是安慰。这是医疗工作者需要践行的名言，是医学的真谛。目前，即使当代医学科学发
展日新月异，但对疾病的"治愈"是"有时"的，因为医学不能治愈一切疾病。技术之外，
医生更多的是要用人文主义精神去帮助病人，安慰是医者的一种责任，是人文关怀的体现，
需要关心病人内心的感受，引导病人正确对待病情和困难。

　　医学诞生于人类与自然环境斗争的经验教训，从生活实践上升为医学理论。在医学发
展过程中，美的原则和美的理念贯彻于医疗的实践中，仁心至善是医务人员的最高精神境
界，"救死扶伤，实行人道主义"是中国医生恪守的职业精神，也符合社会主义核心价值观。

一、关爱生命与医学保障

（一）医学发展与医学保障

　　原始人类生活在极其艰难险阻的环境中，过着茹毛饮血的生活，随时面临着冻死、饿
死、病死和被野兽咬死的可能。原始社会生产力十分低下，处在采集经济阶段，人们长年
累月生活在穴居、半穴居和巢居中，阴冷潮湿的起居环境、恶劣残酷的自然生存环境给人
们的生存和健康带来了严重危害。人们在食物采集过程中逐步知道了动植物的营养、毒性
和治疗作用，观察动物中毒或受伤后本能咀嚼特定植物，从而形成早期的经验性医学知识。
经过长期经验积累，人类发现许多动植物和矿物能够治病，逐渐懂得了使用配合药物，如
浸剂、煎剂、涂剂和散药，懂得了应用呕吐剂和泻药，知晓了按摩法、冷热水疗法，

以及外科手术等。原始医药学是人类与疾病长期斗争中的产物。面对解决不了的生老病死等难题，人们也有对超自然力量的向往以及对巫术的崇拜。

《纲鉴易知录》记载："民有疾，未知药石，炎帝始草木之滋，察其寒、温、平、热之性，辨其君、臣、佐、使之义，尝一口而遇七十毒，神而化之，遂作文书上以疗民疾而医道自此始矣。"《帝王世纪》中说：伏牺"尝味百药，而制九针，以拯天枉焉。"炎帝"尝味草木，宣药疗疾，救天伤之命"。又说："黄帝使岐伯尝味草木，典医疗疾。今经方本草之书咸出焉。"这几段话是说早在伏牺、炎帝和黄帝时，人们已认识到药物可以治病。

公元前五世纪中国名医扁鹊，最早用望、闻、问、切四法诊断疾病。《内经》是中国最早的医学典籍，它的整体观念、阴阳五行学说、脏腑经络学说，三者结合构成了辩证施治的理论体系。秦汉时期，临床治疗学有了新的发展，出现了药物学《神农本草经》。东汉末年医学家张仲景广泛收集医方，写出了传世巨著《伤寒杂病论》，被后人尊称为"医圣"。东汉末年，华佗创造了药物全身麻醉法，可施行腹部手术。唐代医学家孙思邈选编成的《千金方》，吸取了古今中外医学成就，起到了继往开来的作用。明朝伟大医药学家李时珍编写《本草纲目》，对药物学、生物学做出了伟大贡献，影响全世界。

古埃及僧侣兼管为人除灾祛病，知晓催吐、下泻、利尿、发汗和灌肠法等。公元前3000年左右已使用香料药品涂抹尸体制作"木乃伊"。这对于人体构造的认识有很大的帮助，成为现代研究古代病理学的宝贵材料之一，考古学已发现了数种古埃及用纸草文写成的医书。

古印度《阿那吠陀》记载了医药和卫生，古印度的外科医术很发达，大约在4世纪时就能做断肢术、眼科手术、鼻形成术、胎足倒转术、剖宫产术等；印度人除应用植物药外，还采用动物药和矿物药。由于毒蛇多，印度还有专门治蛇毒的医生。

古巴比伦和亚述的占星术与医学有密切的关系。他们认为身体构造，符合于天体的运行，这种人体是个小宇宙的观念与中国古代颇相似。他们重视肝脏，认为肝脏是身体之主要器官，并对用于肝卜、祭祀所用动物的肝脏检视得极为精细。约在公元前1700年已经有巴比伦王汉谟拉比制定的《法典》，其中关于医疗法的规定是世界最早的医疗法律。

希腊医学是罗马以后全欧洲医学发展的基础，到现在欧洲人所用的医学符号"蛇绕拐杖"也源出希腊医神阿斯克勒皮俄斯。许多古希腊的医学词汇沿用至今。希腊医学的代表人物为希波克拉底，《希波克拉底文集》中很多地方都谈论到医学道德问题，著名的有《希波克

图 11-2　神农尝百草

图 11-3　医学标识：蛇绕拐杖

拉底誓言》，欧洲人学医都要按这个誓言进行宣誓。罗马医生盖仑多年从事动物解剖，进行了许多大胆创新的手术，包括脑和眼的手术，对医学发展做出了卓越贡献。

医神阿斯克勒皮俄斯思考如何救活死去的渔夫格劳科斯时，被突然出现的蛇惊吓，用手杖将蛇打死，这时出现了第二条蛇，衔着一种药草将死去的蛇救活，于是阿斯克勒皮俄斯试着用同样的药草也救活了格劳科斯。阿斯克勒皮俄斯顿悟：蛇是有毒的，可以致人于死地，但蛇又有神秘的疗伤能力，可以拯救人，认为蛇是智慧的化身。从此以后，阿斯克勒皮俄斯去各地行医时，不但要带着手杖，而且总是在手杖上放条盘绕着的蛇。此说一经传开，从事医业的人纷纷效仿，于是"蛇杖"就成了西方医业的标志。

中世纪的欧洲处在经济文化衰落时期，麻风在 13 世纪最为猖獗，后经严格隔离才停止蔓延，这也促进了欧洲医院的设立。1346 年欧洲鼠疫大流行，促使威尼斯港口开始检疫，以后的伦敦、巴黎等城市也颁布了一些防止传染病的法规。

阿拉伯医学指使用阿拉伯语言区域的传统医学。8—12 世纪，阿拉伯医学在化学、药物学和制备药物的技艺方面很有成就。当时的化学即所谓"炼金术"，炼金术建立了一些化学的基本原则，发现了许多对人类有益的物质和医疗上有用的化合物，还设计并改进了很多实验操作方法，如蒸馏、升华、结晶、过滤等。这些都大大丰富了药物制剂的方法，并促进了药房事业的发展。

近代医学是指文艺复兴以后逐渐兴起的医学，主要成就是人体解剖学的建立。恩格斯曾高度评价：没有解剖学，就没有医学。意大利的达·芬奇作为现实主义的画家，强调解剖的必要，尤其需要了解骨骼与肌肉。他所绘制的解剖图传至今日还有 150 余幅，画得大都准确、优美。实验、量度的应用，使生命科学开始步入科学轨道。近代医学的主要成就如下：

1543 年维萨里出版第一部研究人体的著作。

1615 年意大利医生圣托里奥设计口含式体温计。

1683 年荷兰科学家列文虎克发现细菌。1796 年 E. 詹纳第一次完成牛痘接种。1816 年法国医生拉埃内克发明听诊器。

1842 年美国外科医生霍勒斯第一次用全身麻醉做手术。

1860 年英国 F. 南丁格尔创立护士学校，使护理学成为一门科学。

1895 年德国物理学家伦琴发现 X 光线，后来用来看见人体内部的情况。

19 世纪中叶，解剖学的发展和麻醉法、防腐法和无菌法的应用，对近代医学外科学的发展，起了决定性的作用。

近代医学经历了 16—17 世纪的奠基，18 世纪的系统分类，19 世纪的大发展，到 20 世纪与现代科学技术紧密结合，发展为现代医学。20 世纪医学的特点是一方面向微观发展，如分子生物学；一方面向宏观发展。在向宏观发展方面，又可分为两种：一是人们认识到人本身是一个整体；二是把人作为一个与自然环境和社会环境密切相互作用的整体来研究。20 世纪以来医学主要成就如下：

1901 年日本人高峰让吉分离出肾上腺素。

1922 年加拿大人 F.G. 班廷、贝斯特提取胰岛素成功。

1928 年英国人 A. 弗莱明发现青霉素有杀菌能力。1929 年德国人维尔纳·福斯曼发明了心脏导管术。

1933 年异体角膜移植成功，1954 年孪生兄弟间肾移植首获成功。1945 年荷兰人 W.J 科尔夫将人工肾用于治疗急性肾功能衰竭。

1967 年已能进行产前的遗传病染色体检查。

20 世纪初奥地利人 S. 弗洛伊德创"精神分析"学说。

20 世纪初奥地利人 K. 兰德施泰纳发现血型。

50 年代发现胸腺与免疫有关，免疫球蛋白的结构也得到阐明。50 年代实施体外循环心内直视手术。

60 年代激光应用于临床。

70 年代后，电子计算机 X 射线断层成像（CT）以及磁共振成像技术应用。

20 世纪后，一系列的预防疫苗相继研制成功，对控制许多传染病效果显著。

20 世纪以来，医学获得极大发展。在研究层次上，向微观和宏观发展，分子医学和系统医学并进，诞生了新的学科，如分子生物学、免疫学、内分泌学、营养学、遗传学、器官移植学、人类基因组学等。20 世纪 40 年代以来，医学与生物学、化学、电子学、数学、力学、高分子化学、工程学等融为一体，出现了生物医学工程学。20 世纪后半叶相继出现讨论心理与健康和疾病关系的学科，如心身医学以及行为医学等。

（二）医学中的生命/身体观与医学模式的发展

医学模式又叫医学观，是在医学科学和医学实践活动的发展过程中，逐渐形成的用于观察和处理医学领域中有关问题的基本思想和主要方法，即特定的历史时期内居于主导地位的医学理论和医学实践方式，是人们从总体上认识健康和疾病以及相互转化的哲学观点，包括健康观、疾病观、诊断观、治疗观等，影响着某一时期整个医学工作的思维及行为方式。

远古时代，人们对于疾病、死亡等病理现象无法作出科学的解释，只能诉诸超自然的理解：健康是神灵的恩赐，疾病乃是神灵的惩罚或者是魔鬼在作祟；对疾病的治疗主要依靠祈福与驱魔。祭祀、祈祷等模式增强和鼓舞了先民们战胜疾病的勇气和力量，虽然未揭示人体疾病的本质，也未给人们提供医治疾病的科学方法，但在精神上给人以安慰，也保存和传播了原始人类的医药经验。

随着社会生产的发展，人类逐渐认识自然现象，开始借鉴自然界的物质和现象解释疾病，在古代朴素唯物主义思想的影响下，古希腊、古代中国等相继产生了辩证的整体医学观，形成了自然哲学医学模式。如盛行于我国春秋战国时期的阴阳五行学说，其纳入医学后奠定了中医医学的发展模式。古希腊希波克拉底的"四体液"学说、自然疗法都与当时希腊的毕达格拉斯、恩培多克勒、德谟克利特等人的哲学思想紧密相连。

16—17世纪，欧洲文艺复兴运动带来了工业革命，推动了科学进步，也影响了医学观。当时普遍认为身体是一种特殊的机器，出现疾病是因为机器的内部出现了问题，只需要替换出现问题的零件即可，这忽视了人的生物性、社会性以及复杂的内部矛盾，使医生的任务就是以"修理机器"（治疗）为主的机械医学模式。但是，机械论也使解剖学、生物学获得了一定的进展，把医学由经验医学引向了实验医学。

18、19世纪，人们对健康与疾病有了较为正确的理解，认为健康是人体、环境与病因三者之间动态平衡，这种平衡被破坏便会发生疾病。这种依据维持动态平衡的医学观形成的医学模式，即生物医学模式。该模式运用还原分析的方法，借助于新技术、新仪器的大量使用，使人们对人体和疾病的认识从整体细胞水平深入到分子水平，不但能做到定性、定量，而且还能做到精确定位，使诊断和治疗更加准确和有效，为增进人类的健康作出了巨大贡献。然而，该模式常用静止不变的观点考察人体，仅仅从生物学的角度研究人的健康和疾病，只注重人的生物属性，忽视了人的社会属性；在临床上只注重人的生物机能，忽视了人的心理机能及心理社会因素的致病；在科学研究中较多地着眼于躯体的生物活动过程，淡视人们的行为和心理过程。

时代在不断发展，认识在不断提高，20世纪70年代以后建立起来了一种全新的医学模式。人们认识到健康与否或疾病是否发生还与社会、行为和心理等因素有关。人既是生物的人，又是社会的人，疾病不但是一种生物状态，也是一种社会状态。决定人是否患病的因素，不仅要考虑其生物学变量，还应考虑其心理、社会学的变量。医生在诊治病人时，需要根据不同的社会背景、心理状态、行为方式以及对疾病的反应方式等，进行综合性、协调性、连续性的医疗服务。这种医学模式不仅重视人的生物生存状态，更重视人的社会生存状态，主张在已有生物医学的基础上，加强心理和社会因素的研究和调控，将人提升到中心位置，从"以疾病为中心"转变为"以病人为中心"，注重对病人的人文关怀。从生物和社会结合上理解人的生命、健康和疾病，指导人们更全面客观地观察和解决现代的健康和疾病问题。

二、救死扶伤的天职与至善仁爱的追求

（一）救死扶伤，弘扬人道主义的职业精神

关于"人道"，《易传》讲"有天道焉，有人道焉，有地道焉"。《象·贲》讲："观乎天文以察时变，观乎人文以化成天下。""人道主义"是源于欧洲文艺复兴时期的一种思想体系，泛指一切强调人的价值，维护人的尊严及权利的思潮和理论，提倡关怀人、爱护人、尊重人。法国大革命时期又把人道主义的内涵具体化为自由、平等和博爱，在资

图 11-4　医护之美（张文娟绘）

产阶级革命时期起着反对封建制度的积极作用。人道主义精神，具有相对的崇高性、超现实性。

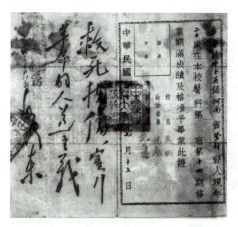

图 11-5　中国医科大学第十四期毕业生申玉英的毕业证

进入 21 世纪，为适应新的社会需求，美国内科学委员会、美国医师学院、欧洲内科医学联盟共同发起倡导医生职业精神的《医师宣言》，许多国家和地区的医学组织认可和签署该宣言。由于中西文化差异、语言的表述不同，为适应我国的国情，2008 年，《中国医师宣言》诞生，指出医师应当遵循病人利益至上的基本原则，弘扬人道主义精神，恪守预防为主和救死扶伤的社会责任。2020 年新冠肺炎疫情肆虐之时，全国 4.2 万余名医护人员在这危难之际，不顾个人安危，不惧困难险阻，毅然别离家乡，义无反顾、挺身而出，与病毒作战，用热血乃至生命为人民铸成一张生命的屏障，与时间赛跑，与死神抗争，他们的凡人之躯却可比肩神明，他们是最美的逆行者。

长沙市雨花区泰禹第二小学的 1401 班彭佳欣同学写道：

天使的模样

白色大褂，

透明护目镜，

蓝色口罩，

这就是天使的模样。

可谁又知道——

在白大褂下，

是一具具劳累不堪的身体，

地板或许就是他们最好的温床。

谁又知道——

在护目镜下，

是一双双浮肿充血的眼睛，

深深的勒痕诉说着他们的坚强。

谁又知道——

在口罩下面，

是一张张干裂的嘴唇，

悬壶济世只求胜利的曙光。

原来——

天使的模样，

就是救死扶伤。

　　2005 年 5 月 12 日汶川大地震，举国垂泪、山河同悲，当夜笔者主动请缨，成为第一批进入青川灾区的医疗队队员，连续救灾四天四夜方才撤离。10 年后感慨万分，闲赋诗一首。

青川抗震救灾十年记

十年间，不思量，泸医附院情难忘，

地震传，悲痛绝，华夏儿女热血腾，

请愿书，纷纷至，二十好汉赴青川，

六百里，一天至，忍饥挨饿不言苦，

余震中，废墟里，清创包扎救伤残，

四昼夜，吞泡面，合衣忍冻睡路边，

音讯无，院和家，心情悲怯不敢言。

电视里，报救灾，新闻联播传平安。

医军民，齐动员，万众一心铸长城。

总理见，鼓士气，人家大爱记心间。

古至今，炎黄地，图强兴邦多磨难。

人心齐，泰山移，中国梦圆世界林。

图 11-6　西南医科大学附属医院援助湖北（第二批）医疗队

图 11-7　最美逆行者——上海交通大学医学院附属新华医院崇明分院部分医务工作者

图 11-8　参与抗震救灾的西南医科大学附属医院青川医疗队部分成员合影

（二）至善仁爱是医之美的最高境界

医学的目的是救死扶伤、守护健康、提高生命质量，本意即善。

《黄帝内金》中有"仁爱救人"和"精""诚"等医学道德的记述。《礼记·大学》："大学之道，在明明德，在亲民，在止於至善。"朱熹集注："盖必其有以尽夫天理之极，而无一毫人欲之私也。"《论语·雍也》有云"樊迟问仁。子曰：爱人"。所谓"爱人"首先是爱自己的亲人，孝亲敬长是基本的要求，进而能爱天下所有的人。这即是儒家所谓"恕"道：推己及人。《孟子》有言："老吾老以及人之老，幼吾幼以及人之幼。""仁"的核心就是"爱人"，是一种博爱、一种大爱、一种至高的人生境界。爱凝练着中国传统文化。

晋代杨泉指出："夫医者，非仁爱之士不可托也；非聪明答理不可任也，非廉洁淳良不可信也。"唐代医圣孙思邈认为："凡大医治病，必当安神定志，无欲无求，先发大慈恻隐之心，誓愿普救含灵之苦。""大医"之大，首先体现在对病家是否有慈悲恻隐之同

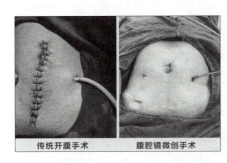

图11-9　传统开腹手术切口瘢痕大，创口愈合较慢；腹腔镜手术能达到良好的功能恢复且不影响美观

情心。孙思邈在《大医精诚》一书中提到医人应有"救苦之心"："为医之法，不得多语调笑，谈谑喧哗，道说是非，议论人物，炫耀声名，訾毁诸医，自矜己德"。元朝的戴良、明朝的龚廷贤等都强调了"贫富虽殊，药施无二"，医者切不可把物质名利放到第一位。

我国古代的医学道德是儒家伦理的具体投射，以"仁"字为核心，强调了医德重于医术、视病人如亲人、重视个体的生命价值、谦恭谨慎、诚信有礼等要素，这对现在的医疗事业发展也有借鉴意义。

中国医学历史上张仲景、扁鹊、华佗等在医药事业中孜孜以求，渐趋实现自我医德的最高境界。在现代社会与医学伦理背景下，医者具有"至善"的道德素养，是对中华优秀传统文化美德传承与弘扬。医者，当心怀善良。例如，西南医科大学的校训为："厚德精业、仁爱济世"，培养医者以仁爱的精神理念为基础，履行医者对国家、社会的责任，倡导医乃仁术的宗旨和济世救人的使命，平等仁爱、患者至上、精进审慎、廉洁公正、终身学习，这是《中国医师宣言》中医生职业精神的普遍原则和道德底线，也是其核心价值。

医德重要，精进医术对于医师来讲同样重要，这是医师至善仁爱体现的前提。古希腊医学家希波克拉底认为"医术是一切技术中最美和最高尚的"。在疾病浩瀚无边的大海中，是精湛的医术一次又一次给予病人生的希望，也给病人家庭带来希望，诠释了至善仁爱的医者精神。

合格的医生，除具备扎实的医学理论知识外，还需要广泛涉猎政治、经济、文化、宗教、艺术、历史、音乐、绘画等方面的知识，提升自身的人文素养和强化审美鉴赏实践，在医疗实践活动中密切融合医学审美。例如，当人体的组织、器官出现病灶或损伤后，将会在不同程度上削弱人体美感，外科手术可以切除病灶、消除疾患、修复组织，恢复健康的肌体，保持全身各组织器官系统功能协调，维持正常的生命活动。外科医生将医学美学的原理、方法与生理规律相结合，通过最小的外科手术，使机体获得最佳康复效果，从而达到恢复和重塑人体美、心灵美。因此，外科手术操作必须准确和精湛，尽量减少组织损伤，达到接近或符合形式美的要求。比如，手术皮肤切口沿皮肤纹理和肌纤维走行方向设计应符合美学标准，并考虑与周围器官关系的协调；最大限度地实现手术的目的，爱护组织，严格执行无创和微创的操作原则；缝合时严格对位，并进行无张力缝合，最大程度地减轻切口瘢痕。

三、疾病治疗与护理过程中的仁心

（一）治病救人过程中的人性之美

《周易》曰："天地之大德曰生。"天地之间，生是永恒不变的主题；《说文解字》：

"生，进也。像草木生出土上。""生"是使生生，是动态的，其美学内涵包括生机勃勃之生和创生之生。如果把"生"当作生命的常态，疾病便是异态，医生的治疗是将异态的"生"转化为常态。当代，"医"已由单纯的主诊医生扩展为参与整体医疗活动及过程的医院全体人员，包括护士、医技人员、医务行政管理人员等，治病救人过程中，所有的医者都在各自岗位发挥着作用。当代医学的新模式"生物—人文—生态"，考虑了人处在环境中的人体整体性。当代生物医学在细胞分子水平上的发展，阐明了许多疾病的机制，通过基因改造或特异性药物可以治疗顽疾沉疴。患者在与疾病作斗争的过程中体现出来的对生命的渴望、顽强毅力、乐观向上的精神，体现了人的生命之美。医学发展创造健康之美、生命之美。"脑死亡"观念的提出，临终关怀事业的发展，都体现了当代医学人文精神以及人性之美。

油画《医生》，是英国著名肖像画画家塞缪尔·卢克·菲尔德斯爵士（1843—1927）于1891年创作的一幅著名作品，描绘了一位医生在一间极其简陋的茅舍内救治病孩的感人场景：在油灯照亮的草房中央，手托着下巴的医生正俯身凝视着由两把椅子搭成的病榻上刚刚苏醒的小女孩，小女孩的左手无力地垂落在床边；角落里病孩的母亲因焦虑、忧伤和疲惫而埋头趴在餐桌上；把所有希望都寄予医生身上的父亲笔直地站立在一旁，一手轻轻抚在母亲的肩上，坚毅的表情透露出对医生的信心。低矮的窗户投进的破晓晨光，表明此时已经是黎明时分，经通宵的抢救，危机已经过去，孩子的病情似乎得以控制，而略显疲惫的医生却依然目光专注，全身心地集中于病孩身上，思考着下一步的治疗方案。

（二）病人康复过程中的护理之美

弗洛伦斯·南丁格尔是英国护理学先驱、妇女护士职业创始人和现代护理教育的奠基人。1854年至1856年，英国、法国、土耳其联军与沙皇俄国在克里米亚爆发战争。由于医疗条件恶劣，英国的参战士兵死亡率高达42%。南丁格尔主动申请担任战地护士，率领

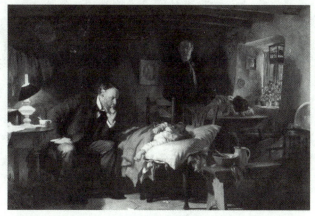

图 11-10　塞缪尔·卢克·菲尔德斯　《医生》

图 11-11　现代护理学创始人：弗洛伦斯·南丁格尔

38 名护士抵达前线，服务于战地医院，为伤员解决必需的医疗、生活用品，对他们进行认真的护理。仅仅半年左右的时间，伤病员的死亡率就下降到 2.2%。每个夜晚，她都手执风灯巡视，伤病员们亲切地称她为"提灯女神"。战争结束后，南丁格尔回到英国，被人们推崇为民族英雄。1860 年，南丁格尔创建了世界上第一所护士学校——南丁格尔护士学校，推动了西欧各国乃至世界各地护理工作和护士教育的发展。她的《医院笔记》《护理笔记》等主要著作成为医院管理、护士教育的基础教材。由于她的努力，护理学成为一门科学。

19 世纪以来，护理研究方面的学者一直强调护理人员和患者之间互动的重要性，指出患者和护士之间的互动是其接受或提供护理体验的基础。

南丁格尔说过："护士的工作是一切艺术中最精细的艺术"，具体表现在：护理中的理性美。护理在遵循程序化、规范化、多样化的统一原则下，符合职业规范，做到热情而不轻浮、勇敢而不鲁莽、豪爽而不粗俗、自尊而不自大、谦虚而不虚伪、大度而不计较，展现护士美好的职业形象。

护理中的环境美。办公环境、治疗环境、病房环境布局力求优雅美观、规范合理、光线充足、空气新鲜、色调和谐、温度适宜、物品放置有序。有时可播放旋律优美、轻松愉悦的背景音乐，使病人在一特定的空间感受到舒适、安全、温馨、整洁的环境美。对护理站及工作场所予以美化，有助于调解护士的情绪和心境，增加护士的工作能力和效率。

护理中的举止美。护士的行为举止美是护士及整个护理队伍的文化修养素质的体现，是护士职业道德的反映及护理要求的体现。对不同的病人，护士的举止是有区别的，如对老人要安慰、对儿童要安抚、对同性要体贴关心、对异性要端庄大方。对不同文化素养、病情各异、自我控制力不同的病人，也应采取不同的方式。伴随医学科学已由生物医学模

图 11-12　电影《护士日记》里的护士形象

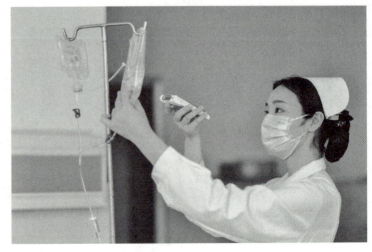

图 11-13　医院护士仪态美

式向"生物—心理—社会"医学模式发展，护理模式也由"以疾病为中心"为导向的护理向"以病人为中心"的整体护理和以人为本的护理转变。护理治疗操作行为过程始终贯穿人文关怀理念，做到准确、娴熟、柔美、轻柔和敏捷。护士必须尊重病人的一切权利，包括知情权、选择权、决定权、隐私权等，从而取得病人的信任，使病人产生依赖之美感。

护理中的仪态美。主要体现在护士的容貌、风度、姿态的美。对护理的外在形象，如仪表、仪容、服装进行统一规范，体现护士积极向上的精神面貌和气质，容貌以清新的自然美为主。护士的统一着装，整洁、合体的服装，体现了护士群体严明的纪律和严谨的作风，也象征护理工作的严肃性、科学性。护士可淡妆上岗，自然大方、端庄高雅、素雅洁白，展示护士朝气蓬勃的精神面貌以及稳重、柔和、富于同情心与爱心的风范。

护理中的语言美。语言是表达思想、交流情感、实施心身整体护理的重要工具，语言美是护士与病人沟通中建立良好关系的重要因素。护士的职业语言统一规范，与病人的交流态度诚恳，能给周围的人带来美的享受和熏陶，以此可树立护理整体形象。每次进入工作环境，应使自己的感情处于愉快、冷静的状态，通过准确、简洁而寓情的语言，自然适度地与病人进行交谈，展现自己的学识与才华，增强自己的自信心和吸引力。

尽管中外医学发展有着不同的路径，但对医者仁心都是有共识的。世间一切美的现象，都是人的生命之美的体现。医护之美表现为尊重生命、救死扶伤、大爱无疆、构筑身心和谐的道道亮丽风景。

第十二讲　情爱之美：亲情、友情、爱情

12

张　建　鲁　瑶

　　在艺术审美活动中，对人类情感的审美体验是非常重要的一环。亲情、友情、爱情等丰富情感不仅是人生历程中不可或缺的精神体验，更是各种艺术作品中永恒的主题。从精巧柔美的优美感和奉献牺牲的崇高感两方面去体会艺术作品中的情爱之美，从多种审美角度深入感受情爱之美的丰富层次，将会发现其中蕴含的精神力量能够为现实生活的情感体验提供更充沛、更真挚的引领与指导。

日常生活中，情感关系无处不在，面对越来越多样的人际关系，如何用恰当的方式去观察并对待每一份与他人的情感连接？在古往今来的艺术作品里，或许可以探寻到答案。

播放电影《摔跤吧，爸爸》中父女训练和比赛片段，思考这样几个小问题：阿米尔汗所饰演的爸爸对女儿的爱是如何体现的？生活中你和父母的情感关系是怎样的呢？除了亲情以外，你还曾经被哪些真挚的情感打动过？带着对这些问题的思考，让我们一起从经典艺术作品的解读中体会情爱之美。

一、优美的亲情、友情与爱情体验

带优美感的审美体验词包括单纯、完整；柔和、柔弱；小巧、精致；秀雅、轻盈；对称、和谐等。优美的事物在现实生活中往往是和善的，与人是无害或者是有益的，是我们生活中能自然让人产生亲近感的美的形态，优美会令人产生一种喜爱、迷恋、欣赏、心旷神怡的审美愉悦感。

（一）亲情中的优美感

亲情是浓厚、牢不可破、无法斩断的情感。亲情从父母的养育和付出开始，是每个人最早接触的情感。亲情往往也是一种因为习惯而容易被忽视的情感，生活中的琐碎小事会慢慢让人失去仔细感受亲情的耐心，通过体会一些艺术作品对亲情的呈现，能够让我们反观自己家庭中那些和谐优美的瞬间。

在对艺术作品和生活实践进行审美体验的过程中，我们既需要通过感知与共情能力去发掘内容意蕴的优美感，也需要具备读懂艺术语言的能力，从而观察、研究艺术形式中的优美感。

皮克斯动画《寻梦环游记》是一部讲述亲情的影片，它的优美之处不仅在于故事本身对家庭情感的温馨塑造，更包含了画面细节中的精巧设计。亡灵节那一天，已故的亡灵如果得到家人的思念与祭奠，能够踏着承载了亲人思念的万寿菊花瓣桥返回人间和亲人团聚。当世界上再也没有任何人能够记得他、祭奠他的时候，亡灵就会化成一片金光散去，这意味着真正的消失与死亡。影片中不仅仅是虚无缥缈的亡灵被具象化了，整个亡灵世界包括人物之间的情感链接也被具象化了。来自亲人的思念化作了无数片金色柔软的万寿菊花瓣，铺就了连接在现实世界和亡灵世界之间的桥梁。当小男孩米格误闯亡灵世界后，被家中已故的亲人

图 12-1　亲情（彭泰祺绘）

图 12-2　皮克斯动画《寻梦环游记》部分画面

们带领的光芒。这是一座完全由亲人的思念铸就的桥梁。该动画片的魅力之一就在于将抽象的情感赋予在精巧和谐的实体形象中，即使这些思念在生与死的巨大阻隔之间只能像一片小小的花瓣一样柔软、易碎又渺小（桥梁下方的花瓣在不断落入黑暗中），但正是这无数片看似轻飘飘的花瓣，沉甸甸地累积在一起造就了这座无法断开的桥。这座桥通向亡灵世界，被亲人铭记着的灵魂们的住所上空，仿佛聚集了亿万颗闪烁的星星，五颜六色的光芒点亮了原本的虚无与黑暗。

　　《寻梦环游记》塑造出的震撼人心的亡灵世界，将亲情绘制成一幅优美的图画呈现在我们眼前。这个世界实际上还寄托了活在当下的人们的期望，即活着的人希望对亲人的思念能够跨越死亡。在代表着虚无、死亡的黑暗底色之上，辉煌磅礴的亡灵世界中每一个闪烁的彩色光点都是情感的具现，它们虽五彩斑斓但又和谐一致，象征着亲情往往以柔和又璀璨的光芒姿态带给黑暗中的人们希望。

　　从另一角度看，该影片也传递出一种对生命本质意义的诠释：能够在世界上被人记住和留有回忆，才算是仍然存在。一个生命从降临到消亡这一过程中，亲情往往是最长情的陪伴。"有的人活着，他已经死了；有的人死了，他还活着。"这句话原是臧克家为纪念鲁迅所说，纵使不是每个人都像鲁迅一样能够成为无数人精神上的引领者、启迪者，但我们仍然能够拥有身边最朴实、优美的亲情，在亲情里，即使死了，也活着。亲情让每一个人能够找到自己存在的意义与重要性，甚至不再畏惧死亡之后的虚无。

（二）友情中的优美感

　　友情的优美极可贵。一个人很可能因为一句话、一个动作、一个兴趣、一种习惯就和另一个人（甚至不仅限于人）产生友情。这种情感不会受到性别、身份、年龄、地域甚至种族的限制，在建立友谊与维系友谊中汲取力量不断成长。

　　1956 年的电影《红气球》影片中，让我们看到了跨越了生命体的友情。影片讲述了一个孤独的小男孩在上学路上捡到一只红气球，在互动过程中，红气球像是被赋予了拟人化的生命，从此他们变成了亲密的好友，不论小男孩去哪儿这个红气球亦步亦趋。

　　影片中的城市以灰绿色为主色调，天空阴沉，小雨连绵。从儿童的低视角看，街道上

图 12-3　情爱之美：友情（张文娟绘）

图 12-4　电影《红气球》

错落密布的房屋形成压抑的建筑空间，刻板的、学究气的、坏脾气的妈妈令小男孩压抑，整个影片从可视可感的层面都营造出冰冷孤独的整体氛围。喜欢一路小跑的小男孩用动态打破了死气沉沉的静止空间，鲜红明艳又饱满的红气球用色彩打破了昏暗的总体色调，这一对好朋友成为整个沉闷的城市中仅有的热情与活力，他们的友情背后是陪伴、善意、信任、童心以及梦想。

当一群顽皮的孩子故意抢走这个气球并且毁坏了它，被赋予了人格的红气球面临了一般物品都不会具备的"死亡瞬间"，对小男孩而言，这是失去宝贵朋友的瞬间，也是善意与童真被他人击碎的瞬间。但紧接着全城的气球全都挣脱了原有的束缚，飞向小男孩身边，簇拥着他一起飞向天空。

这个看似简单的故事，将电影这门综合艺术中图画色彩、摄影光线、音乐音响以及人物的文学性塑造都融于一体，通过拟人化的手法呈现儿童眼中与世界为友的纯净之感，这份脆弱的纯真在故事结尾得到了一份美好寄托，被赋予在更多气球带领小男孩飞上天空逃离城市的这份期许中。跟随着这一串五彩斑斓的上升气球，镜头不再从一个孩子的角度来仰望这些大人和高楼，逃离了沉闷压抑的灰绿色城市。这是一个理想化的童话结尾。电影给我们传递出的友情真挚又纯粹，给人以单纯、柔和、和谐的情感体验及温暖、信心和一起前进的勇气，这份优美感可以令人对世界更有善意，对友情更加珍惜。

（三）爱情中的优美感

爱情能够带给人两情相悦的欢愉，也能带给人相知相伴的默契。爱情可能突如其来，也可能日渐萌发，它捉摸不透，无法复制，也无法被断然定义。美好又神秘的爱情是人们永恒的追求和向往。从牛郎织女七夕月圆时的鹊桥相会，到小说《罗密欧与朱丽叶》中罗密欧与朱丽叶在月光下的阳台幽会；从克里姆特通过繁复的象征性装饰形象塑造的《吻》，到化繁为简的《戴珍珠耳环的少女》中维米尔和葛丽叶之间纯真倾慕的爱意，这些都向我们传递了两情相悦的美。

在《罗马假日》中偷偷出逃的安妮公主和小报记者乔意外相遇，两个人度过了浪漫有趣的一天并产生了爱情。他们的爱情摆脱了世俗的身份、金钱、权利、阶层等现实环境中将人们情感绑架的外在条件的束缚。这个故事中的人物形象既具有我们所期待的美德，又有其不失真实的多面性格。能够代表国家进行外交访问的安妮公主，端庄是她的一面，洒脱又是她的另一面，在好不容易得来的一天假日中，她剪掉长发，穿上露出脚踝的方便裙装，自由自在地喝酒。男主角小报记者乔幽默又英俊，也有些许狡黠和野心。这两个人在一天假日中都因为遇见对方而找到了更好的自己，他们摆脱了身份和生活的束缚，这就是爱情中最大的魔法，也是让观众心生审美愉悦的基石。

这个故事推进的每一步都像圆舞曲舞步一般优雅灵动，这一天虽由许多小段落事件组成，但并非零散地排列，恰是循序贯穿，同罗马这个浪漫自由的城市背景融为一体。影片中的配乐从欢快悠扬到逐渐抒情婉转的过程中暗示了二人不断递进的情感，配乐虽然不像视觉的画面一样直接参与这段爱情故事的叙述，但它通过节奏韵律的变化将我们带入到画面呈现的那个时空的情绪中，随着配乐节奏的加快，我们也会和他们一起紧张、一起激动，舒缓悠扬的旋律同样的带我们进入让人陶醉的舞会环境中。

配乐的消失具有情绪的催化作用，影片最后一场公主和记者们的会面，公主临时增加了和每个记者都握手的安排，只为了能够和乔最后一次握手。此时的画面是一遍遍重复握

图 12-5　电影《罗马假日》剧照

手和问好，将要别离的愁绪在这重复画面中不断叠加。对这份一日恋情的不舍、珍惜和无法表露的隐忍情感在握手结束后继续发酵，配乐此时消失，只留下二人眼泛泪光长达 30 秒的特写对视，此时的静默震撼人心，这是一个能够打破身份等级和国家束缚的恋情最后被铭记的时刻，在这静默的特写中，盛装背后那个自由的安妮公主眼中闪烁着泪光，什么都没说，但又像什么都说了。乔在独自离开宫殿时，长长的、安静的大厅，

图 12-6　电影《罗马假日》奥黛丽·赫本剧照

仿佛没有尽头，直到乔回望无人出现的王座，明白两人再无相遇的可能时，恢宏壮丽的片尾音乐响起，强调了这场只是像假期一样的爱情，最终归于了原有的秩序。

《罗马假日》中赫本饰演的安妮公主，俏皮的刘海、美妙的下巴、灵动的眼神、窈窕的身姿、永远的平底鞋、紧束的腰身、飘逸的裙摆、一颦一笑极具优雅，长留万千观众心间，贡献了一个永恒的美丽高贵的公主形象。

"爱上一个不该爱的人该如何？爱上一个不可能的人又该如何？当相聚时光只有一日该怎样度过？当美好爱情只有一刹又该怎样挽留？"一场 24 小时的爱情，一场纯洁而美丽的邂逅，一场有缘无份的完美相逢，爱情太短暂，用一生铭记，一生忘怀。有一种爱，叫罗马假日！有一种爱，叫内心守候，沁人心脾，荡气回肠！

二、崇高的亲情、友情与爱情体验

康德认为"优美"与"崇高"这两种审美范畴与人的两性特点有关，男人的特点是崇高，女人的特点是优美，男人喜欢女人的优美，女人喜欢男人的崇高。

自古希腊罗马时期起，"优美"与"崇高"这一对概念就已经被提出，但直到现在，不同的研究者对"崇高"这一概念的界定仍有所不同。在康德的观点中，"我们所称呼为崇高的，就是全然伟大的东西"，这种全然伟大的是当人类面对超越了任何感官无法衡量的东西时的心理体验，既伴随着恐惧和痛苦，又因主体精神的提升而生快感。叶朗在《美学原理》中提出，人对自身的超越这一精神历程，代替宗教超越中的彼岸（天国、上帝），成为崇高的核心。"崇高"的核心是"追求无限"。追求精神人格或人类社会理想的不断超越与实现，使得空间的无限成为时间的无限，成为命运、历史、生命的无限。

"崇高"作为一种生存体验，使我们感受到生存可以是伟大、高尚的，向着神圣的境

界超越，世界充满激情和理想。能够让我们感受到崇高感的绝不仅仅是雄浑巍峨的名山大川和宽广博大的家国情怀，人与人的普遍情感同样能够令人体会到伟大、磅礴和自我超越。崇高感具有的审美力度表现为宏大场面带来的令人震撼的气魄，给人以崇敬、感动等情感体验。

（一）亲情中的崇高感

生活中最常见的父母之爱、手足之情、祖孙之乐等情感真挚的真实故事，或者艺术作品中呈现出的亲情能够让人感受到心生震撼的崇高之美。

电影《老炮儿》就是这样一部让人能够体会到亲情崇高感的艺术作品。曾经名震京城一方的老炮儿六爷和自己四处惹祸的叛逆儿子小波一直以来都很难沟通，他们之间的隔阂既有新旧时代的差异原因，也有俄狄浦斯情结造就的对抗式成长原因。整个电影中小波和六爷之间的父子关系是一种比较疏离的亲子状态，但是当我们看到小波闯祸被人私扣以及被人报复之后，六爷的行为反应让我们明白，这种长时间的父子对抗关系其实丝毫没有影响到父亲在儿子危难关头的牺牲和奉献。

影片结尾，身患癌症的六爷约对方以老北京的方式在野湖决斗，这场湖面上双方对峙场景的整体氛围塑造得阴郁、寒冷、萧瑟，满是裂痕的结冰湖面上伫立着一棵孤零零的枯树，阴郁的暗蓝色调，配合着持续密集的沉稳鼓点，带领观众置身于一场凝重的对峙中。这些视听因素综合在一起，让人感受到六爷以及六爷所象征着的那个老炮们的时代，都面临着一种穷途末路、英雄暮年的悲壮感。

起初六爷在冰湖上出场，伴随着沉稳而有力的鼓点，随后因体力不支跪在湖面，密集的鼓点出现了一段短暂的停滞，转而变成了一段心理空间的声音外化。在六爷从跪地到举刀站起以及挥刀向前奔跑的这个旋转上升的长镜头中，背景音中仿佛凝固的时空状态被如心脏跳动一般的微弱声音所打破，最终和鼓点衔接，伴随着六爷的起身而响彻人心。这一段极富节奏感的声画组合展现了六爷从身体上到精神上的崛起过程，在一片萧瑟中保持着自己的气势恢宏，绝不轻易顺从于衰亡与停歇。在这个螺旋上升的

图12-7　电影《老炮儿》剧照

镜头中，画面中包含了他的正面的神态、宽广的背影、坚毅的侧脸以及在冬日刺眼的阳光下，逆光而行的象征式剪影形象，在这个变化过程中，六爷完成了一次精神上的爆发以及最后的自我超越。其中不仅有他对于儿子深情父爱的浓厚呈现，也包含他与自己曾经经历过的那个一去不复返的辉煌时代的最后诀别。

当六爷最后在湖面上奔跑的时候，他的状态并不像我们一般意义上塑造的英雄人物一样高大伟岸、意气风发，而是一个裹着军大衣、头上还有伤的瘦弱父亲，并在向前奔跑时大口喘粗气。镜头一直是固定景别的前跟慢镜头，放大了他的喘息与疲惫，镜头的无限伸展延长了原本冰湖的湖面距离，他向前奔跑的时候，湖面一直在延伸，仿佛花了整整一个世纪的时间，这些都显示出他的衰老，明明体力不支还拼尽全力，只有仰拍的镜头角度直白地告诉我们他的高大。越是这种外在形象的衰老和不堪，越发能够衬托出他守护儿子时迸发的情绪激昂状态的可贵和崇高。这种强烈的对比带来的人物形象塑造，让我们看到了一位父亲明知不可为而为之的牺牲，这就是亲情的崇高。

（二）友情中的崇高感

友谊的崇高美感往往体现在原本毫无关联的两个人之间能够建立起一道坚固的关系联结，在这种情感联结中的两人互帮互助，相互奉献的纯真情感常常能激发震撼人心的力量。

在战争电影《大幻影》中，法国俘虏军官波迪奥在德国集中营中与德军监狱长罗芬斯坦二人有着共同的政治见解，他们虽处于囚禁与被囚禁的敌对双方，置身于第一次世界大战中德法之间的国仇家恨，但他们仍然拥有了战火纷飞中难得的知己之乐。

波迪奥为帮助战友越狱，自己充当诱饵故意引罗芬斯坦追击。波迪奥与罗芬斯坦两人的对峙与其说是一场追捕，倒不如说是一次告白与告别，罗芬斯坦以一个朋友的身份恳求波迪奥回来，否则他只能以监狱长的身份开枪。一面是朋友的挽留，另一面是战友的生命，波迪奥选择了用自己的生命换取同伴求生的机会，他吹着笛子时表情轻佻，看似儿戏一般的自我牺牲在原本凝重压抑的战场上更显神圣。当他看到这位敌方的朋友履行了作为军人的命令后，才真正在临终前得以卸下身份、阵营、民族的条件束缚。两个人的对话是相知相惜的灵魂对话。

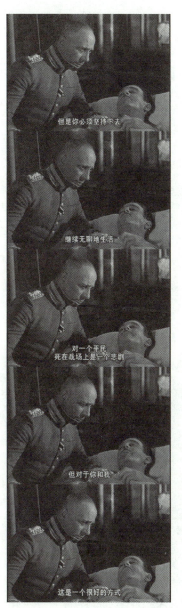

图 12-8　电影《大幻影》剧照

这份友情就像一场幻影，在意义本就虚无的战争中成为了一片闪烁的光点，让人心生赞叹；这份友情又像一粒种子，埋藏着战争年代的人们对和平、友谊的无尽期许。寒冬战火中，从干枯的枝桠上盛开的友情花朵，在盛放时被剪下，并以此得以留存住最美的瞬间。能够跨越身份、年龄、阶层、种族的友谊带来的振奋人心的力量让人拥有了战胜杀戮与死亡的崇高意味。

图 12-9　电影《大幻影》剧照

友情本身是不掺杂任何利益的，没有相关利益也愿意尽自己所能，甚至做出超出自己所能的奉献与牺牲的情谊，这是崇高的。

（三）爱情中的崇高感

爱情作为人人都追求向往的美好情愫，神秘、不可捉摸，但也因为甜美让人心生向往。古往今来许多文学艺术作品不断地向我们展示出人类在追求伟大的、纯洁的、永恒的爱情过程中出现的壮举。有那么一些爱情故事悲壮、美丽而又振聋发聩。

在经典电影《泰坦尼克号》中，杰克和露丝的纯洁爱情之所以可歌可泣，首先是因为他们打破了原本的身份阶层，勇于去执着追求爱情；其次是在面临危难之时他们之间相互坚守、信任和扶持，都让观众对这份爱情产生崇高的敬意。

当最后他们之中只有一人可以在浮木上获得求生希望的时候，杰克希望露丝对他发誓，不管碰见怎样的困难以及怎样的绝望都不能够放弃自己活下去的希望。他在说这一段话的同时，已经做出了放弃自己生存希望的决定，此时的放弃与不放弃形成了双重对立，让人更惊觉杰克的嘱托与露西的承诺之中饱含的深情。当杰克缓缓沉入水中，逐渐消散在水中的面容永远地印刻在了露西心灵最深处。一声又一声没有断绝的求救哨声，探照灯映射出露西脸上的坚毅，这是她能为杰克和自己对抗死亡做出的最大努力，她对抗死亡的力量来自于诚挚的爱凝练而成的瞬间。沉入水底逐渐消散的恋人面孔让这份爱情永远停留在最壮丽的一瞬间，让生活时间中的一瞬间（一幅画面）或者历史时间中的一瞬间（一段时空）永远铭刻，让纵向流逝的时间得以在某一个节点得到横向的无限延伸。

在泰坦尼克号尚未完全沉没时，游轮上的人们都在慌乱地挣扎着、奔跑着，但这当中有一些人的行为是相对逆向的，呈现出面对死亡时的无畏与从容。船舱里有一对已经没有力气逃生的老夫妇，他们一起躺在一张小小的床上，床下是逐渐漫上来的海水，他们将手紧紧握在一起相拥并亲吻，爱情的陪伴让他们彼此不再畏惧死亡的到来；还有一个母亲正在给两个孩子讲故事，她讲了一个桃花源一样的乐土，告诉他们在那里人们会永远快乐地活下去，母亲和安睡的孩子们一起平静地接受死亡；甲板上还有一群乐手，他们原本已经结束了演奏，其中一名乐师留了下来，他的琴声让其他本欲离开的乐师也纷纷回到原位，一起在轮船的沉没中完成了最后一场演奏。如同康德所说，人们在面临真正的苦难和真正的暴风雨时，会产生一种"霎时的抗拒"，这是人们在面临危险时挣扎求生的本能，此时，崇高的行为会净化身旁的人的心灵。这些游轮上从容赴死的人虽然只有短短一两个镜头，但无论是把生的希望留给他人，抑或是在死亡前的最后一刻依然坚守着自己的理想追求，抑或是和爱人一起共同面对，还是给孩子们塑造一个甜蜜的梦境，他们都是面对死亡时具有崇高力量的一群人，分别诠释了爱情的崇高、亲情的崇高、友情的崇高，这些人性深处的崇高，是我们在生活中需要挖掘并细细品味的美感。

我们能够通过一些影视艺术作品镜头中体现出的优美感和崇高感感受到生命中亲情、友情、爱情的美好。

当人们能够通过一部艺术作品用更亲和的态度去看待世界与生活，这个世界就成为了与我们亲近的世界，意味着人们超越了实用功利的态度成为了自由的审美主体。我们成为了自由的我们，世界也成为了自由的世界。

艺术作品来源于真实的生活，当我们从这些艺术作品当中感受到美的体验和震撼后，别忘了从自己身边、从生活中去挖掘感知更多的优美与崇高。

图 12-10　电影《泰坦尼克号》剧照

第十三讲　向死而生：生命意义的探求

13

周　霞

　　死亡是自然的必然性规律，对人类而言，死亡更具有社会性的象征意义。我们每个人都有亲人、朋友，他们都可能在不经意的时间离我们而去。在我们一生的成长过程中，总会有几次惊心动魄与死神擦肩而过的经历。死亡，是一个困扰我们成长的课题，如何去思考才能获得心灵的启迪，提升我们的生命境界？本讲针对人生必须面对的死亡，借助艺术作品中悲剧性对生命的表达，为我们提供美的精神审视视角！并通过死亡主题的艺术审美体验，展现艺术作品对人的生命意义的探求，感受艺术在生命之美上的独特魅力，从而唤起人们珍爱生命、敬畏人生。

死亡，是人的一生中最不愿意面对的。有的人因此悲观厌世，有的人因此"游戏"人生，有的人会发奋图强，迸发出生命的绚丽之光！莎士比亚巨著《哈姆雷特》中的那句台词："生存，还是毁灭，这是一个问题。"也就是人们所熟悉的"To be, or not to be"。哈姆雷特作为莎翁笔下的悲剧人物之一，在面对无法掌控的命运之力时，感觉到了精神崩溃和生命窒息的痛苦，在生与死的拷问中，追问着人生的终极问题。

一、面对死亡

（一）正视死亡

"生存，还是毁灭，这是一个问题"。这句话是对生命意义的追问，即"我要以怎样的方式存在？"当哈姆雷特说出这句台词时，他正站在人生中的十字路口，思考着生命的价值与意义。哈姆雷特身上充满了人性的矛盾和复杂，"一千个读者就有一千个哈姆雷特"。在人们的经历中，经常会通过某个艺术作品吸取力量，解开困惑。比如，有人在面对死亡的时候会因为一段故事、一部文学作品，或者一首音乐感受到生命的壮美，对生命有了新的认识而重新崛起。古希腊哲学家苏格拉底说："未经审视的人生不值得过。"学会审视人生是可贵品德。伽达默尔也说过："人性特征在于人在思索超越其自身在世上生存的能力时，即想到死。"因此，面对死亡，不畏惧死亡，是我们生命应有之义！莎翁的悲剧著作隐含着人对生命的眷念与悲歌，让每个读到它的人如同正视一面生命之镜，从悲剧人物的遭遇和情感体验中看到自己的影子。

那么，该如何看待死亡？

首先，死亡是生命的终点，也是构成生命整体不可缺少的一部分，人类对于生死问题的思考是自我最本真的表达。日本作家村上春树在《挪威的森林》中写道："死不是生的对立面，而是潜存在我们生命之中。"海德格尔从哲学的意义上提出了人的存在是"向死"的存在。人为什么是向死的存在？因为只有这样我们才能认知生命的完整性。人不能选择自己的出生，在海德格尔看来，只有面对死亡时，我们才是真正的"自在"，即自我存在。

其次，认知死亡，才能参悟生命的真实和美好。海德格尔认为，需要看到生命的完整性，生命的意义才会显现，生命才会由此升华。认知自我和回归自我意识是良知唤醒的表现："以这种方式呼唤着而令人有所领会的东西即是良知。"这种召唤是"向着本己的自身"，正视死亡，再向内看自我，更会清楚自己要做什么，什么才是真实和美好。世间有一句流传的谚语："一个人只要还没死，就不能断定他的命运是好是坏。"迪士尼2017年出品的动画电影《寻梦环游记》里有句经典台词："真正的死亡是被人遗忘。"遗忘意味着情感的淡化和剥离，生命个体之间的联系不再存续。对于那些为生命大爱和美好而献身的人，很难将其从记忆中抹去，因为人性中显现的美好和光辉不会随着生命的死亡而终结。雁过无痕，人活过也未必有痕，一个人死前能参透自我、领悟真实而美好的生命不是很好吗！

第三，对死亡的刻意回避，意味着对生命的否定。当生活中出现自己不能控制的事物时，人们往往选择逃离或者忽视，"趋利避害，人之天性"。任何生物在面对死亡的时候都会充满恐惧，会本能地选择逃避，若一味地追求生命的安逸和享乐，希望获得暂时的安全感，这种逃避实际为"醉生梦死"。存在主义把这种现象看成是一种"沉沦"，海德格尔则从中看到"沉沦趋向乃是生命对自身的回避"。以沉沦的方式回避死亡是不能正视死亡的表现。孔子说："朝闻道，夕死可矣。"生命本就是一个充满追求和成长的过程，其目的是获得内心的幸福和安宁。珍爱生命的前提是了解生命的真谛，理解生命的价值，并不断地为之奋斗和努力，创造属于自己的人生和幸福，这就是海德格尔所说的"向着本己"的存在。哲学家尼采写道：人生是一面镜子，我们梦寐以求的第一件事情就是从中辨认出自己！只有了解了死亡，才更懂得活着的含义。认识到自己生命的意义，并在人生的道路上体验生命之美，直至终点。在人类所有的精神活动中，艺术的悲剧性及其死亡意象的审美体验是生命的警醒，体现出人类对生命的反思和赞美，感受到生命之美的深刻含义，不回避死亡问题，就是对生命的肯定。

（二）艺术作品中的死亡主题表现

亚里士多德说过："求知是人的本性。"从古至今，人类从未停止对死亡的思考和探求，并试图从各个层面去解读死亡的意义。艺术作品中大量的死亡主题呈现的是人类对死亡求知的态度的表现，指引人们去认知、探索生命的形态。远古时代对死亡的恐惧诞生了与死亡相关的神秘、恐惧和怪诞的艺术形象；古埃及神话和艺术中蕴含着永生和轮回的生死观；西方宗教中将死亡誉为生命的终极审判，具有沉重、压抑的感伤情绪；西方现代派中又衍生出死亡主题的荒诞、怪异的表现手法。在历史发展过程中，人类的生死观随认知方式发生改变，不同时期、民族、地域的生命理解和认知代表着不同的生死观和艺术观。人类对死亡主题的艺术化创造以生命认知为基础，借助审美意象的方式显现。朱光潜说过："美感的世界纯粹是意象的世界。"因此，艺术展现的"死亡过程"本意，并非提供死亡本身的信息，而是提供了"垂死者"关于"生"的指向。这是一种反像，反映出死亡的艺术化并非寓于对实际亡故的体验，而是寓于生命哲学的探讨中。同样，在原始人以巫术与偶像崇拜的方式对待死亡的态度中，照亮对死亡的看法也是"此在"之领悟；对"此在"之领悟的阐释则需要某种生存论的分析以及与之相对应的死亡概念，感受深邃的心灵感伤。艺术的伟大之处，正是通过人的创造和实践展现人类的生命之美。

二、向死而生的审美体验：悲怆

（一）与命运抗争的情感动力

狄克逊曾说："只有当我们被逼得进行思考，发现思考没有什么结果的时候，我们才接近于产生悲剧。"当代美学家叶朗认为，悲剧由苦难引起。他认为："并不是生活中的一切灾难和痛苦都构成悲剧，只有那种由个人不能支配的力量（命运）所引起的灾难却要由某个个人来承担责任，这才构成真正的悲剧。"在叶朗先生眼里"命运是悲剧意象世界的意蕴的核心。当作为个体的人所不能支配的力量（命运）所造成的灾难却要由他来承担责任，这就构成了悲剧"。

悲怆是悲剧性体验的心理感受，贯穿于整个审美过程中。悲怆往往有种历经沧桑之后的无可奈何，以及有机会挽回却力有未逮。悲剧所引发的悲怆情感是两种对立现象——死和生所形成的印象融会。悲剧和死亡、痛苦相联系，然而它却能产生快感和审美享受。悲戚和愉快两种感情交织在一起，产生欢乐的痛苦和痛苦的欢乐的印象，产生对悲戚的审美享受。当我们在艺术作品中体验到悲戚的情感，绝望和痛苦让人仿佛置身于人生绝境；同时，感动于悲剧人物向命运抗争体现的精神自由。作为美学范畴的"悲"，是指人感受到了对威胁其生存的力量形式后产生了悲的意识。悲剧体验，不是人在与其敌对力量的压迫下的消极痛苦，而是奋起与命运抗争的人的自由的积极活动。

艺术审美中的悲怆感不等同于消极，而是向死而生的一种人生境界。苏珊·朗格指出："悲剧把人类生命戏剧化，使之成为潜在而又完结的人生。"朱光潜认为："悲剧是人类激情、行动及其后果的一面放大镜，一切都在其中变得更宏大。"《俄狄浦斯王》的悲怆感来自于对命运抗争失败的无力感以及被命运支配的悲剧表达。个体为自由生命而抗争的悲壮体验正是崇高感的化身。

面对悲剧，我们总会发出，为什么？怎么办？如何做？等问题的深层思考。悲怆感可能成为一个现象、一个阶级、一个民族乃至一个时代的标签，表达出特定阶级、民族或者特定时代的人们在命运面前的抗争之境！通过悲怆的审美体验，更能使人感受到生命的顽强和奋进。

（二）向死而生的生命呐喊

悲怆的审美体验蕴含在人处于理性和感性不断地对立冲突与调和的努力之中。人虽无法解除命运的枷锁，却可以选择勇敢地面对命运并接受其挑战。这是一种崇高精神的体现。必须面对自然生命的终结，社会生命不一定会伴随着自然生命的终结而消亡。人的社会生命长久与否，由对社会创造的价值大小决定，有的世代延续，有的随自然生命终结而结束。个体在人类社会环境里熏陶，努力地健康成长，同时拥有着意识和情感。成长中的悲欢离合以及爱恨情仇，都会在自然生命所设定的社会有限范围之内不断生长和存续。自然的世界充满着生命的智慧，在孕育生命的同时，也启发人们认知生死的能力。人类在漫长的实践中，不断地突破生与死的对立，从灵魂不死的幻想，到生命意义的理性追寻，无一不体现出人类对生命不朽的理想！透过死亡的命运之点，接受命运的挑战。知道了死的存在，不再畏惧死亡，激发出对生存意义的追寻。

（三）审美活动中体验悲怆感

艺术作品中的死亡意象带来的悲怆情感来源于离世带来的情感分离，一种极度悲伤笼罩下的无力感。这种感受，使得艺术作品与观众引起共鸣。

在所有艺术形式中，音乐被誉为"情感的艺术"，素有"艺术之冠"的美称。人类自原始社会就会用音乐表达丰富的情感。音乐艺术中有许多以死亡为主题的经典作品，从莫扎特《安魂曲》、贝多芬《魔王》、让-塞巴斯蒂安·巴赫《年轻人与死亡》到斯特拉文斯基《春之祭》。其中，以柴可夫斯基的第六交响曲《悲怆》最具代表性，以死亡为主题的第四乐章被誉为作曲家的"天鹅之歌"。

柴可夫斯基的第六交响曲《悲怆》创作于 1893 年，《悲怆》交响曲是柴可夫斯基悲剧三部曲（第四到第六交响曲）的最后一幕，也是他创作的最后一部交响曲，被认为是他一生总结性的最高成就和代表作品。这部作品内容是悲剧式的死亡，但比起他的其他作品"更含有强烈的生命力和对生活的渴望"，是"最真挚""最深爱"和"最引以为豪"的伟大作品。

柴可夫斯基的作品具有独特魅力。首先，他是俄罗斯民间音乐元素和民族情感的代言人，同时融合了西方浪漫主义的表现手法；其次，个人成长环境和生性敏感的性格，使他的作品透露出一种惊心动魄的悲剧力量。他曾说过：所有的音乐都是悲伤的。柴可夫斯基被誉为"旋律大师"，他的旋律线条极具优雅、细腻之美，创作手法上擅长运用长线条抒情乐句，并以个性化的表达著称。在给好友梅克夫人的信中，柴可夫斯基写道：这部交响曲尤其是第四乐章具有"近似《安魂曲》的气质"。柴可夫斯基原本打算写一部以《生活》命名的交响曲，四个乐章的主体分别是"青春（快乐）、成年、老年、死亡"。在经历了长久的规划和酝酿后，为了突出死亡意象的悲怆艺术表现，他打破传统固有的音乐表达公式，创造性地在末乐章使用柔板速度作为结束，每个音符沉浸在沉重、低缓的节奏律动中，生动地刻画出生命尽头的绝望、压抑、虚弱、无力和感伤的悲恸情绪。第四乐章的两个主题具有同样的属性：悲哀和痛苦。其中以小调属音下行音阶式结构，表达了失望、落寞的心理感受。

另一个主题以下行音阶结构渲染沉重的悲伤感，他把这种陈述称之为"哀叹"，同样的手法也常见于其他的音乐作品中，如莫扎特《安魂曲》之《眼泪》。

19 世纪下半叶的俄罗斯在历史上被称为"沉滞时代"，社会黑暗并充满了动荡和变革。俄罗斯知识分子阶层蔓延着一种惶恐不安的情绪，这给生性敏感、内向的柴可夫斯基带来了矛盾和困惑的精神压力。作为民族主义乐派的代表人物，柴可夫斯基的音乐饱含对俄罗斯民族和俄罗斯社会的深切情感，是一代俄罗斯人精神的写照。因此，这部作品的哀叹、惶恐、不安、绝望等情绪既是柴可夫斯基个人的内心独白和"灵魂的忏悔"，也是当时社会的真实反映。作品以低沉、凄婉的哀叹动机开始，重复着命运的悲剧主题，在铜管乐最后发出"哀悼"式和弦的长音逐渐远去后，失去挣扎的力量，归于一片死寂

三、向死而生的审美体验：悲悯

（一）生命终结之际的自我投射

生命诞生于对死亡的直接注视，诞生于对死亡的克服。蒙田曾经说过：生命的用途并不在长短而在我们怎样利用它。生命的意义在于参悟世间之道，是理解和感悟生命之美，是个体在生命中的自我和谐。柏拉图在《理想国》中谈道："那些没有智慧和美德经验的人，总是沉溺于吃喝玩乐等类似的娱乐活动之中，由此堕落下去，终身不得自拔。这些人永不会仰视真理，永不得提升境界，永远尝不到纯粹长久的快乐。"柏拉图告诉了我们，生命必须审视。悲悯是悲剧审美过程中的怜悯之情，称之为审美同情。在朱光潜看来：怜悯是指具有和别人一样的痛苦的感觉，情绪或感情。所以，有人认为悲剧可以激发怜悯，亚里士多德则肯定了悲剧对人的净化作用正是"借激起怜悯和恐惧来达到"。观众通过审美同情，形成与审美对象的情感对话，是悲剧审美活动中"共情"的心理基础。悲悯不是一种居高临下的同情，而是"突然洞觉命运的力量与人生的虚无而唤起的一种普遍的感情"，是一种对生命的高度和觉醒。悲痛感来自生命优美感的毁灭和消逝，是生命之爱和惋惜之情的作用结果。

所以，悲悯不是一种同情，而是一种理解和爱的表达，是每个人从对象中读到了向上的力量或者看到了自我而自发地愿意以己之力成就他人之向上。渴望在生命中找到"自我"的存在，不能选择为何而生，却可以选择为何而付出自己的时间和生命。正是怜悯的情感，让我们在悲剧的艺术中感受到生命的柔弱而又有令人尊重的顽强，正是设身处地的情感体验，怜悯的情感才被唤醒，对走向死亡的生命的怜悯感是真正属于个人的事，处在这样的情感状态的人从即将消亡的生命中见到了自我的可能样态而心疼不已。通过悲悯感知生命之美，使得悲剧的死亡体验成为生命意义的完结，构成了对本我的认知。

（二）对生命即将消亡的恐惧与爱意表达

叶朗认为怜悯是悲剧美感的三大构成要素之一。怜悯中有一种敏感细腻的温情与爱的快意，但怜悯毕竟属于一种软弱的情感，缺乏让人振奋、警醒的力量，"悲哀的秀美"不足以产生悲剧的效果。悲剧中的怜悯往往和恐惧伴生，恐惧是痛苦的、紧张的体验，它激起人们的应激反应，处于高度兴奋状态，出于自身的安全需要作出逃避。换言之恐惧能激

发人的生命力,让人用全部的力量应对当前的处境,具有振奋、警醒的作用。人们在恐惧之后,往往会加深怜悯的感受,悲剧之所以成为悲剧,恐惧成分是不可或缺的,加深了对生命怜悯更为深刻的体验。纯粹的崇高感有恐惧,而悲剧感中还有怜悯的成分。怜悯,不是可怜的含义,而是一种对人的生命的高度感受,体现了对生命的尊重和热爱,对死亡的坦然和无惧!

(三)审美活动中的悲悯体验

《天鹅之死》由俄国舞蹈编导米哈伊尔·福金在 1907 年为安娜巴甫洛娃创作,其死亡主题表现了人类命运悲剧,体现了人与死亡进行搏斗的坚韧顽强精神,表现了人类对生命的渴望。其中的音乐原名《天鹅》,是法国作曲家圣桑于 1886 年作的管弦乐《动物狂欢节》中的第十三曲。作曲家根据一个美丽的传说,即天鹅在生命的最后时刻会发出一生中最凄美的叫声,用尽最后的力量幻化成一首生与死的哀歌。天鹅的归宿是天空,《天鹅之死》表达了天鹅的自我生命存在的方向,是存在精神的体现。

(1)柔弱而又崇高的生命带来的悲悯体验

《天鹅之死》描绘了这样一幅画面:在宁静皎洁的月光映衬下,一只白天鹅在竖琴演奏出的舒展优雅的律动下,微微抖动着张开的翅膀,缓慢地移动着优雅的身姿。伴随着大提琴轻声吟唱的淡淡哀歌,天鹅轻柔的身姿呈现倒影在清澈如镜的湖面,似乎在回忆中静静地等待着死亡的来临。渴望飞翔的生命召唤着她,再次投入天空的怀抱,享受翱翔在苍穹的自由与快乐。于是她带着对生的希望,艰难地伸展着虚弱的身体,一次又一次地尝试着。恍惚间,她仿佛又听到了飞翔时耳畔熟悉的风声,看到了大地在脚下延伸向天边……直到她耗尽最后一点力量,高傲的身躯慢慢贴向地面。当死亡的黑暗快要将她淹没之际,天鹅突然奋力一振,抬起一只翅膀笔直地指向遥遥天际,那是她生命的方向。向着内心的方向静默、死亡。在这部作品中,芭蕾艺术以无比优美的肢体韵律,视觉化地再现了音乐中蕴含的宁静、纤弱之美。天鹅以优雅的艺术形象从容面对死亡,这样的艺术呈现带给欣赏者体验上的巨大反差,让优美与崇高融合成奇妙的生命体验,这正是艺术创作者独具匠心之处。

(2)优美境界带给人的悲悯体验

法国博物学家布封在其作品《天鹅》中对天鹅之歌有这样一段描述:"我们在它的鸣叫里,或者宁可说在它的嘹唳里,可以听得出一种有节奏、有曲折的歌声,有如军号的响亮,不过这种尖锐的、少变换的音调远抵不上我们的鸣禽的那种温柔的和声与悠扬朗润的变化罢

图 13-1　舞蹈"天鹅之死"(张文娟绘)

图 13-2　贝多芬的《c 小调第五交响曲》意象（彭泰祺绘）

了。此外，古人不仅把天鹅视为一个神奇的歌手，还认为，在一切临终时有所感触的生物中，只有天鹅会在弥留时歌唱，用和谐的声音作为最后叹息的前奏。据说，天鹅发出这样柔和、这样动人的声调，是在它将要断气的时候，它是要对生命做一个哀痛而深情的告别。这种声调，如怨如诉，低沉地、悲伤地、凄黯地构成它自己的丧歌。"

艺术作品的本体是审美意象，美学中的怜悯情感是意象在现实世界中"情""景"交融后产生的一个"富有意味的形式"，是现实世界在艺术中的情绪倒影。尼采认为：艺术应当是以感激和爱为源泉的"神化的艺术"，是对生的肯定。《天鹅之死》用天鹅濒死之际优美感的体验表达对生命的感恩和爱恋：从天鹅不断尝试、挣扎和抗争的展翅动作中，感觉到它在将死之际的忧伤、惆怅、悲凉和痛苦的感受，也能感觉到它对于生命深深的眷恋、渴望、热爱和向往的情感，生命逝去是无法逃避的宿命。天鹅优美的死去这样的"意境"给予人们一种特殊的情感体验，就是康德说的"惆怅"，也是尼采说的"形而上的慰藉"，这就是对生命的怜悯之情，是创作者对天鹅面对死亡时情感的回应。

对于绝大多数人来说，生活中总是充满各种困难和考验。1804 年，贝多芬开始构思并动笔写《c 小调第五交响曲》即第五交响曲——《命运》。那时的贝多芬正经历着一系列的打击：双耳失聪且完全失去了治愈的希望，几乎宣告着音乐生涯的结束；同时，曾亲密无间的热恋情人朱丽叶·琪察尔迪伯爵小姐也离开了他。不幸的命运似乎把这位天才紧紧包围，重创着他的身心。经历了短暂的痛苦过后，这位坚强的音乐巨人并不想就此认命，更不想屈服于命运对他的捉弄，他发出了那句名言："我要勒住命运的喉咙。"于是，贝多芬在第五交响曲《命运》中刻画了向命运宣战的英雄形象，他想要向命运、向世人证明，真正的强者是不会在命运加诸于我们的苦难中退缩的。贝多芬自我的超越让我们从中感受到了悲怆，感受到了一种动力，感受到了生命的呐喊；贝多芬面对厄运，没有表现出匍匐于死亡之下的懦弱，而是用音符对生命进行礼赞，让人产生了悲悯之心。孔子说过："未知生，焉知死。"他是想告诉我们，死是比生更难参透的智慧。死亡艺术化的表达将生死的思考凝结在作品中，让我们有机会参悟更深刻的人生智慧，迸发出强大的生命力。

死亡同出生一样，是生命过程中的一部分，从出生到成长，人的自我意识逐渐觉醒，生命的意义和价值成了人们的行动目标。不能看到前路和方向的人生是无意义的，令人迷茫的。死亡就是人生道路的最终端，只有明白了最终的归处才能看清自己的本心，才能从《命运》《悲怆》交响曲和《天鹅之死》中感受到优美和崇高，才能朝着遵从于内心的方向出发，获得更强大的勇气和力量，勇于对抗人生路上的困惑、彷徨和迷惘，做自己人生的英雄；不再轻易被眼前的困难阻挡前行的步伐，不再随波逐流，才能超然于琐碎烦心之事，看到更远处风景的美丽，拥有更高的人生境界和格局，幸福感和安宁感油然而生，才能体验到属于自己的生命之美。

第十四讲　有我之境：人生追求的至美境界

14

丁月华　庄涛文　彭泰祺

心物关系是哲学探讨的永恒话题。心与物相遇时，"缘物寄情""情景交融""你中有我，我中有你"说的就是有我之境。艺术作品创造的"有我之境"、人生追求中的"有我之境"以及人与自然关系中的"有我之境"分别是怎样的体现呢？艺术作品中的"有我之境"之意境营建反映的是情与景的交感，心"会景""体物"，物因人之体悟而得心与神；人生之境界追求也是如此，要有开阔的胸襟和视野，将自己全身心地投入到所从事的事业中，造福人类、造福自然与社会，在追求的过程中，将自身和事业融为一体、自我逐渐弱化，这就是"有我之境"；在自然与人的关系中，以"尊重自然"为内在要求，"从自然出发"，才能超脱片面与狭隘的思维，避免陷入人类中心主义的泥潭，才会有自然与人"你中有我，我中有你"的共生之境。

学习导入

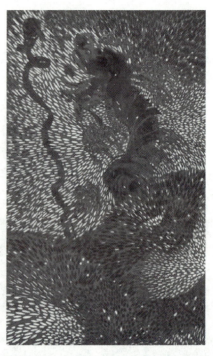

图 14-1　卡斯帕尔·大卫·弗里德里希　《云　　图 14-2　戚序　《霹雳迸火射地红》
海上的漫游者》

　　作为一个艺术家，弗里德里希寄情自然，通过画作传达自己对自然世界一种主观、情感化的反应。这幅画作中徒步旅行者背对着大家，站立在构图的中心。他俯视着乱石海滩中的云雾，画中隐喻多解。这幅画作反复出现在贝多芬、舒伯特、舒曼等浪漫主义音乐家的唱片封面上。舒伯特创作于 1822 年的《C 大调流浪者幻想曲》，所依据的文学原型是德国诗人施米特·冯·吕贝克 1816 年创作的诗歌《流浪者》。只活了 31 岁的舒伯特出生卑微，父亲是一名农夫兼任一所教区学校的校长，母亲是一位女仆，其兄弟姐妹 14 个，有 10 个在出生不久后就病死了。舒伯特在其父亲的影响下热爱音乐，且很有天赋，虽然一生命运多舛，孤寂、穷困、疾病等时常影响到他的生活和情绪，但是他是一位高产的音乐人，创作了超过 600 首歌曲，19 部歌剧、歌唱剧和配剧音乐，9 部交响曲，19 首弦乐四重奏，22 首钢琴奏鸣曲，4 首小提琴奏鸣曲等。舒伯特晚期的这首钢琴作品《C 大调流浪者幻想曲》让人听到了内心的矛盾和挣扎，《云海上的漫游者》可以看成是一个孤独的旅者，面对乱石与迷雾，各种滋味汇流成海。从雾海中读到"有我之境"。

　　画家戚序 2019 年春节前后创作的《霹雳迸火射地红》，表达的是对中华大地红红火火的美好祝福。创作的时候，画家注重选择空间投影要素，用印刷和镂空的方式，体现特定光线、特定位置、特定状态下的作品美。作品的这种语言体系充分表达了其主创的中华文明历史题材作品《中华营造法式》。戚序说，在 2018 年她去美国威廉姆斯大学访问交流的时候，在纽约举行的世界版画博览会上曾见过这样的语言表达。从世界眼光看，作者不是孤立的。从内容上看，被刻画的是一条比较抽象的龙，以铜梁火龙舞动时最激情的状态突出霹雳进火射地红的那一瞬间，这条龙是作者眼中最红火的龙，九次套色、印刷、镂空，层层叠加，情感和龙的舞动、身体的盘旋跌宕起伏，耳畔霹雳声响，犹如铁水四射、落地有声；眼前，夯（zhā，张开）口的龙，龙腾跃起，红红火火。这就是创作时的有我之境之体现。

一、艺术作品中的有我之境

（一）心物相遇与交融

王国维的《人间词话》，动笔于 1906 年，1908 年定稿，并在国粹学报连载中提出了"有我之境"，用以评价中国古典诗词。《人间词话》中有两处关于"有我之境"和"无我之境"的论述：

> 有有我之境，有无我之境。"泪眼问花花不语，乱红飞过秋千去"，"可堪孤馆闭春寒，杜鹃声里斜阳暮"，有我之境也。"采菊东篱下，悠然见南山"，"寒波淡淡起，白鸟悠悠下"，无我之境也。有我之境，物皆著我之色彩。无我之境，不知何者为我，何者为物。古人为词，写有我之境者为多，然非不能写无我之境，此在豪杰之士能自树立耳。（《人间词话》第三十三则）

> 无我之境，人唯于静中得之；有我之境，于由动之静时得之。故一优美一宏壮也。（《人间词话》第三十六则）

赵万里在《民国王静安先生国维年谱》中，对《人间词话》的著述时间、"境界"和"意境"为一回事有详细的论述。而今天的学者，比如叶朗就认为这两个词不是一回事，认为意象的基本规定是"情景交融"，而意境是"境生于象外"，并指出王国维所说的"意境"实则是"意象"的概念。

从上古至今，我国的文艺一直以"人与自然的审美关系"为观照核心的主线，经过漫长的岁月，形成了意境范畴和理论。20 世纪以来，世界格局风云变化，诗画在很长时期成了战斗武器，西方文艺美学理论也大量地被介绍到中国，虽说有的研究者是用"形象""典型""心理场"等西方美学术语来描述"意境"，但是"意境"研究并没有就此消失。宗白华（1897—1986）谈艺术境界，指出"意境是'情'与'景'（意象）的结晶品"。宗白华的两种艺术境界，一种是主观的生命情调与客观的自然景象交融互渗的灵境；一种如音乐和建筑，这些时间中纯形式与空间中纯形式的艺术，以非模仿自然的境象表现人心中最深的不可名的意境，而舞蹈则又为综合时空的纯形式艺术。艺术意境的创构，是使客观景物作主观情思的象征。阅读宗白华 1943 年出版的《中国艺术意境之诞生》可知，无论是主客交融的意境还是如音乐和建筑那样的非模仿自然的想象的意境,其实都是有我之境,因为象由心生。1934年,朱光潜在研究了王国维的两种境界说后,提出了"同物之境"和"超物之境"两种境界说,认为王国维的"有我之境"其实是"无我之境",就是朱光潜所说的"同物之境",比朱光潜理解的"无我之境"(其实是王国维所说的"有我之境",他所提的"超物之境")品格较低。朱光潜认为,在"同物之境"中,物理中寓人情,在"超物之境"中不言情而情自见。朱光潜将境界分出一个高低,但是他所说的境界实质也是"有我之境",因为情都是主体的情。20世纪40年代,罗庸认为诗境之最高境界就是情景交融,若再寄托深远,就是极致之境。刘永济认为:"一切文艺,其意境超妙者,皆当用以涵养吾之性情也。"这些表述都说明了意境的实质是"有我之境"。20世纪50年代后,对王国维境界说的批判声很响亮,诚然艺术要反映客观现实生活,但是艺术的形象创造是投射了情感的形象创造,所以终归为"有我之境"的创造。意境是中国古典诗学和美学的核心范畴,能否为现在的文艺实践服务,这是现在的学者们思考和探讨的问题。

因"有我之境"语出《人间词话》,本讲内容的"有我之境"的含义仍来自王国维的理解,即心与物的相遇交融,无论这物是客观之物还是想象之物。文中多数时候的"意境"与"境界"仍按照王国维的《人间词话》里的意思,是同一个意思。意境是中国艺术的灵魂,没有意境或者意境不鲜明,绝对创作不出引人入胜的作品。有我之境是"以我观物,物皆着我之色彩"的意思。在中国文学批评史上,"有我之境"是将"我"的情与思投射到所观之物,使得物皆为带有"我"的情思之物。中国古代有"缘物寄情"之说,"见景生情","写景"即"写情"。意境是情与景的结合,是思想感情、想象力和对象(或是客观对象/环境或是主观创造出来的)结合。

(二)有我之境之意匠

画家李可染谈山水创作时说,中国画反映出来的境界非常开阔,中国画不仅是画所见,而且画所知、所想,想象力很强。表现意境的加工手段叫"意匠",废画三千,百炼钢化为绕指柔。优秀的艺术家对于意境创造、意匠经营,无论是一字一句,还是一笔一画,无不反复琢磨,真是呕心沥血所下的苦心,何等惊人!从这"何等惊人"可见意境营建过程中的宏壮之美!意境的产生和认识生活的深度是有关系的。贾岛诗句"鸟宿池边树,僧敲月下门"。贾岛在用"敲"还是"推"字上反复吟咏,犹豫不决,后来韩愈主张用"敲"字,"敲"就有声音了,更能传达出月夜幽深空寂的意境。

从北宋时期的山水到南宋时期的山水再到元四家,从社会背景上讲,山水画中"有我之境"的形成与当时文人朝政密不可分,他们往往会将情感寄托于山水之中或者将五行、阴阳融入山水之中形成一种独特的表现形式,不仅描绘人物或者山川的风貌,更展现了一种真挚的感情。如北宋时期范宽的《溪山行旅图》,此图表现的是范宽家乡耀州的太行山余脉景色，虽然当时是将写实主义绘画推向高潮的时期，但是这幅图不是纯粹的写实，恰是建立在真实而又概括的基础上的。整幅图中主峰居中高耸，像纪念碑一样，左右侍峰一青龙、一白虎，案山朝拜，这是风水景观，从宋代的绘画理论与存世画迹上看，除了再现自然、追求写实，更多的是借外在的自然形态表达内心的情感与心境，从而达到人与自然的高度融合的境界。

我国的戏曲形式呈多元化。传统的戏曲表演淡视现实景观的再现，着力于抽象的意象凝练，追求虚实相生、情景交融之意境，体现中国艺术传神写意和以虚写实的时空观念，产生了戏曲独特的"神韵美"。当今的戏曲舞台以镜框式舞台为主流，在舞台设计的时候难免会变得像绘画一样，让表演者在演绎作品中的角色的时候呈现出一种静态的画面感。然而，舞台表演是一种动态的美而不是静态的美。所以如何进行舞美设计，帮助表演者进入某种特定的情景，让表演者、观众等与营建的特定情景相互融合之后产生"有我之境"，是设计师必须思考的问题。例如，川剧《金子》的舞美设计者之一张俊德说：一开始的大幕场景是一张巨大的天网，是由黄桷树枝桠编织成的一张网，把整个舞台背景填满，给人以逃不脱的压抑之感。网的前面有一具体的实景，是一棵很古老的、正在老去、垂死的黄桷树，这样的场景设计寓示着焦家大院的毁灭，封建势力的消亡。演员在巨大的网和高大的枯树营建的氛围中显得很渺小和无助。树上有一点绿色，还没有完全枯死，这样的设计预示着在焦家大院中发生的抗争的力量是很微弱的。演员在这样的舞美设计中很容易进入有我之境，金子的悲剧会牵扯着观众的心。

图 14-3　阳俑、张俊德 2003 年川剧《金子》舞美设计

图 14-4　张俊德 2003 年川剧《金子》舞美设计手稿

（三）有我之境之表现

音乐是我们生活中的一部分。从音乐史的角度，我国的音乐特指中国器乐与中国声乐，其历史可以追溯到黄帝时代，之后孔子传六艺再到近代西方音乐的影响，中国音乐在吸收外来音乐要素的同时也在不断地变化。中国自古号称"礼仪之邦"，从古至今，音乐对于

人格的养成、地区文化的表达和国家与国家沟通等方面都有着很重要的作用和地位。孔子提出"兴于诗，立于礼，成于乐"。诗歌的感染力可以启迪民众的心智、陶冶其情操；礼仪的约束力，可以规范民众的行为举止，是社会文明的体现；音乐是生命的一种律动，适合自身呼吸，心跳的音乐会让人产生共鸣，共鸣就是"有我之境"的一种表达形式。当快乐的时候，可以随着动感的音乐一起律动；当平静的时候，可以随着轻音乐一起静静地思考和放松；当悲伤的时候，可以随着节奏舒缓、歌词悲伤的音乐尽情哭泣。这就是听音乐的"有我之境"状态。再例如，钢琴家们在舞台上演绎钢琴曲的时候，全身的状态会随着音乐的起伏而起伏，头发会随着音乐的激荡而激荡。当指尖与琴键碰撞的时候，演奏者会用心去感受每一个音符的轻重变化而产生"有我之境"。

影视之中的"有我之境"，俗称"入戏"。比如1987年拍摄的电视剧《红楼梦》，该剧拍摄时长三年，选择演员耗费了几个月的时间。为了更好地还原原著中各个角色的状态，导演请了红学专家给演员们做了长达三个月的知识培训，所以在演绎红楼故事的时候，演员们的每一个眼神都被情感所填满。在央视的一期访谈节目中，演员们谈到该剧影响了他们的人生，且在演绎完这一部电视剧后，有很多演员久久无法走出这部戏，并对世界的认识和对人性的认识发生了改变。一旦进入"入戏"状态，演员们往往脱离"有我之境"所需的时间很长，有的演员达到"有我之境"之后无法走出，甚至采用极端方式。例如，出生于澳大利亚珀斯市的影视演员希斯·莱杰，2007年主演动作电影《蝙蝠侠：黑暗骑士》，凭借饰演小丑角色的优秀演技夺得了第66届美国金球奖最佳男配角奖与81届奥斯卡金像奖最佳男配角奖。由于他过于融入小丑这一个角色，没能走出戏外，最终在2008年1月22日被发现死在公寓中。在影片中他将小丑这一角色夸张癫狂的性格以及特点中藏着的洒脱、癫狂、从容、冷静演绎得淋漓尽致，因为演得过于真实，让许多观影者一致认为该演员是塑造小丑这一角色最成功的，并且将其所饰演的小丑当成一种符号，观看影片后的人们提到小丑首先想到的不是马戏团表演的人，而是这位电影中小丑的扮演者。该表演达到了"有我之境"的一种特殊的形式"无我之境"，将自身与自己所从事的工作融为一体，完全忘掉自我、全身心投入的状态。希斯·莱杰演完戏很久了，还认为自己就是那个小丑，沉浸在戏中"小丑"的喜怒哀乐中，忘掉了现实生活中的自己。

二、人生中的有我之境

（一）自我凸显之境

人生中的"有我之境"有多种理解。一种就是"有自我"的意思，每一个人的心理发展过程是社会化的过程。社会化是人自身通过后天不断地学习并受生活环境的影响所形成的一种社会经验、社会联系和社会关系掌握和再现的过程。社会化使得我们学会共同生活和有效交互。"自我"是在社会化过程中与"他我"相对而言的。爱利克·霍姆伯格·埃里克森是一位德裔美籍发展心理学家与心理分析学者，以其心理社会发展理论著称。埃里克森的人生八阶段论述，每个阶段都有自我意识的表现特征。如青春期（12 ~ 18 岁）、中年时期（40 ~ 65 岁）、老年时期（65 岁 ~ 死亡）的"有我"（指有"自我"）表现是不同的。

图 14-5　阅读之人，心无旁骛（彭泰祺绘）

　　青春期（自我同一性和角色混乱的冲突），"我"这一概念尤其突出，是自我身份认同、后天能力、社会角色的经验累积的时期。在这一阶段，会产生两种不同的状态：第一种是同一性认同，就是"我"对自身的价值观以及以后的发展的一种认同；另一个是角色混乱，在这一状态下，会对"我"产生强烈的怀疑，因为处在这一状态好似在淌过人生阶段中的一道沟壑。

　　中年时期（生育等导致的与专注自我的冲突），可能面对两种生活：第一种是有儿女的生活，因为有了子女，我国大部分人会将"我"这一状态转移到子女身上，会将子女当成自身生命以及梦想的延续，这样的我是爱"我"的延续，也是一些"荒诞"的开始；第二种是没有儿女的生活，因为没有子女的牵绊，"我"可能会将毕生的精力全身心地投入到自身的梦想实现以及事业发展中去，在擅长的领域达到可喜的成就。当然这种情况是排除了一个特殊的"我"——被生活所抛弃，被现实所击败的人，因为这一类人已经失去了有"我"之境，处于一种游离状态。

　　老年时期（自我调节与绝望期的冲突），"我"开始放慢了脚步，当停下来的时候，很多人会有不安与空虚感，会感到莫名的心慌以及对未来的迷茫。"我"将来还可以做些什么有意义的事情，生活从此进入新的挑战，如何避免乏味、单调和孤寂，这些都是这一时期要思考的问题。

　　只要人的自我意识在，不管在人生的哪个阶段，孤独感都会伴随着我们，在孤独之境中，"自我"仿佛舞台聚光灯下的表演者，特别被凸显。孤独之境中的"我"也仿佛置身在一个密闭的小黑屋，那时人的感官会异常的灵敏，在当下流行的一种线下多人娱乐形式"密室逃生"中能体会到这种在封闭空间中带来的压迫感，因为每一个人都有不同程度的幽闭恐惧症，就好像一直打气的气球最终在某一时间节点会爆炸，支离破碎化为点点繁星消散。最好的一种情况就是享受孤独，在孤独中观内心，审视自我，发现真正的自我，重新思考自己所需，在孤独空灵的寂静中朝着新的方向不断地前进与努力，提升人生境界。

（二）自我消融（忘我）之境

"人生境界说"是冯友兰人生哲学的精华部分，冯友兰所说的自然境界、功利境界、道德境界和天地境界实质上对应着人的物质性、个体性、社会性和精神性这四种层级。在他看来，一个人"自我意识"的有无及其强弱是反映或决定他的人生境界高低的关键。人对自然的处理和对待取决于人的自我观和人生观等，而非本能地、被动地自然境界，也非为做事以谋己之利的功利境界，高一点的境界是为他人的道德境界；最高的境界是认真思考天地人的关系并以开阔的视野、实事求是的认知、脚踏实地的方式践行着自己的人生理想并常驻此境界。

科学家的人生境界是怎样的呢？我国神经生物学家、生理学家杨雄里院士在回忆其导师、我国视觉研究的奠基人刘育民先生的时候，在师恩难忘的深情追忆里，处处闪烁着科学家的有我之境光芒，即王国维在《人间词话》中的三种境界。"昨夜西风凋碧树，独上高楼，望尽天涯路。"此乃第一境界；"衣带渐宽终不悔，为伊消得人憔悴。"此乃第二境界；"众里寻他千百度，蓦然回首，那人却在灯火阑珊处。"此乃第三境界。通俗地说，科学家所从事的事业是惠及全人类的，是超越"有自我"的"有大我"。在勇攀科学高峰的过程中，第一境界无论"昨夜西风凋碧树"的形势多么恶劣，无论"自我"怎样被煎熬，爬上高楼，登高望远，用理性调控自己的情感，"自我"会被压抑；第二境界是无论自己如何备受煎熬，自身的情感全部投射到了所追寻的对象中，自我与自身所从事的事业合二为一，既然方向正确，目标清晰，即使憔悴，仍风雨兼程，有强大的行动信念支撑；第三境界中，"寻"即行动，"寻他千百度"意即尝试各种可能性，无数的磨难之后依然初心不改，"蓦然回首"意思就是要不断地反思、总结，明察秋毫，最后是"那人却在灯火阑珊处"，也就是说在精微处柳暗花明，这是何等的宏壮之美！

无论是科学精神，还是科学家对人生高境界的追求，都是可以传承的。杨雄里院士的导师刘育民是冯德培院士的嫡系门徒。冯德培是中国神经肌肉生理学研究的开拓者，曾创

图 14-6　杨雄里先生

图 14-7　刘育民先生

建和长期领导中国科学院生理生化研究所、中国科学院生理研究所，在生物能量的力学、神经信号的化学传递等研究方面为中国生命科学的发展、培养中国生理学人才，做出了重要贡献。在"文化大革命"期间，年过花甲的冯德培屡遭批斗，但对科学研究的执着让他的生命意志绽放出璀璨的光芒，在杨雄里纪念冯先生的文章（《永恒的回忆——怀念冯德培先生》，2020）里记载着这些情景：冯先生刚获自由就立马投入研究，直至生命走到尽头的时候，在病房里，气管已切开，手都拿不稳笔，在护士的帮助下还写下了一行难以辨认的字，杨雄里仔细辨认才发现是其拟总结的论文英文题目。杨雄里作为晚辈与冯德培先生相识与共事共 35 年，印象最为深刻的是，作为一位科学家，非

图 14-8　冯德培先生与其师弟 1970 年生理医学诺贝尔奖得主 Bernard Katz 以及 1974 年诺贝尔奖得主合影
前排从左到右：John Nicholls、Bernard Katz、冯德培、Jeff Lichtman。

凡的科学成就与其对科学无与伦比的献身精神、活到老学到老的热情、分析科学问题时所表现的清晰的逻辑性以及严谨的治学和严格的自律分不开。更重要的是冯德培深深热爱着自己的祖国。在冯德培以出色的成绩取得博士学位后，他放弃了在西方发达国家发展的机会，回到了正处于军阀混战、民不聊生的祖国开辟研究疆域。冯德培在培养学生方面，总是希望学生们与国际第一流科学家们站在同一前沿上，在冯德培先生看来，爱国是首位的。20 世纪 80 年代留学热兴起之际，他谆谆告诫研究生们"英雄用武之地在中国"。

　　20 世纪 50 年代末，刘育民先生在冯德培的举荐下，去瑞典格兰尼特教授（1967 年诺贝尔生理或医学奖得主）的实验室进修，1960 年伊始回国后，历经艰辛，在中国科学院生理研究所创建了视觉生理研究室，为中国的视觉研究能在国际学术界占有一席之地奠定了基础。杨雄里于 1963 年师从刘育民先生。在刘育民先生的指导下，杨雄里通读了《眼睛的生理学》和《眼睛》（4 卷），奠定了从事视觉研究的基础。在杨雄里先生学术起步之初，刘育民先生曾直截了当地指出其在动手做实验方面的弱点，使其终生受用不尽。杨雄里一方面通读经典的文献，一方面开始熟练相关的电生理技术，但 1964 年夏季被安排去上海郊县参加"四清工作队"，第二年夏天才有机会着手视色素漂白和复生动力学研究的课题准备工作。之后，席卷中国大地的"文化大革命"使杨雄里先生遭遇了各种政治上的审查，甚至被怀疑可能是新发展的国民党中统、军统特务。即使在这段黑色时期，他并未放弃专业学习，并在熟练掌握俄语、英语、德语的基础上自学法语和日语。在"文化大革命"中后期，他继续"灯光诱捕海水鱼机理研究"和"中国人标准眼"的研究，为其在十年浩劫后的科学研究奠定了工作基础。他的勤奋和科学研究深得冯德培的欣赏，"文化

大革命"结束，冯先生在重组中国科学院原上海生理研究所学术委员会时，毅然将当时还只有中级职称（助理研究员）的杨雄里聘为委员。1985 年秋，又力排众议，将 44 岁的杨雄里推入了中国生理学会常务理事会。在杨雄里去哈佛大学之前，谆谆叮嘱其更快地走向国际，为中国的生理学的发展尽心尽责。杨雄里不负嘱托，在视网膜第二级神经元接收的光感受器信号及其相互作用的分析方面；在外层视网膜神经元反应特性为明、暗的调制及其可能机制方面；在视网膜神经元表达的氨基酸受体和转运体的确定方面；在视网膜中信号传递的调制及其机制等方面的研究推进可圈可点，为阐明脑的基本信息处理机制的一种良好的模型建构做出了卓越的贡献。作为冯德培先生的再传弟子，杨雄里继承了前辈们不畏艰险、严谨治学的品格。

无论从事什么事业，最关键的是要全身心投入，最后才能达到人生的高境界。体育健儿们用自己的青春与血泪谱写了崇高的、超越"自我"的"有我之境"。例如，徒手攀岩者、海里冲浪者在常人不可思议的极限运动过程中进入自身独有的"有我之境"，这是一种对野性的渴望，他们在过程中体验到了灵魂的升华，这样的"有我之境"拥有着无与伦比的吸引力。有的人对野性的渴望表现在生活中饲养毒物并在饲养过程中尝试了解动物的习性，因为热爱，他们将这些随时可以致命的死神当成生命中的一部分，进入"忘我"的"有我之境"。总之，无论从事什么事业，"有我之境"的最高境界是基于天、地、人三者的系统思维，在追求事业的过程中，自我逐渐弱化，自身和事业融为一体并能产生造福自然或者社会的、具有更多创造性的幸福之境。

三、有我之境之修行

以我国一线药理与毒理学研究者吉永华的成长故事为例。他在回顾自己的人生经历时，满怀深情地说起"一指航""一碗面""一促燃""一提醒""一堂课""一问号""一训斥"等情景，感恩那些足以刻骨铭心的"贵人相助与点津"。

图 14-9　人生至美境界，一览众山小
（彭泰祺绘）

（一）立身有定位，人生有目标

"一指航"：每当吉永华提及他科研起步的往事，会说起徐科导师等前辈们的领航。吉永华很庆幸自己入职中科院生理所时被分配到徐科先生领导的研究小组。起初两年，他跟班见习，以江浙一带蝮蛇毒素的科研课题为切入点，分离纯化凝胶的预处理、色谱柱的装填、缓冲液的制备、洗脱液的收集、凝胶电泳制备与鉴定等，周而复始。那时恰逢"文化大革命"结束，全国的科技事业亟待振兴。科研到底做什么？怎么做？当时海峡对岸的中国台湾科学家李镇源研究团队从中国南方银环蛇毒液中发现了一个特异性阻断突触后胆碱能受体的多肽毒素，命名为 α- 银环蛇毒素（α-BUT），极大地推进了对长期困扰国际生理学、药学和生化学界的关于神经传导胆碱能受体功能的学术难题解读。或许受到这一令人振奋的科研成果启发，冯德培先生、曹天钦先生和徐科先生等前辈科学家们，以他们敏锐的眼光，纷纷发声主张中国大陆的科学家要开拓生物毒素研究领域。时逢对越自卫反击战爆发，前线不时传闻栖身猫耳洞的部分北方战士十分忌惮毒蛇的出没，非战斗减员频现。由此凸显出了生物毒素研究的理论与现实双重价值与意义。俗话说，巧妇难为无米之炊，我国处在生物毒素研究起步阶段，拿到毒蛇的毒液并非易事，而且，生物毒素课题研究的首要挑战是要弄清"What"，如江浙一带蝮蛇的毒液中的毒性成分究竟是属血循毒素还是神经毒素，是单体或混合体？对此探究明了可直接惠及临床诊治。经过数年的探索，徐科先生的研究小组率先证实了中国江浙一带蝮蛇毒液中的主要毒性成分属兼有磷脂酶 A2 活性的突触前神经毒素，将其命名为 Agkistrodontoxin。在此基础上，吉永华受命重新审视江浙蝮蛇毒性成分，发现了另两个 Agkistrodontoxin 的同源异构体，命名为 AgTx-2 和 AgTx-3，并验证了 Agkistrodontoxin 是以三个异构体聚合的方式发挥体外的毒理功效。经过两年的见习期考验，1982 年，徐科先生希望由吉永华开辟中国蝎毒素的研究，当时，除了听过"蛇蝎心肠"一词，对于生活在南方的吉永华来说，从未见过蝎子是什么形状的物种，但是，吉永华知难而上，他一头扎进图书馆查阅相关资料，连续 7 年在惊蛰时节，孤身或结伴北上河南、山东的边远山区收集毒蝎，采集蝎毒液，因陋就简地采用冰冻干燥处理方式采集到了蝎毒样本，从此，他踏上了针对中国蝎毒素研究的主战场的立身之路。期间，他还陪同徐科先生多次奔赴新疆伊犁地区，采集分布在当地草原上令人闻之色变的"穴居狼蛛"标本，并对其毒液中的生物活性成分进行了筛分鉴定。

（二）信念、使命感和兴趣等内在动力驱动

人生的动力多受惠于关爱和鼓舞。

"一碗面"：1978 年，初到上海的吉永华举目无亲，听不懂也不会说上海方言，常被身旁的同龄同事讥笑为"乡下人"，每天除了规律性地从集体宿舍到实验室"两点一线"外，没有其他活动，难免会有孤独感。1982 年冬季的一天深夜 11 时许，时任中科院上海生理所党委书记的巴延年在研究所大楼查房，当他发现吉永华还孤身在实验室埋头工作，便悄悄到研究所的食堂，请大厨师傅下了一碗大排面。当巴延年书记亲自把这碗热腾腾的大排面端送到吉永华手中，顿时令吉永华万千感动！一位身居高位的书记亲自为下属送面，实属难能可贵、难得一见！巴延年书记带头实干的作风，坚定了吉永华爱党爱国的信念。

"一促燃"：1986 年吉永华首次陪同恩师徐科先生出访日本，在名古屋机场归国候机时，徐科先生含泪感叹道："日本是战败国，我们是战胜国，为什么几十年之后，两个国家的差距会如此之大呢！"此情此景，对 31 岁的吉永华产生了极大的心灵撼动，内心深处进

发出强烈的使命感。从那一刻起吉永华便立志："如果日本人是百分之百的工作投入狂，那我今后必须百分之一百二十地加倍拼命，为我国科研事业穷尽微薄之力！"之后，他曾数次受邀前往日本冈崎国立生理学研究所进修深造，期间他攻坚克难、废寝忘食地操劳在实验平台的课题上，夜以继日，专心致志，每次都载果而归。1994年，39岁的吉永华以前期十余年的科研勤劳结晶，以《中国产东亚钳蝎神经毒素的研究》为题的药学论文，荣获日本静冈县立大学授予的药学论文博士学位。

"一提醒"：1990年左右，吉永华在图书馆阅读到墨西哥学者PossaniL.D.撰写的一篇论文，文中提到，南美和北美蝎毒素多肽结构的同源异化度分析比较结果竟与大陆漂移学说对应吻合。这是完全跨学科的学术对接，自然引起了有心读者的兴趣。于是吉永华整天泡在图书馆了解大陆漂移学说的由来，同时专注已知蝎子毒素多肽结构的资料收据、整理、对比分析。那个时候既无电脑的数据处理便利，也无相关基因的结构报道，更无大数据概念。在中科院上海生理所一年一度的年终学术骨干学术汇报会上，当吉永华坦露了对蝎毒素结构对接大陆漂移学说的兴趣后，时任生理所所长和所学术委员会主任的杨雄里先生在台下冷静地提问道："小吉，你以后是不是要搞大陆漂移啊？"一句简单的提醒让正处在自以为是的吉永华幡然顿悟。他回头静思，是呀，这是生理研究所，不是地理研究所。话说回来，对于任何人持有的兴趣，旁人无可非议。这里暂且不论产生兴趣的合理性、逻辑性和自然规律前瞻性，实现兴趣的成败因素不但取决于个人的意志坚守，更大的因素取决于现实客观条件和时空的允许。换言之，探索未知的科学本质鼓励兴趣驱动，但前提必须聚焦主业、助力主业、润色主业、敬业精业。任一远离公理逻辑、标新立异、花里胡哨博眼球式的兴趣浮躁，结局要么一事无成，要么昙花一现，成为笑柄并非个案。"一提醒"把吉永华猛然唤醒，从此，他勇往无前地在生物毒素毒理与药理学主攻方向上阔步前进。

（三）视野开阔、作风严谨、拓荒耕耘

"一堂课"：1986年初夏，吉永华陪同日本友人寺川进先生（时任日本冈崎国立生理研究所副教授，后任日本滨松医科大学副校长）前往黄山游览。当他们登上黄山顶后，短短5分钟的晴空后是大雾弥漫，继而大雨瓢泼，他们不得不避宿在黄山顶上一小竹屋内。那一夜屋外风雨交加，屋内吉永华静静地聆听着寺川进先生由浅入深的知识布道。寺川进先生先以日本丰田公司的劳工雇员举例解读马克思的资本论，什么是资本主义、什么是剥削、什么是社会主义。接着再论什么是科学，科学的挑战与难题以及科学家的担当、义务和职责。寺川进先生语重心长地教导，科学家的生涯与其他任何社会职业角色不同，必须淡泊名利，甘于无私奉献。当科学家的唯一宽慰是全世界有知音朋友，前提是必须以好斗的勇气把科研工作做得出彩、出神入化。不知不觉到了第二天的天明，讲者仍意犹未尽，听者则如醉如痴，感觉视野扩大，脑洞大开。这是一堂看似随意的漫谈，却着实让听者筑立起了终身受益的勇攀科研志向和恪守的良知底线。

"一问号"：1987 年吉永华受邀赴法国马赛北区医学院生物化学实验室进修。他把初写的一篇关于"中国产东亚钳蝎兴奋性抗昆虫毒素（BmK IT）的分离纯化"英文文稿递交实验室主任 H. Rochat 教授过目审阅。一周后，H. Rochat 教授召见吉永华，他在文稿的扉页画了一个大大的问号，随即问道："你认为 BmK IT 被提纯了吗？"吉永华当时愣住了，不知如何回答。按教科书定义，如果一个多肽或蛋白成分在高压液相色谱（HPLC）图上呈现出一个峰，在电泳图谱中呈现出一条带，就可以认为被纯化了，何况已检测出了 BmK IT 的初级序列片段结构。H. Rochat 教授接着再问："如果被纯化物中混杂了有千分之一或五千分之一的其他成分混入，用现代顶尖的物理与化学手段能检测吗？"随后他断然自答，"检测不出！但是混杂物的药理或毒理活性功能能显现出。"这是一个相当专业的科学问题，没有扎实的科研底蕴背景不可能触及到这样微妙的洞察。就事论事而言，"一问号"考验吉永华对专业知识的理解把握，细细品味，浸透了科学判断的严谨立体思维。再好的教科书都不可能全面顾及覆盖每一科研细节。科研结果或许令人喜出望外，但落笔文章结论时需慎之又慎，任何细微的偏颇或遗漏，都有可能使结论逆转。

"一训斥"：1995 年，吉永华诚邀他的博士学位导师、国际著名的内分泌生理学学者失内原升先生和他的夫人矢内原千鹤子（时任日本大阪药科大学校长）出席在北京召开的中国神经科学大会。会议期间，吉永华与矢内原升先生在他下榻的宾馆客厅里品味咖啡。矢内原升先生针对本次会议中个别中国学者一味地追捧 CNS（Cell、Nature、Science 学术期刊）文章的浮躁，颇有微词。他说道：我年轻时也发表了许多 CNS 文章，我们当今正处在残酷的全球性科技竞争环境中，科学上的理论创新或技术突破，体现在有价值的新意上，不是体现在期刊的影响因子上。取得的点滴进步结果在知识产权得到保护的前提下，要尽快发表，哪怕是不起眼的专业期刊或被收录在相关国际专业学术会议的论文摘要中，从这个层面上讲，我们要做 Science/Nature 的追崇者，绝不能做 Science 和 Nature 学术期刊的奴隶。先生关切地询问吉永华回国后的状况如何？吉永华如实地向先生汇报道，整天忙忙碌碌，带学生，申请基金，写论文，实验室建设，话未说完，先生突然拍桌怒斥道：在我面前叫什么苦！这些都是你的本职工作，只有全力以赴地做好，有效地推进完成，没有任何理由叫苦叫累！吉永华深知导师对门下弟子们"刀子嘴豆腐心"的性格，挨训后的他没有丝毫的委屈和沮丧，当他离开先生步出宾馆大门时，长舒一口气，浑身倍感充满了力量。是呀，科学工作者天生注定是探索者、拓荒者，他们因科学探秘而生，迎科学攻坚而战，默默耕耘，忍者无敌！

（四）淡泊名利、专心致志、持之以恒

吉永华的弟子们有心搜集了他平日里的一些金句，其中有些句子能说明一个科研工作者是如何成长为一个科学家的。"只顾面子，不要里子，花里胡哨，虚张声势。打扮得再夺目，依旧是个草包。"说的是不要不修内功只顾追求名声；"不讲真话，不道实情，满

图 14-10　1983 年夏季徐科先生与吉永华在新疆新源县
草原上采集穴居狼蛛标本

嘴谎言，赌场心理，通篇虚伪，雕虫小技，精致利己，教育怪异。"言语犀利，也是在告诫弟子们人生至高境界与求真、求实、专研、为社会造福的志向与追求是紧密关联的。"没有知识可以被宽容，没有良知不可以被宽容。大学是培养人格的地方，不是简单地传播知识，更不是'纸变钱'的皮包公司。"说的是大学的人才培养最核心的是健全人格的培养。"专心做好学问！"这是吉永华对自己的要求，也是杨雄里、杨福愉、韩济生、赵志奇、朱培闳、寺川进、矢内原升、诺查和徐科等国内外前辈科学家们和众多学长们对吉永华始终不渝的鞭策。"恪尽职守，敬业奉献；朴实无华，平凡华章。"吉永华时常教导学生的这几句话说的是做到持之以恒所具有的心态。

从一个从事科学研究的年轻人的成长看人生有我之境之修行，其境界提升、成长路上理想信念的高远、勇往无前的人格魅力与成长环境息息相关，在良好的成长环境氛围的熏陶下，有传承与发扬科学精神的决心，有面向人类未知领域拓荒耕耘的勇气，站在巨人的肩膀上寻找方向且定位精准、志向远大、全身投入、持之以恒，将自身与事业融为一体，这也是无数科学家们的人生有我之境之修行全过程。

四、自然中的有我之境

（一）"本我"之本能体现

自然界中弱肉强食似乎是个永恒的定理。生物学从微观的分子、细胞与器官到宏观的个体、种属与群落，每个层面都是生物演化不可或缺的环环相扣环节。虽然不是所有的动物都有意识，但是"有我"是"本我"的本能体现，本能就是趋利避害，即"利我"。

不同物种的"有我之境"表现各有不同，容易被实验者所观察的是肉食类哺乳动物在捕猎时所呈现的"有我之境"的状态。这些肉食类哺乳动物在捕猎时，它们会进入一种高度警戒状态，目的是更好地观察猎物的一举一动，随时发动突然袭击。昆虫中也存在着本能的"有我之境"，它们拥有非常强的"超能力"。比如，几公里外的生物体刚刚死去，首先出现的是丽蝇（又称青蝇），丽蝇凭着单一的气味找寻前来；8~10小时内，出现苍蝇群体（由绿头苍蝇及其他亚科的部分蝇类）以及甲虫、螨类，这些昆虫大多是法医鉴证学中的主要角色。蝇类大多数是360°环绕式视野范围，能找到最佳的落脚方式。蜜蜂除了采蜜之外，还可以通过训练去高效勘测爆炸物，它们在探测是否存在爆炸物时的反应时鼻子会延伸，通过时间表来分析它们鼻子的延伸与敲击的次数，如果敲击频率高就说明可能存在爆炸物。蜜蜂能存储大量低浓度不同味道的记忆。在未训练前，蜜蜂在接触到花朵时会自然地伸出舌头提取花蜜，这是它本能的"有我之境"的体现。经过科学的实验训练后，它们可以在识别记忆中的味道的同时做出本能动作，这也是它们有能力勘测爆炸物的特长。

被捕食者在进食的时候也进入了"有我之境"，它们在享受进食的过程，表现出自然中最本能的"有我之境"，这样的"有我之境"会被捕食者抓住时机。

回到人类与自然的关系，很多时候，以我观物，我为中心的思维方式就是人类中心主义的思维方式，也是人类作为一个物种"利我"的表现，也是本能的体现。随着社会的发展，工业化至如今信息化时代，人们对自然的过度开采，导致生态系统遭到损坏。18世纪60年代的英国掀起了第一次工业革命，煤炭的使用改变了人们的生产方式、出行方式以及思维方式。据统计，到1850年，"煤炭在英国能源消费中占比已经达到近92%，由此看出，煤炭在英国能源结构中占有重要地位，到19世纪中期煤炭已基本取代

图 14-11　东川红土地自然风景（戚序摄，2019 年）

图 14-12　东川红土地写生（戚序，2019 年）

其他能源，成为了工业革命必要的条件"。英国的社会发展达到了鼎盛时期。但是这一革命的后果使环境遭到了前所未有的污染，泰晤士河的鱼类受到重创，伦敦也随之变成了"雾都"。时代的发展，以马克思主义哲学来说，呈螺旋式上升、波浪式前进。蒸汽机的发明是时代的进步，是人们发展中的"有我之境"的必然经过。以人类为中心思考问题的"有我之境"是以牺牲许多"利益"为代价的。从砍伐树木、水体污染再到化石能源的使用，人口的剧增，最终使生态系统遭到了严重的破坏。

（二）你中有我，我中有你

环视甘肃永昌县的车辘子沟，沟内怪石嶙峋，那些怪石，你感觉像鹰就是鹰，像甲壳虫就是甲壳虫，在惊叹大自然的鬼斧神工的同时，观者被人工的痕迹——在又高又陡的山体盘旋得像龙一样的金色栈道所折服。当站在栈道亭子下的时候，头顶上一大片乌云，风吹得连围巾都变得很硬，如棍子一般。一阵风过，头上的乌云不见了，雨却在天的另一边形成。车辘子沟的石林保持着原生态，开发的痕迹仅仅是这一条像金龙穿行山间一般的栈道，自然和人工共筑了一个奇景，足以说明人与自然和谐共生的意识会让人们进入"你中有我，我中有你"的"有我之境"。保护好生存的环境，人类才能更好地发展。如果各地的开发只是处于"利我"的"有我之境"中，为发展不择手段，破坏了生存基本的"红线"，就会陷入自害之中。

毛泽东很早就认识到植树造林的重要性，在中共苏区时期，他就鼓励老百姓植树造林以防止水土流失。此后，毛泽东率领部队南征北战，植树造林仍是其牵挂的工作。1944年，毛泽东在延安大学开学典礼上指出："陕北的山头都是光的，像个和尚头，我们要种树，使它长上头发。"以邓小平为核心的党的第二代中央领导集体开始由"点"到"面"保护与治理生态环境。这一举措为新时代生态文明建设奠定了良好的基础。江泽民创新性地指出："保护环境的实质就是保护生产力，这方面的工作要继续加强。破坏资源环境就是破坏生产力，保护资源环境就是保护生产力，改善资源环境就是发展生产力。"从生产力的视角来考虑环境保护问题，为推进生态文明建设的生态生产力奠定了基础。在新世纪新阶段，以胡锦涛同志为总书记的党中央，开启了生态文明建设。2005年，胡锦涛在中央人口资源环境座谈会上指出，要"在社会大力进行生态文明教育"。此后中共十七大报告将"建设生态文明"列入全民建设小康社会的奋斗目标。党的十八大以来，习近平总书记非常重视生态文明建设，在中共十八大报告中将生态文明列入"五位一体"的总体布局中。推进生态文明建设，从根本上改善生态环境，实现人与自然和谐共生。人与自然的和谐共生是去人类中心思维的"有我之境"的体现。"尊重自然"，既要尊重外部自然的优先地位，尊重自然的价值与规律，还应该"从'共同体'的高度，赋予自然以'人道主义'"，这也是"有我之境"的含义。"尊重自然"不是盲目地敬畏自然，而是主张有限地利用自然。"尊重自然"与"以人为本"并行不悖，以"尊重自然"为内在要求的"以人为本"才能超脱片面与狭隘的思维，避免陷入人类中心主义的泥潭。

图 14-13　甘肃永昌县车辘子沟的石林与栈道

十八大以来，国家立足于构建人与自然和谐共生的"生命共同体"，提出了系列生态文明建设的新理念与新的战略举措，发展生态文明是人们对发展中的以人类为中心的"有我之境"的意识所造成后果的一种补偿，是为了更好地营建人与自然共生的"你中有我，我中有你"的"有我之境"。自然生产力与社会生产力的内在联系，是生态环境生产力的直观表达。缺乏生态环境生产力的强有力牵引，经济社会发展就会偏离人与自然"生命共同体"的航道。新时代推进生态文明建设，必须始终坚守生态环境生产力这根"绿线"，构建法治"高压线"。

第十五讲　无我之境：从"以物观物"到"天人合一"

15

胡　俊

　　"无我之境"是中国古典审美的高阶追求，它与"天人合一"的艺术表达，互为因果，构筑起中国艺术的独特面貌，并具有心理疗育之效。所谓"无我之境"就是"以物观物"的思维方式，其作用在于避免选择性观看的偏狭，从而开启批判性思维的空间，即邵雍（1001—1077年）《皇极经世·观物篇》中所谓"反观"——"圣人之所以能一万物之情者，谓其圣人能反观也。所以谓之反观者，不以我观物也。不以我观物，以物观物之谓也。既能以物观物，又安有我于其间哉？……此所以能用天下之目为己之目，其目无所不观矣。"

　　"无我之境"在中国山水诗画中表现得尤为突出，是中国诗歌与绘画卓尔独立于世界艺术之林的审美根基。于21世纪，生态美学渐趋主流之际，"无我之境"对当代人的审美仍然具有重要启迪。

学习导入

图 15-1　八大山人　《孤禽图》

请问这只鸟在看啥？

世界画坛有史以来最贵的一只鸟！2010 年《孤禽图》由北京瀚海拍出 6272 万人民币高价。作者是明末清初画家朱耷，号八大山人。他是明太祖朱元璋第十七子朱权的九世孙。明亡后削发为僧，后改信道教。他画鱼、鸭、鸟等，皆以白眼向天，笔墨放任恣纵，不论大幅或小品，都浑朴酣畅又明朗秀健，章法结构不落俗套，在不完整中求完整。

一、由苏轼《赤壁赋》看"无我之境"的美育作用

王国维（1877—1927）在《人间词话》中说："无我之境，以物观物，故不知何者为我，何者为物？"所谓"无我之境"，就是避免以"我"为中心的偏狭视角，以更开放的视角，开启"我"心理自由的空间。这样一种审美方式，对于中国古人，是一种乐观面对逆境，保持积极人生态度的自我心理疗愈重要方式。中国散文名篇，（宋）苏轼的《赤壁赋》（1082）就生动地描绘了这一审美方式的心理作用过程。苏轼在一生最为困苦的时期，正是以这样一种"以物观物"的审美方式，从山水审美中获得心理的滋养，使他在逆境中保持乐天的态度。

在中国古代，君子学而优则仕，他们不仅以文学艺术陶冶情操，更以兼济天下为己任。因此，在践行社会责任时，高尚者不屑折腰屈节以媚权贵，不免因讽谏时弊而获罪。苏轼就是这样一个古代君子的典型。当他看到王安石新法在执行过程中存在诸多流弊，如青苗法加重农民负担、鼓励告密等，便在诗中隐讳地表达对时政的不满，对人民苦难的同情。结果，于1079年遭御史弹劾，以诽谤朝廷之罪被捕入狱，受到酷刑折磨，几乎一死，史称"乌台诗案"。当年十二月，苏轼被贬谪为黄州团练副使，但"不得签署公事，不得擅去安置所"。其境遇，实为一流放的犯人。在遭受人生最大挫折，生活最为苦难之时，他不但没有消沉，反而优哉游哉地泛舟赤壁之下，以其山水体验创作了一篇清新脱俗的游记文学《赤壁赋》。这样一种在逆境中保持健康乐观的心理能力，绝非一般人所能比拟。

赤壁赋

苏轼

壬戌之秋，七月既望，苏子与客泛舟，游于赤壁之下。清风徐来，水波不兴。举酒属客，诵明月之诗，歌窈窕之章。少焉，月出于东山之上，徘徊于斗牛之间。白露横江，水光接天。纵一苇之所如，凌万顷之茫然。浩浩乎如冯虚御风，而不知其所止；飘飘乎如遗世独立，羽化而登仙。

于是饮酒乐甚，扣舷而歌之。歌曰："桂棹兮兰桨，击空明兮溯流光。渺渺兮予怀，望美人兮天一方。"客有吹洞箫者，倚歌而和之。其声呜呜然，如怨如慕，如泣如诉；余音袅袅，不绝如缕。舞幽壑之潜蛟，泣孤舟之嫠妇。

苏子愀然，正襟危坐，而问客曰："何为其然也？"客曰："'月明星稀，乌鹊南飞。'此非曹孟德之诗乎？西望夏口，东望武昌，山川相缪，郁乎苍苍，此非孟德之困于周郎者乎？方其破荆州，下江陵，顺流而东也，舳舻千里，旌旗蔽空，酾酒临江，横槊赋诗，固一世之雄也，而今安在哉？况吾与子渔樵于江渚之上，侣鱼虾而友麋鹿，驾一叶之扁舟，举匏樽以相属。寄蜉蝣于天地，渺沧海之一粟。哀吾生之须臾，羡长江之无穷。挟飞仙以遨游，抱明月而长终。知不可乎骤得，托遗响于悲风。"

苏子曰："客亦知夫水与月乎？逝者如斯，而未尝往也；盈虚者如彼，而卒莫消长也。盖将自其变者而观之，则天地曾不能以一瞬；自其不变者而观之，则物与我皆无尽也，而又何羡乎！且夫天地之间，物各有主，苟非吾之所有，虽一毫而莫取。惟江上之清风，与山间之明月，耳得之而为声，目遇之而成色，取之无禁，用之不竭。是造物者之无尽藏也，而吾与子之所共适。"

客喜而笑，洗盏更酌。肴核既尽，杯盘狼籍。相与枕藉乎舟中，不知东方之既白。

《赤壁赋》生动地描述了苏轼与客由悲转喜的心理变化的过程。

在《赤壁赋》的第一、二段，是借用山水之至乐与箫声之哀怨的反差引出话题——箫声为何如此之哀怨？

第三段是借主客之间的问答，由箫声之哀怨引出"哀吾生之须臾，羡长江之无穷"——客悲叹自我生命价值之渺小。这个悲叹是客从"我"的立场出发，以易逝的人生对照永恒的自然而引发。

第四、五段，则是苏轼摆脱"我"的立场，对客的心理进行疏导。苏轼跳出"我与自然"的比较范式，从"无我之境"引发出"物与我皆无尽也"的结论，使"客喜而笑"。

苏轼通过"水"与"月"的对比，产生一个新的视角。"水"的特点是"逝者如斯，而未尝往也"——水是流逝的，但河是常在的；"月"的特点是"盈虚者如彼，而卒莫消长也"——虽然每天盈亏变化，但月月满月，一如既往。

这一"水"与"月"的比较，不是从"我"的视角，而是从大自然的视角来看问题。比较"水"与"月"，苏轼总结出一个具有普遍性的规律：变与不变，只是视点的不同。从这一规律判断，"我"必然也有不变的一面（即便"我"不自知）。这样一来，就超越了日常经验的局限，得出新的认识——"自其变者而观之，则天地曾不能以一瞬；自其不变者而观之，则物与我皆无尽也。"

其思维逻辑可以这样分析：

①因为"水"与"月"有变的一面，也有不变的一面；所以一切如"水"和"月"的事物必然也是如此。

②虽然人的生命无常，像"水"一样易逝，又像"月"一样有圆有缺；但一定也像"水""月"一样，有恒久不变的一面。

③这一判断，进一步得到了山水审美的体认支持，即生命是有限的，而审美体验是无限丰富的。"我"的生命存在与天地相比，"不能以一瞬"；且我所占有之物也是十分有限，因为"天地之间，物各有主，苟非吾之所有，虽一毫而莫取"。但是，我在大自然中的生命体验却是"无尽"的——"惟江上之清风，与山间之明月，耳得之而为声，目遇之而成色，取之无禁，用之不竭。是造物者之无尽藏也。"

④从"无尽藏"的角度看问题——"物（清风、明月）与我（生命体验）皆无尽也"——建立起一个新的"吾与子之所共适"的心理结构。

"水""月"的变与不变的特点

	变（不能以一瞬）	不变（无尽）
水	逝	未尝往
月	盈虚	卒莫消长
我	生命	体验

从"有我之境"观自然而产生的悲叹，就此得到了化解。这新建立的心理结构不是基于"我与自然"的比较关系，而是基于"水"与"月"的比较关系。悲叹来自于"有我之境"，而化解来自于"无我之境"。这种由"有我之境"转向"无我之境"，由山水反观自我的思维方法，对于主客来说都产生了实际的心理疗愈作用。不仅如此，对读者也产生同样的心理作用。清代余诚《重订古文释义新编》评曰："从渺渺抒怀，引出客箫，复从客箫借吊古意，发出物我皆无尽的大道理。说到这个地位，自然可以共适，而平日一肚皮不合时宜都消归乌有，哪复有人世兴衰成败在其意中？"苏轼《赤壁赋》因采用这样一种"无我之境"文学手法，拓展了读者的视野，在山水审美中净化了人的心灵，成为不朽如清风明月的文学绝唱。

二、"无我之境"的认识论基础

"无我之境"作为"以物观物"的认知方式，具有"被动综合"的认知特点。

所谓"被动综合"之"被动"就是撤除观看主体的选择性，使观看行为如一面镜子的反射，事无巨细地呈现客体。这种观看方式不同于"主动"观看，主动观看行为是一个有选择的行为过程，如同在照相过程中要取景、对焦、调光圈，是对客体有选择地观看。两相比较，"被动"观看所获得的信息，会比"主动"观看的信息量更多、面更广，因而会产生更多超出预期的可能性。但是，"被动"观看的无目的性，也会带来信息的紊乱无序，这就需要一种"以物观物"的技术来对信息进行"综合"处理，是为"被动综合"。

邵雍在《皇极经世·观物篇》中，以镜子与水的映射比喻这种"被动"观看，以"反观"定义"被动综合"所产生的认知作用。他议论道：

> 夫鉴之所以能为明者，谓其能不隐万物之形也。虽然鉴之能不隐万物之形，未若水之能一万物之形也。虽然水能一万物之形，又未若圣人能一万物之情也。圣人之所以能一万物之情者，谓其圣人能反观也。所以谓之反观者，不以我观物也。不以我观物，以物观物之谓也。既能以物观物，又安有我于其间哉？是知我亦人也，人亦我也，我与人皆物也。此所以能用天下之目为己之目，其目无所不观矣，用天下之耳为己之耳，其耳无所不听……

以"镜"与"水"比喻观看，是经典的中国哲学认识论表述方式。在唐代《六祖坛经》中就记载了区分禅宗南北的两偈，两偈都以"镜"为喻，表达对佛法的认知方式。分别是：

> 身是菩提树，心如明镜台。时时勤拂拭，莫使有尘埃。（神秀）
> 菩提本无树，明镜亦非台。本来无一物，何处惹尘埃？（慧能）

虽然两偈都认同"镜"的被动映射观看方式是佛法认识论的核心要义，但两偈表达的佛法修为境界有高低之别。神秀的"时时勤拂拭"不够彻底，仍然是以主动的方式介入，唯慧能以"本来无一物"彻底否定了主动介入的必要性与可能性。从禅宗衣钵传于六祖慧能来看，显然禅学上认为"本来无一物"的彻底"被动"较"时时勤拂拭"的"主动"更胜一筹。

以"水"喻观看，则可见于《庄子·内篇·德充符第五》："人莫鉴于流水，而鉴于止水，唯止能止众止。"其大意是：流水有波动，不能当镜子照，只有静止的水才能当镜子照。人的认知也是如此，只有在内心的波动（主动心理）消除时，人心才能像镜面一样反映客体的全貌。说的也是消除观看的主动性，用被动的观看方式才能产生这样的认知作用。

在邵雍的议论中，之所以偏爱以"水"为喻（"虽然鉴之能不隐万物之形，未若水之能一万物之形也"），或许就是因为"以水为鉴"更明显地包括了"鉴于止水"的内涵——"唯止能止众止"——消除水的流动（主动思维）才能全面反映事物。

庄子所谓"止众止"在邵雍的议论中表述为"一"的概念。所谓"水能一万物之形"，就是说水能全面反映事物之形状。所谓"圣人能一万物之情也"，就是说圣人能全面认识事物的情状。之所以发生"一"——全面认知的作用，是因为在"无我之境"中"以物观物"就如"水"之映物，是"用天下之目为己之目，其目无所不观矣，用天下之耳为己之耳，其耳无所不听……"相较于以"我"为中心的选择性认知，"以物观物"就能"无所不观"，从而产生"反观"的作用——发现"有我之境"的主动认知力所不逮之处。

"无我之境"在中国诗学、画学、武学中，均有丰富的实践，呈现出精彩的民族文化贡献。历史的事实表明，"无我之境"并不是虚无主义的，而是一种真实有效、能产生创造力的认知方式，且这一认知方式基于中国独特的山水审美文化。以苏轼《赤壁赋》为例，"无我之境"塑造出中国人的智慧、包容、坚韧的民族性格，对中国历史文化产生过深远的影响。理解"无我之境"的审美发生方式，对于继承这一优秀文化遗产，具有重要意义。

三、"无我之境"在中国诗学中的呈现

中国山水诗之成就，塑造了中国审美文化的民族性。中国山水诗入于"无我之境"，表现为无第一人称的叙事而能直指人心，产生心灵的感动与哲理的深思。西方诗歌掌握这一种诗意表达方式，要到20世纪意象派兴起之后，并且是经由日本诗歌间接受到了中国诗歌的影响。

山水诗是中国文人雅士陶冶情操的主要媒介之一，具有通过"比兴"产生"适应与复元"之效。以下赏析最短的一首山水诗《墨泉》，以说明中国诗学入于"无我之境"，"以物观物"产生"反观"作用的审美认知机制。《墨泉》虽然不是中国山水诗的名篇，却是"无我之境"的极端化呈现。这是一首由无名氏创作的"一字联"，上下联共两字，一联一字，且无人称主语。

虽然上下联之间是一种对仗的关系，也就是"墨"与"泉"两字之间，平仄相对的音调关系和词性相同的语法关系；但乍看该一字联，很难理解其诗义，因为只有两个名词，既不是主语、宾语，也没有动词谓语，构不成完整的句式。

然而，《墨泉》一字联却是一个"以物观物"发生诗意的典型案例。方块汉字对联能让纵向书写的上下联横向对称地"悬挂"，并借助了人双眼横看时视域较宽的自然优势，

《墨泉》	
无名氏	
墨	泉

墨	泉
黑	白
土	水

使纵向阅读过程中，在横向上、在上下联之间可以形成逐字配对。这种因方块汉字而特有的书写与呈现方式，是拼音文字所不可能实现的，也因此带来了中国格律诗独有的诗意发生机制——对偶或对仗。

在《墨泉》这副对联中，虽然"墨""泉"两个汉字的对偶不能直接产生意义，但由于每个汉字都是上下结构，各由两个汉字组成，上下两个部首分别组成两个有约定俗成意义的对子。

上部是黑对白，下部是土对水。一旦读者识别出这两对传统的对子，它们就立刻以直觉的方式，催化出《墨泉》一字联的丰富诗意来。丰富的诗意，并不是通过一长串概念思维、前后相继的线性语法句式产生的，而是通过视觉化的"以物观物"、非线性的直觉思维发生的。

乍看之初，"墨"与"泉"不产生逻辑关系。墨是书画的材料，它与其他书画工具（笔、砚、纸等）为一类；泉是自然的一部分，它与风景、农耕、休闲等相关。但是，这只是显性的部分，另有隐性的部分：在隐喻中，"墨"作为书写工具，暗示了"仕人"文化；而自然山水中的"泉"，象征着"隐士"的文化。中国古代文人潜在地具有仕隐双重人格，"学而优则仕"是古代文人的普遍诉求，而"林泉之志"是仕人的精神家园。"仕""隐"两者之间，在社会地位上相反，但道德上相通，因为崇尚耕读文化的古代文人，其真实处境就是在"穷则独善其身，达则兼济天下"之间徘徊。但这种隐性的逻辑关系不会在两个"字"的词义之间直接发生，而是在"以物观物"的"黑／白""土／水"两两对照中才会被激活。

"黑／白"隐喻黑暗政治与光明理想之间的矛盾。

"土／水"隐喻混浊俗世与高洁品格之间的冲突。

"黑／白""土／水"使读者不由自主建立起新的"墨／泉"逻辑——把原来隐性的"仕／隐"意义显性化了。

这种不由读者阅读动机引起，而是由"墨""泉"两字中每一个字的上下对称关系引发的"以物观物"，就在读者的认知上产生了"被动综合"作用，激发出读者产生"清／浊""刚／柔"等更多与"仕／隐"相关的感官记忆联想。与泉"白"的清澄相比，墨"黑"是浑浊的。与泉"水"的流动性相比，墨"土"是坚固的（墨在古代是以固体出售的）。"清／浊""刚／柔""黑／白""土／水"综合在一起，读者会有对"仕／隐"身份认同的觉悟：一方面，君子要有"泉"的品质（清），洗涤世界，如水纳垢，无怨无悔（浊），并要有"墨"的品质，在困境中能够坚守道德，保持气节（刚）；另一方面，君子还应该像水一样保持灵活性，采取明智和实际的行动，如水流一般，无孔不入（柔）。只有这样，君子才能在黑暗政治（黑）与光明理想（白）之间，在混浊俗世（土）与高洁品格（水）之间，大隐于朝，游刃有余。

《墨泉》一字联，全诗仅有两字，没有主语，也没有动词谓语，印证了邵雍所论述的"既能以物观物，又安有我于其间哉？"一旦读者由"墨""泉"两字的结构产生了"恍然大悟"的审美乐趣，就可以体悟到在对《墨泉》一字联的认知过程中的诗意。

"无我之境"使人能够突破线性思维、语言逻辑的限制，依靠人的直觉，在"被动综合"中突破思维定式，产生创造力。像《墨泉》一字联这样一种诗意表达方式，在唐诗宋词中已臻于艺术的高峰，典型如（唐）王维《山居秋暝》无须人称叙事，仅仅在工整的对仗结构中"以物观物"就足以产生丰富的诗意。

山居秋暝

王维

空山新雨后，天气晚来秋。

明月松间照，清泉石上流。

物		物
空山		天气
新雨后		晚来秋
明月		清泉
松间		石上
照		流

中国诗人熟练运用这样一种审美方式与诗意的表达方式要早于西方诗人一千余年。直到 20 世纪初，才有庞德、威廉斯等美国诗人，受中国诗歌、日本俳句影响，创作出不依赖于人称叙事，仅仅通过"以物观物"就能生发出诗意的意象派诗歌。最经典者莫如以下两首。

地下车站

埃兹拉·庞德　钟鲲译

人群中幻影般浮现的脸

潮湿的，黑色树枝上的花瓣

红色手推车

威廉·卡洛斯·威廉斯　彭予译

那么多东西

仰仗

这辆红色的

手推车运送

雨水浇得它

浑身溜滑

旁边有

几只白鸡

这两首诗跳出了先写景物，再借景抒怀的"有人之境"西方诗歌传统。在庞德的《地下车站》只是"脸"与"花瓣"两个名词（与其表语），形成"以物观物"的对比关系，就足以呈现诗的意境。第二首诗，则是借"红色手推车"（负重）与"白鸡"（自在）的对比关系，无须第一人称表达，就足以抒情达意。

四、"无我之境"的学习方法

"无我之境"是中国古典山水诗画所共同追求的审美境界与表达方式。中国山水诗在汉魏时期还是先写景后抒怀的"有我之境"，到了唐诗宋词的山水诗高峰阶段，就创造出并推崇"无我之境"的山水诗，无人称叙事亦足以表情达意。中国山水画中，人物也越来越从画面中退隐，以至于完全不见。（晋）顾恺之《画云台山记》虽然以山水为体裁，但画中张天师与弟子们的道教故事

图 15-2 美之化境（彭泰祺绘）

仍是重要的主题；随着宋元山水画体裁的成熟，人物则几乎从画面中消失，典型的如在元四家（黄公望、王蒙、倪瓒、吴镇）的山水画中。

把几乎没有人物的山水画作为绘画的最高体裁，是中国古典美术的一大特色。唐志契（1579—1651）在《绘事微言》中说："山水第一，竹树兰石次之，人物花鸟又次之。"这与西方古典美术的地位排序正好相反，西方绘画以故事（历史）画第一，静物画次之，风景画又次之。这种明显的差别，不仅仅是表面上的美术风格差别，更是在深层次上认知方式上的差别。这种差别可以借明代画家石涛在其山水画论《苦瓜和尚画语录》"尊受章第四"中的两个概念来讨论——"识"与"受"。

"受"与"识"是佛学"五蕴"的概念。《摩诃般若波罗蜜多心经》中有"色受想行识"五蕴，即人与世界互相作用的五种方式。其中，"色"是物质本体，"受"是人的感觉器官对世界的反应，"想"是对这些反应做出喜厌判断，"行"是基于判断产生干预或逃避世界的行动，"识"是对以上互动关系形成概念化的知识。

图 15-3 美之化境：庄周梦蝶（彭泰祺绘）

"受"与"识"，在认识论中何者地位更高？中西方有不同看法。大体上，西方受基督教神学（包括新柏拉图主义）影响，认为"理念"或"上帝之旨"更高级，而人的欲望情感是低级的；这属于"先识后受"一派，在美术上就体现为表达宗教、历史等重大题材，在技法上依赖科学的透视与解剖知识。但中国画家中不存在这种地位关系，中国画家认为恰恰应该是"先受而后识"，这样在绘画题材上，就更推崇最易于产生强烈审美感受的自然山水，在技法上依赖能表达敏感情

图 15-4　倪瓒　《六君子图》

图 15-5　莫奈　《睡莲》

绪情感的毛笔用笔。

在"尊受章第四"中，石涛论道："受与识，先受而后识也。识然后受，非受也。古今至明之士，知其受，而发其所识。籍其识，而发其所受，不过一事之能，其小受小识也。"石涛的看法是，以识在先，是一种选择性的主动观看，因此很容易主观，堕入"边见"或"见取见"的障网之中；反之，以受在先，是一种被动的观看方式，能无判断地全面吸收从大自然中获得的信息，所以是"如天之造生，地之造成"，最能感悟大自然的创造力生发之道。

"先识后受"是一种"有我之境"的观看方式；"先受后识"是一种"无我之境"的观看方式。在两者之间，石涛否定前者而取后者，因为前者局限性很大，"不过一事之能，其小受小识也"，而后者具有开放性，是"古今至明之士"的选择。西方现代美术史的发展也印证了石涛的先见之明。印象主义、后印象主义，不正是以"先受后识"冲破学院派"先识后受"的囚笼，才带来西方现代主义风格的多元化发展吗？

石涛借《易》经"乾"卦来说明"先受后识"所具有的艺术创造性——"易曰：天行健，君子以自强不息，此乃所以尊受之也。"

"尊受"就是一种在"无我之境"中"被动综合"的认知方式，通过多感官输入的综合，产生直觉认知。这种认知方式本身也是一种审美的认知方式。以莫奈的《睡莲》为例，画面无有一人而情意满满，代表着印象主义之后"无人之境"在西方绘画艺术的滥觞。画中一潭池水倒映天光，这种止水为鉴"以物观物"的图像，其审美性并非局限于对自然风景的再现，而是要产生"唯止能止众止"的审美作用——即观者看画时"反观"自身，突破学院派选择性观看的局限，产生审美体验的创新。

此时，我们回到本讲的开头的问题：这只鸟在看啥？

其画境或许已经不说自明了。"无我之境"的审美目标是"反观"于我，让观者获得新的视角。

第十六讲　生命的尊严：至上的崇高与优美

16

丁月华　王茂茜　刘亭婷

　　古有陶渊明不为五斗米折腰，现有无数捍卫祖国尊严抛头颅、洒热血的英雄先烈。人应珍惜生命，更要看重生命的尊严。这一讲从对尊严的认识、尊严的产生、尊严之于个体的意义、如何活得有尊严、捍卫生命的尊严等几个方面审视生命的内在审美与社会认可。

学习导入

分享有关生命尊严的电影、电视剧、歌曲或故事引出本讲内容。

故事：春秋战国时期，有一年，齐国发生了一次严重的饥荒，一大批穷人由于缺少粮食，被活活饿死。有一位名叫黔敖的贵族奴隶主在大路旁摆上一些食物，等着饿肚子的穷人经过，施舍给他们。一天，一个饿得不成样的人用袖子遮着脸，拖着一双破鞋子，摇摇晃晃地走过，黔敖看到后，便左手拿起食物，右手端起汤，傲慢地吆喝道："喂！来吃吧！"那个饿汉抬起头轻蔑地瞪了他一眼，说道："我就是因为不吃这种嗟来之食才饿成这样的。"黔敖也觉得自己做得有点过分，就向饿汉赔礼道歉，那饿汉还是不肯吃最终饿死于路旁。

一、"尊严"释义

（一）何为尊严

《荀子·致士》中记载："尊严而惮，可以为师。"其中的"尊严"有"庄重肃穆、尊贵威严"的含义，今天，仅从字面上解释，就是尊贵和庄严。"人的尊严"指一个人具有令他人敬畏，独立而不可侵犯的身份或地位。1623 年弗朗西斯·培根把自己的著作取名为《学问的尊严和长处》，这里的尊严与社会地位无关，阐释了人为何享有"尊严"，构成人的生命尊严的必要条件是以人为主体。尊严经常出现在以信仰为基础的伦理体系里。1948 年《联合国人权宣言》第一条第一句话为："所有人拥有平等的尊严和各项权利。"康德在《道德形而上学基础》中指出，尊严是一种内在的无条件的价值，和阿奎那的关于"尊严"定义异曲同工。尊严是一种性格或者行为显现出来的性质，是一种内在的、无条件的、不可比拟的、具有特定种类的价值。"尊严"定义里的关键词有"地位""价值""平等""认同""欣赏"等。

（二）个体的尊严是如何产生的

个体尊严是在受到其他个体压迫下进行反抗而产生的，在对比自身弱的其他个体的悲悯同情、宽容关怀中也会产生。对弱者体现同情心不仅仅是人本能的反应，更需要通过教育进行引导，帮助个体对"生命尊严"有全方位认知。王小波在《一只特立独行的猪》小说中写道："人们对时事做出价值评判时，总是从两个独立的方面进行：一方面是国家或者社会的尊严，这像是时事的经线；另一方面是个人的尊严，这像是时事的纬线。"不愿受到侮辱和压迫，奋起反抗的目的是捍卫尊严，2019 年上映的俄罗斯动作短片《大天使米迦勒》中有一段台词："我想有尊严地牺牲，确认请求，请告诉我的母亲，我很勇敢，

图 16-1 《那年八岁》电影海报

战斗到了最后，但我已无能为力。请告诉我的家人，我非常爱他们，我为祖国战斗而死。"对于这世界上大部分的人而言，他们可以付出生命，但是不能丢失尊严。

个体尊严的产生有时源于个体不敢正视的现实。尼采在《古希腊国家》写道：现代人在思想方面有两点优于希腊人，对我们这样一个完全以奴隶的方式行事，同时又非常焦虑地避免使用"奴隶"这个词的世界来说，仿佛算是一个补偿，我们谈论人的尊严，我们谈论劳动的尊严。这种说法实际上是在说个体的尊严源自一种对不可抗拒的命运的超越，有些无奈，但也是一种精神胜利法。所以，"尊严"定义里的关键词还包括了"超越现实"。

二、生命的尊严不可或缺：生存意志和尊重需要

（一）生存意志的体现

对于不同的个体而言，生命尊严之需与捍卫尊严的方式各异。每个个体都有内在的，无条件的、不可比拟的、具有一种特定种类的价值认同，那是自我认同，是自己能活下去的体面感，即"尊严"。只要在认同范围内，就不会影响到他们的尊严。有意识地捍卫尊严这一过程中，你将会慢慢地、不断地发现自身新的价值，并有生命之美的体验，这种美的体验不是视觉上的观感愉悦，而是精神上的洗礼升华。2017年上映的影片《那年八岁》中天生眼盲的算命先生吴先生与年仅8岁、他雇来当领路人的小小在路途中因为被一群儿童嘲笑，在反抗过程中被儿童家长殴打致伤。吴先生与小小带着一身的伤找到打人者家中，想要一个道歉，打人者本想给点钱了事，吴先生却愤怒地将钱丢在地上，坚持要打人者向他和小小道歉，后来，在村干部的调节下，打人者给吴先生和小小郑重道歉。吴先生和小小在路上不是第一次被那些孩子们嘲笑欺负，之前，吴先生都选择了隐忍，但这一次，他选择了捍卫尊严，以此获取自我接纳的信心。

个体的生命存在于有限的时空之中，每个身心健康的个体都试图获得社会人对其个性特质和特定种类的价值认同和欣赏，并对其自身的特质和价值限度有所超越，即使身心有残疾或者丧失了某些意识的人，社会人也会在其受辱（包括被辱或自虐等）时，主动维护其作为人的尊严，捍卫尊严的行为会唤醒人内心的崇高感。作为有意识的生物体，从获得生命的那一刻起，就被赋予了感受自我的能力。当个体开始思考自我、生命的时候，会更渴望去找寻生命存在的价值以及自我之美，思考自己作为人活着的尊严等问题。英国当代艺术家马克·奎恩的作品《自我》创作于1991年，作者将自己的头建模、脱膜，从自己身体中抽取9品脱左右的血液，注入建了膜的头部，最终冷冻凝固。奎恩每五年都会再造一颗新的"血头"（旧的"血头"会因时间流逝而日渐变质、衰老），以记录自己的病理和情绪。选择血液作为创作作品的部分材料是因为其在致力于扩展雕塑材料的边界时，注意到这是一种源于身体内、毋需自我伤害就能轻易获得的材料。奎恩觉得"这有一点像是在制造一个怪人：塑造的头像内看似充满了生命的液体，但从来没有真正活过来"。奎恩

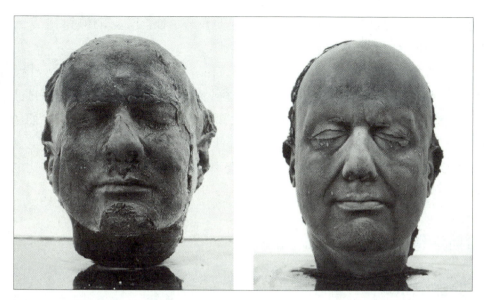

图 16-2　马克 奎恩　《自我》

以《自我》展现对身体和生命力量的思考：感受生命的勃发和易逝，感受生存意志透射出的对受伤生命的直视，关乎"尊严"。

（二）个体在社会中的被尊重的需要

社会学意义上"人的尊严"，是与个人建立了社会关系的他人、群体等对个人给予的价值承认和尊重，并由此形成了个人在人们心目中令人尊敬、敬畏的地位或身份，亦可称之为人的社会尊严。

1974 年在意大利那不勒斯表演的《节奏 0》，是玛莉娜·阿布拉莫维奇"节奏系列"中最为惊险的行为艺术，也是阿布拉莫维奇最著名的作品之一。这是她第一次尝试与现场观众互动，让观众成为她作品的一部分。她麻醉了自己的躯体但保留着大脑的清醒，然后把自己交给一群身份不明的人，有男人也有女人，任由他们处置。阿布拉莫维奇面向着观众站在桌子前，桌子上有 72 种道具，包括枪、子弹、菜刀、鞭子等危险物品，观众可以使用任何一件物品，对她做任何想做的事。由于作品有不可预测的危险性，阿布拉莫维奇承诺自担行为艺术表演过程中的全部责任。

观众刚开始光看并不做什么，个别人递给她一杯水、一朵玫瑰，随着有一个男人把她的衣服剪破，并摆弄了一番。随后，有人拿玫瑰尖刺刺破她腹部的肌肤，有人拿起刀片割她的颈部并喝她的血，这颈部的伤疤从此就没有抹掉。现场还有很多人将她移来移去，有的人拿刀子放在她的两腿之间，其中一人拿了枪，装上子弹，并用枪指着她的太阳穴，另一个人把枪抢走，两人还打起来。6 小时结束后，阿布拉莫维奇半裸着、流着血、流着泪残破不堪地走向观众，观众避开、逃跑，他们无法面对一个身为普通女子的阿布拉莫维奇，从其身上的鲜血昭示着这是一场人本性的狂欢，也反映了社会围观群体对一个毫无还手之力的弱势群体的生命的尊严是如何对待的。

阿布拉莫维奇的行为艺术《节奏0》告诉我们：当这个社会没有制度，人在没有后顾之忧的时候，恶的本性会被彻底释放，很多人漠视他人生命的尊严，也不在乎自己生命的尊严。我们庆幸生活在和平的年代，有健全的法律制度，大众普遍受到了一定程度的教育，知道尊重自己与他人的重要性。在这个世界上，生命是平等的，我们不仅要捍卫自己生命的尊严，更要学会尊重其他生命，让个体在社会中的尊严随时随地得到满足，这也是对自己的保护。

三、如何活得有尊严

（一）正视自己的身体，自信自强

对自身身体的关注与评价就是"身体自我"认知，身体自我是个体对与自己身体有关的自我意识，它包括对自己身体的认知评价、对身体的满意度和对身体管理的三个方面。个体如何看待自己的身体很大程度上影响了个体的心理健康，个体能够感受和认知自身身体之美，是认识自身生命的重要因素。

一个名叫魏祥的人，患有先天性脊柱裂、椎管内囊肿，双下肢运动功能丧失，其父亲也在他年幼时离世，从小由母亲照顾。2017年他以648分的好成绩被清华大学理科实验班类（数理）专业录取。收到录取通知书后，因他的日常生活离不开母亲照料，便致信清华大学求"一间陋宿，供娘儿俩跻身"，信中言语诚恳地讲述自己的个人遭遇，清华大学以"人生实苦，但请你足够相信"的暖心回复，使自尊自爱的魏翔在学校的支持与帮助下完成了自己的学业。一个自尊、自强的人会赢得世人对其的尊重与爱。

弗里达·卡洛（1907—1954），是一位墨西哥画家，其以众多肖像画、自画像以及受墨西哥自然和手工艺品启发的作品而闻名。她6岁患小儿麻痹症，18岁遭遇一场严重车祸一生坎坷，她画了很多自画像，这是其正视自己的一种方式。她说她画自己是因为她经常独自一人，而且自己是她最了解的主题。弗里达·卡洛的画作通常以根为特色，根从她的身体中长出来，将她绑在地上。从积极意义上看，作品反映了个人成长的主题；从消极意义上看，其表达了被困在特定地点、时间和情景中，反映了过去的记忆如何影响现在的，有"好/坏"模棱两可的意义。在卡洛的画作中，树木象征着

图 16-3　弗里达·卡洛　《根》

图 16-4　Kam 的记录

希望、力量和跨越时代的延续。残破身体带来的缺失，患得患失的情感生活，身体与外界带来的疼痛终究被弗里达发泄于画布之上。横在画中的她侧着身，内脏器官部位生长出的藤条妄图用细嫩的根扎根于身下贫瘠的大地。作品展现出了大地与女性身体的某种关系：孕育、养育生命，充满活力，实则也是在表现弗里达·卡洛自身生命的价值与尊严。

Kam 是一位出生在韩国的孤儿，在她攻读工业设计学位时，命运却和她开了一个天大的玩笑：她被检查出患有 HIBM（远端肌肉无力症），肌肉会逐渐萎缩无力，直至呼吸衰竭，这种病也被称为"孤儿疾病（orphandisease）"，是一种罕见的疾病。医生们建议她休学，平静地等待死神的降临，然而 Kam 没有放弃，她在逐步逼近的瘫痪状态中，努力适应着新的生活：从肌肉萎缩伊始时顽强地踢足球、跑步，后来拄着拐杖前行，直到完全坐上轮椅，在这个过程中，她找到了同样与命运抗争的病友。为了让更多的人关注这个罕见的疾病，关注这群顽强活着的病人，Kam 同她的朋友们用尽了方法发声，在这个过程中，Kam 发现了一个全新的世界：用图画记录下自己的故事，向世人展现自己不屈的生命。从那时起，Kam 的灵魂从轮椅上坐了起来。她在画纸上记录下了这一过程：HIBM 像四处疯长蔓延的树根一样缠住了她的双腿，爬上了她身体，命运像一个柔软却又坚韧的毛线球一样，一点点将她向轮椅拉去。Kam 将记录这一残酷过程的作品取名为"it'llbealright"（没关系，一切都会好起来），这是她一直在对自己说的话。

上面三个身体有残疾的人均能正视自己的身体，凭借智慧和能力活出了生命的价值和尊严。

（二）正视自己的能力，发奋图强

每个人都并非完美，甲所擅长的，乙所精通的，未必是你擅长和精通的，但是，天生我材必有用。

正视自己的能力，善于发现自己的优势与兴趣，才能有自我认同。中国当代女性艺术家陈庆庆从未学过画画，她曾想过当医生，因没有文凭而放弃。她学习了英语、德语，在国外的公司当过白领，曾游历数国，时常思考人生的价值、生命尊严等问题。后来，在充满挑战的当代艺术环境中，一头扎进了装置艺术的创作里，坚持不懈十余年。创作带给她的是无与伦比的心灵自由、价值感和自我满足感。

史学家余英时（1930—2021）深入研究中国思想、政治与文化史，贯通古今，是一位值得尊敬的学术大师。余英时老先生生前谈到："在这个时代，做一个有尊严的知识人。""知识人"作为"人"而存在，他没用"知识分子"一词，"分子"似乎是一种带有有色眼镜的称呼。他鼓励年轻人要多努力，把自己当作"人"，不可盲目服从权威，遗失本心，失去自我。他认为个体自身应量才适性，尽量做自己应该去做的事。每个人都有自己的价值与缺陷，不能盲目崇拜他人，也不可一味否定他人。每个人都要成就自己，完成自己。余英时说道："我没有崇拜某一个圣人，我不崇拜孔子、孟子、朱熹，只是觉得在中国精神史上，这些人丰富了中国人的精神生活，从内心欣赏他们，尊敬他们。"懂得欣赏他人，又正视自己的不足不断弥补，就是对生命的尊重与理解。

（三）正视自身优势，尊重他人

1983 年，刘健屏发表的短篇小说《我要我的雕刻刀》，以一位教师和父子两代学生之间所发生的故事对 17 年的教学生涯进行了深刻的反思。"老师"作为传道授业解惑者，具有一定的威严和自信。小说的主角章杰热爱雕刻，却又经常跟老师争斗，他的名言是："你的脑袋又不是长在别人肩膀上。"他常常在一些班级活动时请假，在教室里专心致志地雕刻，这激怒了老师，老师没收了他的雕刻刀。老师这样的做法无疑是利用了自身的权威性迫使他人顺应自己的决定，这无疑剥夺了他人追求理想的权力，有失对他人的尊重。

萧伯纳曾应邀前去其他国家访问的某天饭后，他散步于街头，看到一位小女孩独自玩着游戏。童心大发的他主动参与到与这个可爱的小女孩的游戏当中。在游戏结束之际，他十分开心地告诉小女孩："回去告诉你的妈妈，今天你和一个享誉世界的大作家萧伯纳一起玩过游戏！"女孩子看了看萧伯纳，用童真的语言学着他的语气回敬道："那你也回去告诉你的妈妈吧，今天你和世界上最可爱的小女孩安妮也玩过游戏呢。"萧伯纳听完这个有趣的回答意识到了自己的傲慢与无礼。毫无疑问，尊重是相互的，也是平等的，不会因为你的社会地位和才能的高低，天平就有所偏颇。真正的尊重是，见位尊者不谄媚，见位低者不自傲。

四、如何维护生命尊严

（一）尊重生命权方能维护生命尊严

生命权是公民依法享有的生命不受非法侵害的权利。生命是公民作为权利主体而存在的物质前提，生命权一旦被剥夺，其他权利就无从谈起，所以，生命权是公民最根本的人身权。保护公民的生命权不受非法侵害，是我国法律的首要任务。康德认为，权利就是"意志的自由行使，不过，依据法的普遍规律，一个人意志的自由行使应该能够与所有其他人的自由共存。"

生命权的主体客体均为人自身，高度统一。为维持主体的法律地位，法律不允许"把生命直接作为实现任何进一步目的之途径"。生命权不能被抛弃，也不可被转让。依人格平等原则，生命价值无高低贵贱之分，正因生命权主体客体同一，生命与人格具有同步性。若对生命权相关法律知之甚少，必会导致在情绪与主观臆想的加持下盲目触犯法律损害他人生命权后果。由此，人们必须有保护自我生命和尊严的强烈意识，在受到伤害和威胁的时候，自觉寻求法律保护而不是害怕隐忍；其次，有义务维护他人的生命权，不可藐视、轻视、践踏、侵犯和剥夺他人的生命权。只有尊重自我的生命权力，才会被他人尊重。

任何人若缺失正确的教育指引，很可能会导致其心灵的扭曲与法律意识的淡薄、负面情绪的滋长、对他人生命的漠视，甚至产生侵害他人生命权的行为。生命存在必须得以尊重，使人能以更宽广的视野和包容的心态去感悟生命之美，敬畏生命且有怜悯心。

（二）树立正确的生命观，珍爱生命的价值

生命的尊严是生命之美的一种表现。人人都应当做到热爱生命、敬畏生命、维护生命之美。古语有云："身体发肤受之父母。"世人一直都在讴歌父爱母爱的伟大，是父母给了我们生命、供养我们上学、让我们接受知识，有机会走出家门看到一个多样的世界，感受包括美丽与丑恶，顺境与逆境等周遭的一切。或许有的人在遭遇困境或者看到丑恶时会后悔来到这个世界，会觉得这个社会的不公平，寻找各种理由抱怨不幸，甚至选择自杀。

人的心理承受能力强大与否是能否克服自杀、虐他、虐己等不好的念头的重要因素。视自己和他人生命如草芥，无视生命存在价值的人，无法与其谈生命的尊严和生命之美，只有心理承受能力强大的人才可能体会到生命的价值，才能在风雨后感受到彩虹。

有的人漠视自己生命的尊严与可贵，随意结束自己的生命，这是极其畸形的生命观。见过那些因为病魔而无能为力的苦难场景，也许就会知道，健康地活着真好。就算生命只剩下最后一天，也要把最美的微笑留在生命的最后一刻。有的人愿意死后把器官捐给需要的人，让受益者的心脏继续跳动、眼睛看见希望、耳朵听见未来，这是捐献者生命价值的延续，死了也很体面。

从古至今，对于生命的意义的追求一直是人类永恒的话题之一。人类一直尝试以美的规律为准则改造自身，让生命的重要性能够充盈自身、生活甚至社会。"体验是生命在活动过程中产生的主观感受、经验及情感，通过体验感知自我、感知美，并创造超越现实的意义。"无论是顺境还是逆境，生命本身就是美好体验。

杜甫的人生，经历丧乱、国破和离愁，其诗中所描绘的生命体验令人有疼痛难忍之感，可是杜甫思考的是"安得广厦千万间，大庇天下寒士俱欢颜，风雨不动安如山"。

获得萍乡首位残奥会短跑冠军的贾君婷仙，于1986年出生在江西省萍乡市的一个普通工人家庭，患有先天性眼疾而失明，但她依然积极乐观，努力学习盲文。后来她成为一名职业运动员，2016年的里约残奥会上荣获金牌，她现在是特殊教育学校的一位老师。这位残奥会短跑冠军接受自己身体的不完美，一身傲骨，不愿就这么认命，为自己的人生

创造了一种新的可能。

用心体验生命过程，在生命体验中挖掘自我内涵、增加生命的厚度，获得生命的崇高感、优美感，这样的生命观是值得倡导的。

人的一生不仅仅只有机遇，还会遇到很多的困难和阻碍。试着学会自我调节，增强抗压能力，自省并改进自己的不足之处，才可能成为一个有担当的人，既尊重自己，又尊重他人。

屠格涅夫曾经说过："自尊自爱，作为一种力求完善的动力，是一切伟大事业的渊源。"生命可贵，可贵在平等地对话与交流，可贵在生命有尊严，可贵在彼此尊重，礼尚往来彼此成就。

第十七讲　配得之美：焕发生命的内在能量

17

宋　燕

　　每个人都是存在于社会中的相对独立个体，独具各自的闪光点与美。在生命的旅途中，个体依靠自身或外界的正反馈充盈自己，通过感知自己的内在价值以及自己对于他人的价值定义自我价值。拥有正确自我认知、高度自我认同、健康人际关系以及对外在环境和文化有认同的个体往往会产生高配得感，对自我充满自信，对外在世界充满好奇心和创造欲，释放生命的内在能量。

自从人类文明诞生，自我意识的觉醒使"人"成为一个永恒的话题。你有没有自我认同感？你认为自己有价值吗？什么样的人才能被称之为美的人？个人之美到底美在哪？前人是怎么看待个人之美的？现代社会对美的标准是什么？有自信，有高度自我认同并能获得他人认同是美的高配得感。那么，怎样才能将自己培养成高配得感的人呢？这是需要探讨的问题。

一、配得感：解锁个人之美的钥匙

（一）什么是配得感

　　当个体面临选择时，常常会问自己：我配得上吗？我是否值得拥有这样的机会或物品？与人相处时，担心对方不喜欢自己，类似这种现象发生时，个体在心中设起一架自我价值衡量的天平。美国心理学家亚伯拉罕·马斯洛所言："每个人都必须成为自己，而不能只是做别人眼中的自己。"这句话提醒人们要勇敢地追求自我价值，不被外界的评价所左右。

　　配得感，是一种内在的信念，源于个体内心深处对自身所拥有的价值、能力和地位的认同和肯定，是指一个人认为自己有权利或应当得到某种特权、利益或待遇的心理状态或情感反应。作为个体对自我价值的确认，是构建个人认同感和生活满意度的基石。

　　在心理学领域，配得感被视为个体自尊和自信的重要来源，深刻作用于个体的行为决策和人际关系。高配得感的人一般都比较自信，对自我的认知比较清晰，知道自己有能力去拥有哪些美好的事物，更容易大方接受别人的赞美。相对而言，低配得感的人始终徘徊在一种努力配得上却又感觉自己配不上的纠结中，这会让自己白白错过很多机会同时又一直无法对自己感到满意，无形中拔高了幸福的感觉阈值。

　　配得感并非一成不变，它受到多种因素的影响。当个体在社会中受到尊重、认可时，其配得感会得到提升；反之，当个体遭遇挫折、失败或被忽视时，其配得感可能会受到打击。因此，构建和维持配得感需要个体不断地进行自我探索、社会参与和文化传承。

　　"配得感"可以与心理学中的"自我认同"概念联系起来。自我认同又被称为自我同一性，是埃里克森提出来的一个对自我抱有一种持续稳定的认同感概念，影响自我认同的主要有三种因素：自我评价、亲密关系和社会交往。笔者认为，配得感是由内在的自我认同和外在的人际关系构成的，二者相辅相成，达到配得感平衡的状态。

（二）自我认同，拥抱配得：解锁内心深处的自我价值

　　配得感是个体对于自身价值和能力最终自我认同的信念。配得感与自我认同之间存在着正相关关系。一项针对大学生的调查显示，拥有较高配得感的学生在自我认同的各个方

面均表现出色，包括自我认知、自我接纳以及自我实现等方面。他们能够清晰地认识到自己的优点和不足，愿意为之付出努力，不断提升自我。同时，自我认同也对配得感产生着深远的影响。个体积极的自我认同能够增强配得感，使其更加自信地面对生活中的挑战。相反，一个消极的自我认同则可能导致个体对自我价值的怀疑和否定，会降低其配得感。因此，在构建自我认同的过程中，需要注重培养个体的配得感，建立积极的自我形象。个体实现配得感与自我认同之间的动态平衡同样至关重要。当个体的配得感过高或过低时，都可能对自我认同产生负面影响。过高的配得感可能导致个体过于自负，忽视他人的意见和建议；过低的配得感则可能使个体陷入自卑和沮丧的情绪中，难以自拔。因此，需要通过外界合理的教育和引导，帮助个体建立恰当的配得感，实现自我认同的健康发展。

正如著名心理学家卡尔·罗杰斯所言："成为一个人，意味着成为一个完整的、有自我认同的人。"在追求个人成长和发展的道路上，需要不断关注配得感与自我认同的关系，通过积极的自我探索和努力，构建出完整、真实的自我。

（三）健康人际，支撑配得：获取由内而外的自我价值

每个个体都存在于社会中。梅奥在霍桑研究的基础上首次提出了"人际关系"的概念。韩雪芬（2008）认为，人们在现实生活中建立的所有社会关系的总和被称为人际关系。宋蓓和郁正民（2008）指出，人际关系是指不同个体之间形成的所有关系，在人际交往的过程中，人们通过语言或者非语言的方式传达自己的意见，表达自己的想法，交流思想，传递情感。冯正直（2006）认为人际关系是个体与个体之间在进行物质交换、信息沟通/互动的过程中所产生的一种关系。个体在与他人建立人际关系时往往会得到一些精神或物质上的反馈，这些反馈有正向积极的，也有负面悲观的。正向精神反馈包括得到他人的夸奖，积极的社交体验以及情感支持等等，这些反馈有助个体及时内省，清晰、全面地认知自我。人际交往是一种双边活动，个体不仅仅能得到他人给予自己的反馈，也能给予他人反馈。当个体能够利用自身的能力给对方提供一些正向情绪反馈或者物质帮助时，个体自身也能获得很大的幸福感，这就是由外界提供的自我价值反馈，这种反馈让个体认可自我，获得一种由内而外的自我价值体验。当个体与个体建立起健康良好的人际关系网络时，互相之间给予的情感支持能够帮助个体获得更高的配得感和自我认同。

人和人的交往是复杂多变的，自然，人际关系也是纷繁复杂的。就师生关系而言，在新课改的背景下，新型和谐的师生关系体现在教师走进学生的内心世界，平等对待每位学生，宽容面对学生的错误，采用科学方法管理学生等方面。例如，当在教师的指导下学生掌握了某种技能，教师会获得对于自我教学能力的肯定，也会因学生的进步产生满足感，学生能从老师身上获得一种自信，既从对方身上获得高度自我评价，也从对方身上寻找到自我价值的外在体现，双方都拥有了高配得感，为长久、和谐的师生关系建立打下基础。

图 17-1　家庭和睦（张文娟绘）　　　　图 17-2　健康人际关系（彭泰祺绘）

如何形成健康的人际关系支撑配得感并获得由内而外的自我价值体验之美？请尝试一下双重身份的角色扮演，既当老师，又当学生。每个人找到一个搭档，双方都需要教会对方一个自己掌握对方却没有掌握的技能，感受作为教师和学生时的不同心境，寻找形成和谐师生关系的方法和策略，探索进行人际交往时的自我价值体现。作为教师这个角色时，能从学生身上获得什么？作为学生这个角色，能从教师身上获得什么？

二、超越之美：配得感铸就的华丽蜕变

（一）配得感与超越之美

超越之美是对真、善、美的不断追求和接近。拥有配得感的人在努力与更高层次的事、环境或情境的匹配过程中，往往相信自己配得上更好的生活和成就，这种动机驱动使得个体超越自我的需要坚定且持久。超越之美的实现需要超功利的责任驱动。在人类历史的长河中，无论是科技、艺术还是文化，都体现出超越之美。神舟五号载人飞船是中国航天史上的重要里程碑，标志着中国成为世界上第三个独立自主掌握载人航天技术的国家。为了实现这一目标，中国的科学家和工程师们克服了种种技术挑战：长征二号 F 运载火箭是中国自主研发的可靠运载工具，确保了飞船的安全发射和返回。完善的生命保障系统和先进的地面控制中心，可实时监控和管理飞船的飞行状态。北斗卫星导航系统是中国自主研发、独立运行的全球卫星导航系统，整合了导航、定位和授时功能，具有高精度、高可靠性和高可用性的特点。在系统设计和优化过程中，科研人员不断进行技术迭代和性能提升。北斗系统的建设者们秉持"科技强国"的使命感和责任感，坚信中国有能力自主建设世界一流的导航系统。这种高配得感驱动着他们不断超越自我，迎难而上。历时数十年，经历了

图 17-3　毕加索《熨衣女工》（1904）　图 17-4　毕加索《七月十四日》（1901）

多个阶段的发展，现在的北斗系统不仅为中国提供服务，还向全球用户开放，在交通运输、农业、环境保护、灾害救援等领域发挥了重要作用。

在艺术创作中，许多艺术家通过不断突破自我以追求更高的艺术境界。巴勃罗·毕加索（1881-1973），作为 20 世界伟大的艺术家之一，他的作品风格多变，从早期的蓝色时期到立体主义，再到后来的超现实主义，每一次转变都是对传统艺术形式的超越。他通过不断的探索和实验，创造了全新的艺术语言和表达方式，为世界艺术史留下了浓墨重彩的一笔。

张大千（1899-1983 年），中国现代著名画家，被誉为"东方的毕加索"。他在中国传统艺术和西方现代艺术之间架起了桥梁，其作品展现了极高的艺术成就和超越之美。张大千在敦煌莫高窟居住过两年多，仔细研究和临摹了大量壁画，包括人物的姿态、衣饰的纹理、色彩的运用等。这种细致入微的临摹展示了他高超的绘画技巧和对传统艺术的深刻理解。在临摹的基础上，张大千进行了大胆的创新和重构。张大千在 50 年代初期开始探索泼墨与泼彩技法。泼墨技法不仅需要对水墨和颜料的精准掌握，还需要艺术家在创作过程中对力度和速度的控制，以达到浓淡相宜的墨色效果。在泼彩过程中，张大千使用丰富的色彩，将颜料泼洒在画面上，形成绚丽多彩的效果。这种技法要求艺术家对色彩的运用有极高的敏感度，能够在色彩的混合与层叠中保持画面的和谐美感。张大千打破了传统山水画的限制，创造出了具有强烈视觉冲击力的作品。这种创新不仅体现了他对艺术不断追求卓越的精神，也展现了他在艺术创作中的高配得感，推动了中国传统艺术的现代化发展，展现了他在艺术创作中的超越之美。张大千的艺术成就和创作精神激励了无数后来者，让人们看到在追求卓越的道路上，如何通过坚持自我、不断创新，实现高配得感与超越之美的完美结合。与其说他的艺术体现了个人成就，更是中国文化与世界文化交流与融合的生动写照。

在体育领域，配得感使运动员们相信自己有能力达到更高的运动水平，取得优异的成绩。运动员在比赛中需要面对各种挑战和困难，如强大的对手、比赛的紧张氛围等。在2024年巴黎运动会上，我国的体育健儿们，拥有极强的配得感，充分展现出超越之美。无论是艺术家、科学家还是体育运动员，但凡取成就，实现超越之美的，都具备良好的自我认知能力、自我提升需求，积极的心态、强大的信念以及社会责任，这些品质也是配得感的内在驱动力。

（二）超越之美的体现：个体价值的实现

配得感所体现出的超越之美表现为个体价值的实现，即个人通过自身的实践活动，充分发挥其体力和智力潜能，创造出有形和无形的财富，包括满足自身需求以及对他人和社会的贡献。譬如，个体创造出有形的物质财富，即满足了个人的基本生活需求，还为社会的发展提供了动力。通过思想、文化和艺术等创造出无形的精神财富，提升社会的文化水平和精神境界。这种贡献往往超越了时间和空间的限制，具有持久的影响力。

例举1：海伦·凯勒在幼年时因病失去了视力和听力，她通过极大的毅力和努力，学会了与外界交流的方式。这一过程中，安妮·沙利文（Anne Sullivan）的帮助至关重要。安妮·沙利文通过在海伦的手掌上拼写单词，教她语言的概念。她将海伦的手放在水流下，然后在她的另一只手上拼写"w-a-t-e-r"。通过这种方法，海伦逐渐理解了物体与文字之间的联系。海伦在学习语言的过程中经历了许多挫折和困难，心情也时常糟糕，但她从未放弃。当第一次理解到"water"这个词的意义时，那种喜悦和成就感大大增强了她的配得感，使她更加坚定地追求知识。这一突破性的瞬间标志着她从黑暗和沉默中迈出了关键的一步，开始了她对语言和知识的无限探索。

海伦·凯勒不仅学会了交流，还凭借顽强的毅力成为了一名著名的作家和演讲家，她的成就进一步展示了配得感所带来的超越之美。海伦通过不断的练习，学会了使用打字机和盲文书写工具。她写下了自传《我的生活》，详细描述了她克服困难的经历。这部作品展示了她卓越的写作才能，传达了她对生活的热爱和对自我价值的坚定信念。她的写作激励了无数读者，特别是那些面临巨大挑战的人们，让他们相信自己也能克服困难，实现梦想。海伦通过学习，最终掌握了说话的技巧，她坚持不懈地进行公众演讲，在全国乃至全球范围内呼吁公众关注残疾人权益和教育问题。海伦的演讲充满激情和感染力，激励了无数人去追求自己的梦想和目标。她的教育事业展示了她个人的卓越成就，体现了

图17-5　海伦识字（彭泰祺绘）

她对社会的巨大贡献。

海伦·凯勒的奋斗历程，是对生命潜能的极致挖掘和超越之美的生动诠释。

例举2：特蕾莎·玛利亚，即特蕾莎修女（Mother Teresa），是20世纪著名的人道主义者之一。她的一生致力于帮助贫困和无助的人群。特蕾莎于1950年在印度加尔各答创立了仁爱传教会。创立时，她并没有充足的资金或资源。她深信自己的使命，坚定她的努力和信念能够配得上这个伟大的目标，通过募捐和吸引志愿者，逐渐建立了一个庞大的慈善网络。特蕾莎修女和更多修女一起，在加尔各答的贫民窟中照顾病人，提供食物、医疗和情感支持，用行动证明了配得感的力量。特蕾莎的信念驱使她不断付出，最终赢得了全球的尊敬和爱戴。1979年，特蕾莎修女获得了诺贝尔和平奖，这是对她多年无私奉献和人道主义工作的高度认可。在获奖后的演讲中，特蕾莎修女并没有把这个荣誉看作是对个人的奖励，恰恰是对所有致力于人道主义事业的人的肯定。她谦虚地表示，这个奖项属于所有帮助贫困和弱势群体的人，展现了她对自身价值的深刻认知和对他人贡献的尊重。特蕾莎修女利用诺贝尔和平奖的平台，呼吁全球关注贫困和疾病问题。她的获奖演讲中，重点谈到了如何通过小小的善行改变世界，激励了无数人加入慈善事业。她的配得感体现在她自己所做的工作上，她相信每一个人都可以通过努力，为世界带来积极的改变。

例举3：一位来自普通家庭的学生，对编程充满了浓厚的兴趣。在初写编程时，他面临着技术难度大、学习资源有限等诸多挑战。周围的同学中不乏天赋异禀者，这让他时常感受到自己不配成为一名优秀的程序员，内心极其挣扎。在一次偶然的机会中，看到了一篇关于坚持与热爱的文章，深受启发。他开始意识到，配得感不是与生俱来的，而是通过自己的付出和努力赢得的。随着时间的推移，他的编程技能逐渐提升，从参与一个个的小项目到到大项目的获奖认可，他深刻体会到了配得感的力量，正是那份对编程的热爱和不懈的努力，让他从平凡走向了非凡。

问题讨论：感到自己"不配得"的心态对学习有何影响？

怎样提升配得感，体现出自我的超越之美呢？心态的转变是超越之美的起点。一个人若能从消极、抱怨中走出，以积极、乐观的态度面对生活，那么，他的世界将因此变得宽广而明亮。这种心态的转变，能让人在困境中保持坚韧不拔的精神，激发出内在潜力，实现自我超越。品质的升华是超越之美的核心。一个具有良好品质的人，能在与人交往中展现出真诚、善良和宽容。这些品质是内在修养的体现，能赢得他人的尊重和信任，让自己在人生道路上越走越远。

配得感作为一种社会文化现象，体现了人们对于个人价值的认同和对于社会贡献的期待。实现个人价值。配得感造就的超越之美，在于它超越了单纯的个人追求和利益，将个人价值与社会价值融为一体。当个体以配得感为动力，不断地提升自己的能力和素质，为社会做出更大的贡献时，他就实现了个人价值的超越。

（三）超越之美与配得感的融合：潜能与创造力

谈论超越之美与配得感的融合时，注重探讨一个人如何通过潜能的发掘和创造力的运用，达到自我超越，并在此过程中感受到自己配得上所拥有的一切。

日常生活中，可以通过一些活动训练提高配得感，并激发潜能和创造力。

活动例举 1：成就回顾与未来愿景工作坊

活动内容：①成就地图：绘制自己的成就地图，标记过去的成就和里程碑。

②未来愿景板：使用彩色纸、图片和贴纸等材料，制作一个代表自己未来愿景的愿景板。

③分享自己的成就和未来愿景，并接受他人的肯定和建议。

活动例举 2：自我极限挑战赛

活动内容：①体能挑战：如马拉松、徒步旅行等。

②心理挑战：鬼屋探险、密室逃脱等。

③技能挑战：学习一门新的语言、掌握一项新技能。

活动例举 3：参与感恩和回馈社区项目

活动内容：①社区服务 / 共创活动：参与社区服务，如环保清洁、关爱老人以及手作、科技 / 文化创意等活动。

②公益筹款活动：为贫困地区儿童捐赠图书、为流浪动物寻找家人等。

③感恩分享会：分享自己的志愿服务经历和感受，从中获得的成长和感悟。

超越之美与配得感的融合，不仅是一种教育理念，更是一种实践方式。

在成就回顾与未来愿景工作坊，参与者可以直观地看到自己过去的成就和未来的目标。成就地图和愿景板是对自身价值的深刻认知和肯定的视觉审美表现方式。通过分享和反馈，当参与者获得他人的认可和鼓励，这种情感上的共鸣可进一步增强配得感。

在自我极限挑战赛中，参与者受到体能、心理和技能的多重挑战，体验到突破自我身体极限的成就感和愉悦，心灵升华，在面对困难时会一次比一次更加自信和坚定，不断推动接受挑战者追求更高的目标。

感恩和回馈社区项目参与者体验到帮助他人的美好，这种美感体验会强化参与者的社会责任感和配得感，使他们找到自身价值的实现。

总之，在自我认知、挑战自我和服务他人的过程中，可以获得深刻的美感体验。这种体验会促进个人的全面发展，培养自己的审美能力和美好心灵，为其未来发展打下坚实的基础。

三、和谐之美：配得感织就的生活画卷

（一）和谐之美的体现：个人内部的和谐统一

自我同一性（Ego Identity）是指个体对自己是谁的清晰认识和稳定理解。这种理解包括对个人目标、信仰、价值观、角色和自我概念的明确认识和一致性。它帮助个体在社会环境中维持一贯的行为和态度，并在面对生活中的各种挑战时保持稳定和连贯。在埃里克森的人格发展阶段理论中，大学生是处于友爱亲密对孤独的阶段，在这个阶段的个体往往会寻求爱情和婚姻，成功找到爱情的个体，促使个体更积极地对人际关系进行探索，更加自信地应对各种困难和问题，就算没能成功解决问题，个体的高配得感也会帮助其迅速走出困境，寻找更适配的解决方案。配得感是一种内在的自信，是相信自己值得被爱、被尊重、被欣赏的信念；未成功找到爱情或者其他亲密关系的个体，常会陷入孤独感和疏离感的困境中，个体配得感低，会习惯性的自我怀疑以及放弃自我，在孤独中踟蹰不前，认为自己没有能力去获得别人的爱与尊重。由此，应该积极地应对发展过程中的心理危机，成为一个内在和谐统一的，拥有高配得感的人。

（二）和谐之美的体现：个体与外界的和谐统一

和谐之美还体现在个体与外界的和谐统一上，其中外界可以分为自然界和人类社会。只有当个体与外界取得动态平衡，形成一种和谐统一的状态，才能从环境中汲取能量，成为一个高配得感的人。

个体与自然界的关系。中国式现代化"人与自然和谐共生"的理念，在中国传统文化中追根溯源，即"天人合一"的思想。美学意义上的"天人合一"是人与自然打交道或审美活动中形成的共生/融合/忘我的状态，是一种审美状态。只有人类与自然处于和谐平衡的状态，个体才有可能领略自然之美，对大好河山产生敬畏之情，从自然风光中获得一种认同感和归属感，获得高配得感。

个体与社会的关系。首先是个体与家庭的和谐统一。每一个家庭成员互相理解，互相尊重，才可能和而不同。其次是个体与学校的和谐统一。在学校中存在如师生关系，生生关系等，教师关爱学生，学生尊重教师，师生之间民主平等，学生之间友善欣赏，就是稳定、和谐的。最后是个体与整个社会的和谐关系，社会主义核心价值观是民族凝聚力的体现，会让个体产生一种认同感和归属感，这种认同之美增强了个体的自信心和自尊心，也促进社会文化的传承和发展。

图 17-6　个体与外界（彭泰祺绘）

个体与社会之间的和谐统一体现在人际关系上以及人与环境所达成的一种动态平衡上。其中，文化认同是个体与社会环境达成和谐统一的深层次体现。当个体感受到自己与某种文化、价值观或生活方式高度契合时，会产生一种强烈的认同感和归属感。辜鸿铭是我国清末民初的著名学者和翻译家，他精通9种语言，通晓文理各科，却唯独偏爱中国传统文化，一生都在致力于钻研和传播中国传统文化。由于他从小生活在海外，因此他有着比同龄人更加强烈的回归祖国以及研究中国传统文化的意愿，这种情感归根结底就是文化认同感。民国时期，中国正处于改革热潮，国人以及许多文学大家都更倾向于引进西学，而辜鸿铭却更侧重中国文化研究。《中国人的精神》是辜鸿铭的代表作，书中的文化认同体现出他与中国文化之间的和谐统一状态。樊锦诗1963年自北京大学毕业后在敦煌研究所坚持工作50余年，是我国文物有效保护的科学探索者和实践者，在樊锦诗不平凡的人生画卷上，有深入骨髓的热爱，有经年累月的坚守，有利用现代科技重现丝路辉煌的创举，这是她在敦煌所处的自然环境及其文化中找到认同感和归属感的体现。

（三）和谐之美与配得感的融合：生活实践

当个体达到了个人内部的和谐统一，与外界环境达到和谐统一时，就会产生高配得感，对自己的未来充满信心和希望，以积极的态度面对生活中的挑战和困难，相信自己有能力克服一切，有足够的资格享受生活的美好，善于倾听自己的内心声音，明白自己真正想要的是什么，以及怎样才能实现内心的愿望。不是盲目地跟随他人的意见或选择，而是根据自己的内心感受和价值观进行决策和行动。只有当自我同一性冲突被积极解决，个体才能成为一个有目标、有行动力的，拥有强大内核的人。

从个体与外界的人际关系层面来说，健康良好的人际关系可以帮助个体建立自信，冲破低配得感的桎梏。例如，在学校里，一些学生明明在各方面或某一方面做得很好，却在被外界肯定、夸奖时总认为自己不够好，甚至贬低自己，陷入深深的自我怀疑，做事没信心，并由此觉得自己不配得到别人的赞美。这时，教师可以先和这样的学生建立朋友般的信任关系，帮助他们找到产生低配得感的根源，并在日常课堂中多鼓励和支持他们，帮助他们逐步有自信，实现从低配得感到高配得感的转变。美国斯坦福大学心理学教授做的一项研究发现，长大后自我价值感低的孩子，其家庭教育环境或多或少地存在一些问题，这就涉及到个体与家庭之间的人际关系。一些父母不懂得如何教育孩子，他们常常会用打压式教育管束孩子，在这种成长环境中长大的孩子一般都会形成自我挑剔的思维习惯和行为模式，他们认为怎么做都不够好，自己配不上一切奖励与爱，久而久之就会形成低配得感人格，渗透进生活的方方面面。如果家长将打压式教育方式转变成鼓励式，帮助孩子接纳不完美，建立自信心，传递积极乐观的生活态度，形成个体与家庭的和谐统一，这样才可能将孩子从低配得感的困境中拯救出来。

配得感对个体的意义如此重大，该从哪些方面提高自己的配得感呢？首先是个体内部方面：①自我认知与接纳自我。定期进行内省，深入了解自我，对自己有一个清晰的认知从而发现自身的优缺点，放大优点，接纳缺点，使自己成为一个立体的人。②自我对话。询问自己对今天的我满意吗？对积极的方面使用夸奖的词语，不足的方面使用鼓励的语气，避免自我否定和自我批评，认为自己配得上，对自己说我值得。③终身学习。只有不断充实自己的内心，丰富内涵，拓展眼界，才能拥有更加强大稳定的精神内核，对自己更加有信心，更有勇气接受不确定的挑战并战胜它。

个体与外界的联系方面：①建立健康积极的人际关系。选择适合自己的社交圈，积极主动地融进去，从中获取正性能量。在与外界进行人际交往时，可以适当寻求外界的积极反馈，增强自信心。②寻求专业帮助。如果被低配得感困扰，可以尝试去询问心理健康专家，得到一些专业性的建议，也可以自学一些心理健康的课程和理论，从专业层面寻求解决办法。

努力构建个体内部的和谐之美，努力连接个体与外界的和谐之美，努力成为一个高配得感的人，你值得拥有世间所有的美好，因为你本身就是美好的存在。

体验活动
1. 找到一个日常生活中高配得感体现出的和谐之美。
2. 找到一个日常生活中高配得感体现出的超越之美。

思考
1. 你属高配得感人群吗？为什么？
2. 有哪些提高配得感的方法？
3. 说一说高配得感带来的审美体验。

第十八讲　形象之美：个人品牌的彰显

18

丁月华　唐溢惟

在当下这个信息洪流的时代，形象的塑造和传播不再受到地域、时间等限制，能够在全球范围内迅速形成影响力。政府及公共服务机构的形象直接关系到民众的信任与满意度；企业的品牌形象直接关系到其在市场上的核心竞争力；城市的形象直接关系到市民的归属感和幸福感，等等。而所有的形象都是靠人去塑造的，因此人的形象塑造至关重要。

学习导入 —————————————————————————————

　　个人品牌的构建过程中，外在形象的管理，如服饰选择、姿态表现和行为举止，与内在形象的塑造相辅相成，能够共同增强个人品牌的社会认同感与吸引力。个人形象管理与品牌建设应被视为一个动态、持续的过程，通过持续的形象优化，还能在职业发展中获得更多的机会与成功。本讲探索个人形象之美的内涵，如何塑造独特的自我风采。

一、形象之美的内涵及要素

　　《荀子·天论》有："天职既立，天功既成，形具而神生。好恶、喜怒、哀乐藏（藏）焉，夫是之谓天情。"《易经·系辞》中提到："形而上者谓之道，形而下者谓之器。"这里的"形"可以理解为具体的形体或物质形象，"形而上"指的是超越具体形象的抽象本质或道理，"形而下"是指具体的器物或形象。这种区分强调了形的具体性与道的抽象性之间的关联。

　　《荀子·强国》："其国险塞，形势便，山林川谷美，天材之利多，是形胜也。"形胜中的形指地理形势。南朝文学理论家刘勰的《文心雕龙·神思》中有：古人云：形在江海之上，心存魏阙之下；神思之谓也。文之思也，其神远矣。故寂然凝虑，思接千载；悄然动容，视通万里；吟咏之间，吐纳珠玉之声，眉睫之前，卷舒风云之色；其思理之致乎。此处的"形"指具体的景物形象，而"意"则指通过这些形象传达出来的情感或思想。北宋文学家苏轼批评那种只注重表面形似的画法，认为"论画以形似，见与儿童邻。"苏轼认为，真正的艺术创作应超越形的层次，追求神韵与意境的表达。这些论述体现了古人对"形"的多维理解，涵盖了形体、形象、形势等多个层面，且与"神""意"等概念密切相关。

　　古人对"象"的论述也涉及到自然、艺术、哲学等多个领域，尤其在易学、道学和诗学中，"象"是一个核心概念。

　　《老子·道德经》中说："大音希声，大象无形。"真正的"象"是超越具体形象的，是一种无形的、内在的境界。

　　《周易》"形而上者谓之道，形而下者谓之器，附物以象之，象之象也"。这里的"象"指的是通过具体的事物或现象表现出抽象的道理。魏晋时期的哲学家王弼在《周易注》中提出："立象以尽意，设卦以尽情伪。"他认为通过象来表达内在的意念，通过卦象来揭示事物的真实与虚假。象是意的表现形式，是用以表达抽象道理的媒介。

　　形、象连用，譬如，"乃审厥象，俾之以形，旁求于天下。"孔安国注曰："审其所梦之人，刻其形象，四方旁求之于民间。"孔安国《尚书注疏》里"形象"一词指的是具体人的相貌形状，通过刻画形象来寻求梦中之人。

我国古代诗歌《诗经·卫风·硕人》以细腻的笔触和生动的比喻刻画了庄姜美丽而尊贵的形象。"手如柔荑，肤如凝脂"表现其肌肤之美，"巧笑倩兮，美目盼兮"展现了其内在的气质和神韵，这种内外兼修的美丽，使得庄姜的形象散发出勃勃生机。中医认为，五脏六腑功能正常及协调和谐是生命健康的内在美，这种内在美会通过精气神等外在表现展现出来，如目光有神、面色红润、精力充沛等。

综上，形象之美，不仅仅是外在形的修饰，更是内在象（精神与个体气质）的外化。形象之美涵盖了个人的外在表现，如仪表、姿态、服饰等，深层次表现，如个人的内在修养、价值观念。是个体与社会之间微妙而深刻的对话桥梁。

二、形象之美的基础构成

（一）形的塑造：外在形象的精细打造

形体之美是指人体的外部形态，包括体形、头部、躯干和四肢的比例协调、适当，达到对称、均衡、和谐的效果，给人以赏心悦目的形式感。从古希腊雕塑中对人体比例的完美追求，到现代科学对人体结构的深入解析，都证明了人体之美首先体现在其形态与结构的和谐上。

图18-1　乔尔乔内　《沉睡的维纳斯》

身体最美的比例即身体各部分之间的比例关系接近于黄金比例（约为1:0.618）。当人体遵循黄金分割原则时，会呈现出一种均衡、协调的美感。如"三庭五眼""四高三低"等古老的面部比例划分方法，"8头身"等头身比例标准。

形体，其形态、比例、动作及表情均蕴含着深厚的审美价值，引发人们对美的感知和体验，是健康体魄的自然展现，更是内在生命力与活力的绽放。

乔尔乔内的《沉睡的维纳斯》，在这幅画中，维纳斯的身体比例匀称，线条流畅，右手枕入脑后，右腿弯在膝下，形成了一种封闭而又充满柔顺感的轮廓。画面中的维纳斯散发着一种宁静而崇高的美。

徐悲鸿的《愚公移山》这幅画中，通过精细的素描和写实的笔法，将人物的筋骨、肌肉等细节刻画得淋漓尽致，展现出劳作时的形体美。

至于个体的形体塑造，是一场关于自我雕琢的艺术之旅。首先要科学地调控饮食，让身体摄取到恰到好处的营养，既满足生命的需要，又不失轻盈与活力。精心选择食材，搭配出色彩斑斓、营养均衡的餐盘美食，就是在塑造身体的轮廓形。其次，学会合理地安排

图 18-2　徐悲鸿　《愚公移山》

运动，让身体的每一个细胞都在律动中焕发出生机。无论是瑜伽的柔美伸展，还是力量训练的坚韧挑战，都是在用汗水书写着属于自己的塑形诗篇。

　　塑形，从犹豫到坚定，从疲惫到振奋的的心路历程中，可学会耐心与坚持，学会在每一次跌倒后重新站起，学会倾听身体的声音，与之和谐共处。

　　最终，当一个人站在镜子前，欣赏着自己经过精心雕琢的形体时，会发现内在自我的深刻觉醒与升华。因为形体塑造，一个更加健康、自信、美丽的自己会令其欣喜不已。

图 18-3　人体肌肉之美

（二）服饰选择与搭配的艺术

　　服饰，作为个体形象的外在表现，彰显着个人的品味与风格，在一定程度上反映其内在性格与情感状态。

　　服饰之美，首先体现在色彩、款式与材质的和谐统一上。色彩，作为视觉的第一语言，能够直接触动人心，引发情感共鸣。从头到脚一般不超过三种颜色（不包括黑白灰）。过多的颜色会使整体搭配显得杂乱无章，缺乏时尚感。上深下浅，体现端庄、大方、恬静、严肃；上浅下深，体现明快、活泼、开朗、自信。上衣有横向花纹时，裤装不宜选择竖条纹或格子，上衣有竖纹花型时，裤装应避免横条纹或格子。上衣有杂色或花型较大、复杂时，下装应选择纯色。不同的色彩组合，能够营造出截然不同的氛围与效果，或温婉雅致，或热烈奔放。

　　无论潮流如何变迁，选择适合自己身材的衣服，能够更好地展现出身体线条，看起来精神、利落。过大或过小的衣服都会让人感到不自在，也难以展现出优雅的气质。

　　每个人都有自己独特的个性和风格，选择凸显自己风格的衣服，或简约，或复古，或甜美，或率性……不盲目追求潮流或模仿他人。小黑裙、白衬衫等经典款式的衣服，耐看、

图 18-4　温婉雅致

图 18-5　热烈奔放

图 18-6　休闲时尚

图 18-7　职业形象

百搭，能展现出一种低调的奢华感，适当地融入当季流行元素，可以使整体造型更加前卫。一件衣服的价值在于其质感和细节处理。选择面料柔软、做工精细的衣服，穿起来舒适，还能够展现出一种高级感。不同款式、色彩、佩饰之间应该相互协调，形成和谐统一的整体效果。例如，在选择上衣和下装时，要注意款式和色彩的搭配；在选择配饰时，要与整体造型风格保持一致。

　　同一个人在不同时间、不同场合，其着装款式和风格也应有所不同。例如，在正式场合应穿着庄重得体的正装；在休闲场合则可以选择舒适自然的休闲装。

　　在某些特定场合，如商务会议、正式宴会等，有着严格的着装要求。在这些场合中，应遵守相应的着装规矩和礼仪，给人留下良好的印象。

穿着合身、展现风格与个性、融合经典与时尚、注重质感与细节、追求搭配协调、随境而变的灵活性以及遵守常规与礼仪的自觉性，掌握了这些要义，每个人都可以打造出属于自己的独特形象，在不同场合中穿出自己的风格和魅力。

（三）姿态／仪态表现的优雅与自信

姿态即人体处于空间的动态之姿，包括站立、坐卧，行走、奔跑、跳跃、舞蹈等。

图 18-8　哪种姿态看起来更自信？

人的身体所呈现出的各种姿态，加上神态表情与相对静止的体态构成一个人的仪态。

以优雅站姿为例，头要正，头顶要平，双目炯炯有神，微收下颌，面带微笑，脖颈挺拔，双肩放松并稍微下沉，保持水平，避免耸肩或含胸的不良习惯。身躯直立，挺胸、收腹、立腰，臀部肌肉收紧。双臂自然下垂于体侧，手指自然弯曲。双手可交叠轻放在腹部前方，或自然垂放。双腿直立，两脚并拢或稍微分开与肩同宽。女士可以调整双脚成"V"字形或"T"字形站立，显得更加优雅。男士则可以将双脚平行站立，保持稳重。

为了增加站姿的优雅感，可以稍微调整身体姿态。例如，单腿可以后撤半步，形成轻微的"丁字步"，这样既能保持身体平衡，又能展现出身体的曲线美。在正式场合下，如商务会议、晚宴等，双脚并拢或稍微分开站立，双手交叠轻放腹部前方或自然下垂于体侧，展现出良好的职业素养和优雅风度。在休闲场合下，如朋友聚会、户外活动等，站姿可以适当放松一些。

优雅的站姿需要注重头部、肩部、躯干、双臂、双手以及腿部的协调与配合。最重要的是良好的身体姿态习惯和眼神。古人云：天得日月以为光，日月为万物之灵；人凭眼目以为光，眼为神明之光。一个人的眼神能反映其精神、感情状态及学识修养。京剧表演艺术大师梅兰芳在少年时期，眼睛轻度近视、眼珠转动不灵活，且迎风流泪，为了增强眼神的灵动性，通过养鸽子并训练自己追踪鸽子的方法，坚持十年之久，最终练就了一双"会说话的眼睛"。

《世说新语》中曹操自认为形貌丑陋，担心这样的形象不足以威慑请求拜见自己的匈奴使者，于是让英俊威武的崔琰代替自己接见，而自己则手握长刀装扮成卫士立于坐榻旁。接见结束后，曹操派人去询问使者对魏王的看法，使者答："大王雅量非常，然而床头提刀人，此乃英雄也。"这说明形象不只来源于一个人的容貌、形体之美，姿态和气度可以震惊四座。

"君子不失足于人，不失色于人，不矢口于人。"出自古代典籍《礼记·表记》，强调了君子在举止、仪态和言语上都要保持庄重和得体，不给他人留下轻浮或失态的印象。《弟子规》中"步从容，立端正，揖深圆，拜恭敬。"教导人们在行走时要步伐从容稳重，站立时要端正挺拔，行礼时要深圆恭敬。《礼记·玉藻》种有儒士或君子九容："足容重，手容恭，目容端，口容止，声容静，头容直，气容肃，立容德，色容庄。"详细描述了从脚步、手势、目光、口型、声音、头部姿态、气息、站立姿势到面部表情等方面的仪态标准。

"足容重"，脚步要稳重从容，不能匆匆忙忙、慌慌张张。这体现了儒士或君子的沉稳与庄重，无论行走何处都显得有条不紊。"手容恭"，手势要端正，无事可做时也不要乱动。这要求儒士或君子在待人接物时，手部动作要恭敬得体，以显示对对方的尊重。"目容端"，眼睛要直视前方，不要斜眼、偷看或盯视。与人交往时应该直视对方，但不是目不转睛地盯着，而是目光平稳从容，既表现出尊重又不至于让对方感到尴尬。"口容止"，该说时说，不该说时保持沉默，不喋喋不休、啰里啰嗦。儒士或君子在言谈中要注意分寸，言语得体，避免无谓的废话和失言。"声容静"，声音要平和寂静，不要大声喧哗。这体现了儒士或君子的内敛与修养，即使在公共场合也能保持冷静和低调。"头容直"头要摆正，不要摇头晃脑。这要求儒士或君子在任何时候都要保持头部的端正，以显示出自己的自信和从容。"气容肃"，呼吸要轻柔均匀，不出粗声怪音。这体现了内在修养和沉稳气质，即使在紧张或激动的时刻也能保持冷静和镇定。"立容德"站姿要端正，保持中立，不倚不靠。儒士或君子在站立时要展现出自己的道德风范和正直品质，给人以稳重可靠的感觉。"色容庄"，脸色要庄重，面无倦意。儒士或君子在任何时候都要保持面色的庄重和精神的饱满，以显示出自己的威严和尊严。"九容"是古代儒士或君子在日常生活中应遵守的基本礼仪规范，遵循这些规范，儒士或君子能够在人际交往中展现出自己的高尚品德和优雅气质。

仪态之美是一种内外兼修的美，从姿态端庄、动作优雅、表情自然到言谈得体、自信从容，每一个细节都体现了仪态之美的精髓。在日常生活中，注重个人的姿势和仪态，以展现自己的良好形象和风度。行为美，通常指个人在各种社会实践活动中表现出来的美好品质，如礼貌、尊重、善良、正直等。这些良好的品质是长期养成的结果，它们让人在举手投足间都流露出一种优雅和从容。

三、形象美与个人品牌建设

（一）形象美与个人品牌建设的关联

形象美，是一个人在视觉、听觉等多方面给他人留下的美好印象。这种印象是由个人的外貌、举止、言谈、穿着等多个方面共同构成的。

在初次接触时，人们往往会根据一个人的外在形象形成对其的第一印象。《林黛玉进贾府》是《红楼梦》中的经典章节，原文详细描绘了林黛玉初入贾府的场景和她的所见所感。

黛玉方进入房时，只见两个人搀着一位鬓发如银的老母迎上来，黛玉便知是他外祖母。

方欲拜见时，早被他外祖母一把搂入怀中，心肝儿肉叫着大哭起来。黛玉也哭个不住。一时众人慢慢解劝住了，黛玉方拜见了外祖母。黛玉初见贾母，被贾母一把搂入怀中大哭，黛玉也哭个不住。这表现出黛玉对亲情的渴望和对外祖母的依恋，也反映出她内心的敏感和多愁善感。黛玉在贾母的安排下去见舅母和众多亲戚，她表现得十分得体，没有过多的言语，只是按照礼节一一拜见。这显示出她的谨慎和教养。

王熙凤出场时的描述：一语未了，只听后院中有人笑声，说："我来迟了，不曾迎接远客！"黛玉纳罕道："这些人个个皆敛声屏气，恭肃严整如此，这来者系谁，这样放诞无礼？"心下想时，只见一群媳妇丫鬟围拥着一个人从后房门进来。当王熙凤出场时，黛玉心中纳罕，觉得此人放诞无礼。这表现出她对贾府规矩的敏感和对新环境的观察入微。然而，随着王熙凤的进一步表现，黛玉也很快适应了王熙凤出场的气氛。

与宝玉相见的原文描述（节选）：宝玉早已看见多了一个姊妹，便料定是林姑妈之女，忙来作揖。厮见毕归坐，细看形容，与众各别：两弯似蹙非蹙胃烟眉，一双似喜非喜含情目。态生两靥之愁，娇袭一身之病。泪光点点，娇喘微微。闲静时如姣花照水，行动处似弱柳扶风。心较比干多一窍，病如西子胜三分。原文没有直接描述黛玉见到宝玉时的心理活动，但从宝玉对黛玉的形容中可以看出，黛玉给宝玉留下了深刻的印象。黛玉的容貌和气质让宝玉觉得与众不同，这也为两人后续的情感发展埋下了伏笔。

黛玉的"两弯似蹙非蹙胃烟眉，一双似喜非喜含情目"成为她标志性的形象特征，使她在众多人物中显得与众不同，给宝玉及贾府的众人留下了深刻的第一印象。

形象之美是一种综合了审美、文化与社会认知的复杂现象。林黛玉很看重自己的出场是否能给他人留下好印象，宝玉对她的审美欣赏也是特定阶层的审美反映。当今社会，形象之美被视为个人品牌的核心组成部分。通过形象的塑造，个体能够表达自我认同和内在价值，还能在社会交往中形成独特的符号体系，进而影响他人对自身的认知与评价。

在当今社会，个人品牌已成为衡量一个人成功与影响力的重要参考。一个人的外在形象与内在气质完美结合，成为其个人品牌中不可复制的独特标识，这正是区分于其他竞争者、赢得人气的关键。

肯德基（KFC）作为全球知名的快餐连锁品牌，创始人哈兰·山德士上校（Colonel Harland Sanders）的形象已成为品牌的标志性符号。他穿着白色西装、打着黑色领结，面带微笑，蓄着白色山羊胡子，这一形象深入人心，与肯德基品牌紧密相连。

成都有"薛涛"品牌，薛涛是成都的历史名人，唐代著名女诗人，她的诗作中不乏以竹为题的佳作，如《酬人雨后玩竹》中"南天春雨时，那鉴雪霜姿。众类亦云茂，虚心宁自持"，借竹之高洁自喻，表达自己坚韧不屈、虚心自持的品格。虽为女子，不乏关怀时政、抒发己见之作，如《筹边楼》中"平临云鸟八窗秋，壮压西川四十州。诸将莫贪羌族马，最高层处见边头"，既展现了筹边楼的雄伟壮观，又告诫将领要公忠体国，莫贪私利。《春望词》中"花开不同赏，花落不同悲。欲问相思处，花开花落时"，以花开花落喻指爱情的起伏变化，表达了对远方恋人的深深思念。这种温柔细腻的女性特质，使薛涛的形象更加立体、生动。元稹称她令"纷纷词客多停笔，个个公卿欲梦刀"；王建赞颂她"扫眉才子知多少，管领春风总不如"；明代杨慎认为她的诗"有讽喻而不露，得诗人之妙，使李白见之亦当叩首"。这些诗评肯定了薛涛的文学成就，也从一个侧面反映了她在文学史上的重要地位和美好形象。综上所述，薛涛的形象美体现在她才思敏捷的文学才华、高洁坚韧的品格、忧国忧民的爱国情怀、温柔细腻的女性特质以及历代文人对她的高度评价之中。靠近薛涛的墓地及纪念馆的商家借此进行薛涛文化的宣传。这些店铺已经成功注册了"薛涛"商标，并在多个地方开设了分店。

（二）个人品牌建设中形象美的塑造策略

个体对形象之美的深入理解与实践，可以实现自我与社会的和谐统一，在人际交往中更好地展示自我、影响他人。这种美的实现，需要长期的内省与外修，这是个人发展过程中不可或缺的组成部分。

首先，要明确个人品牌定位与形象设计风格。定位是个人品牌建设的基础，它决定了你要在哪些领域、以何种方式展现自己的价值和影响力。例如，作为一名律师，着装打扮要选择正式的服装，言谈举止稳重、展现出你的专业度和可信度。吸引力则体现在你的个人魅力和亲和力上，注重自己的情感表达和人际交往能力提升，善于与他人沟通和交流，从而建立起良好的人际关系和口碑。在提升专业度和吸引力的过程中，可以借助一些具体的技巧和方法。比如，可以通过学习优秀的行业领袖或公众人物的言谈举止和着装风格提升自己的形象美。想象自己是一位学徒，跟随在大师身边，仔细观察他们的言谈举止和着装风格，从中汲取灵感，可逐渐形成自己的风格。如果有条件，参与形象塑造课程，通过系统的学习和实践，你的个人魅力如同被施了魔法一般，日益增强。

每个成功的个人品牌背后，都有动人心弦的故事和一套坚不可摧的理念。香奈儿老佛爷，即卡尔·拉格斐（Karl Lagerfeld），是时尚界不可多得的传奇人物。卡尔·拉格斐于1933年出生于德国汉堡市的一个富裕家庭，父亲是一名炼乳商人，母亲是一位热爱阅读及服饰的女性。这种家庭环境为他日后成为时尚设计师提供了良好的启蒙。1965年，卡尔加入意大利时装品牌芬迪，担任设计师。芬迪著名的双F标志出自卡尔之手。FF标志可理解为"Fun Furs"（有趣的皮草），这与芬迪最初的皮草工作室起家背景紧密相连，这一设计既是对芬迪传统的致敬，也是对未来时尚趋势的引领。在卡尔的引领下，芬迪逐渐增加了高级女装、男装、鞋靴、香水等产品线，延续了芬迪一贯的高品质和设计感，注重细节处理，善于运用各种材料和工艺，创造出令人惊叹的作品。1983年，卡尔接任香奈儿设计总监。法国女性时装店香奈儿的设计师可可·香奈儿于1971年逝世，该品牌于此后的十年被外界认定是个"近乎死亡的品牌"，拉格斐改造了香奈儿成衣时装系列，令香奈儿成为世界上赚钱的时装品牌。1984年，当拉格斐于香奈儿工作了一年后，他以自

图 18-9　拉格斐于 2007 年出席第 60 届戛纳影展

己的姓名"KARLLAGERFELD"创立品牌。该品牌以"知识分子的性感"为理念来进行建设。合身、窄身、窄袖的向外顺裁线条，古典风范与街头趣味结合，造就了多项创新。他最高峰时曾同时主理多个国际大牌的设计工作，展现出了惊人的工作能力和创造力。卡尔以银发、墨镜、白色衬衫和黑色外套的经典形象示人，这一形象深入人心、成为他的标志性符号。除了时尚设计外，卡尔还涉足摄影、出版、影视等多个领域，展现出了多才多艺的一面。他拍摄的模特照片和执导的短片都备受赞誉。卡尔一生未婚未育，将全部的热情和精力都投入到了时尚事业中。晚年时他依然保持着旺盛的工作热情和创造力，不断推出新的设计作品与时尚理念。据报道，卡尔在去世后将巨额遗产留给了他的宠物猫以及多位亲密助手与模特。从一个侧面反映了他对这些人和物的深厚感情。

个人的形象美，就像是一座桥梁，连接着你与欣赏你的人，让情感得以共鸣，理念得以传递。如果你的个人品牌代表着创新与前卫，那么你的形象设计就应该像一部科幻小说中的主角，充满未来感和探索精神。你的每一次亮相，都在向世界宣告："我就是那个敢于梦想、勇于探索的人。"通过你的形象，讲述一个关于坚持、勇气或爱的故事，让人在欣赏你的同时，也能感受到那份来自心底的触动。这种情感的共鸣，将成为你个人品牌最坚实的后盾。

结语：形象具有多重性。个人的形象是社会形象的一部分，随着个人身份与归属的逐渐明晰，个人形象超越了自我范畴，从而属于他所代表的组织、地区或国家，进而个人形象升华为组织形象、地区形象或国家形象。作为新时代青年，我们应该树立什么样的审美理念和标准去追求形象之美呢？

法国启蒙思想家伏尔泰所说："外在的美只能取悦于人的眼睛，而内在的美却能感化人的灵魂。""爱人者，人恒爱之；敬人者，人恒敬之"。在困境中，能够坚守社会主义核心价值观，不屈不挠；在顺境中，能够保持谦逊，不断进取。对待生活充满热情，对待他人充满善意，能够用自己的言行影响和感染周围的人，就是一个整体上形象美之人，是个人品牌彰显之人。

第十九讲　时间之美：人的生命节点与历程变化

杨树文

    时间是客观存在和运动变化的，是不以人的意志为转移的；同时，时间又是无形、无色、无味的。时间之所以能够成为人类的审美对象，成为要讨论的审美话题，完全是因为我们在时间中感受到的"我"的生命节点或历程变化。换句话说，在艺术作品中，在人生中，在自然中体验到时间的变化或永恒，无非是将自我的生命体验投射在了作品、人生或自然中的感受。在审美中，我们将无形、无色、无味的时间对象赋予了生命的色彩，这正是王国维所说的"有我之境"。按照个人的时间、社会的时间、自然的时间，时间大致分为短时段、中时段和长时段。时间成为审美体验的对象，前提是时间的物质化显现，其次是依赖我们个体的生命体验。体验时间之美，需要感性的审美体验，也需要理性的审美理解，这种过程是情思兼备的。

学习导入

图 19-1　董希文　《千年土地翻了身》

图 19-2　杜尚　《下楼梯的裸女》

油画《千年土地翻了身》描绘了和平解放后的西藏结束了千年的农奴制，藏族人民分到了土地和耕牛。在解放军的帮助下，封锁千年的土地焕发出新的活力，在耕牛和犁铧的催动下，大地母亲重新敞开温暖的怀抱，准备哺育新的子孙。后方是万年屹立着的皑皑雪山，前方是刚刚化冻的千年土地，驱驾最前方两头牦牛的女性暗示着土地母亲力量的复苏。艺术家将重大历史事件（西藏解放）发生的短时间性与长时间存在的自然景观和土地并置，在两种不同时间的对比中展开主流叙事，增加了事件和作品的感染力、说服力。

在《下楼梯的裸女》这幅画中，画家第一次用静态的画面表现了一个人从楼梯上走下来时的整个过程：画家截取了"她"走下楼梯的每一瞬时在空间中留下的"存在"印记，将其安排在同一个画面中，并运用立体主义的手法概括表现。每个台阶上的形象在现实的时间流逝中都消失了，这是客体世界的"规律"，但杜尚受到法国摄影师发表的一些表现形体活动的连续性照片的启发，以绘画的方式主观地将时间流逝过程还原出来，这意味着"走下楼梯的裸女"这个画面主体是以动态时间的方式呈现的，是杜尚对要表现的对象在视觉语言运用上的成功。因而，这个"裸女"的形象在当时具有非常前卫的美学意义。通过这件作品，我们能够感受到绘画中时间作为素材和资源是如何被那些天才的艺术家转化和利用的。

除许多与时间有关的美术作品外，还有大量的诗文与时间相关，如"秦时明月汉时关，万里长城人未还"中对边塞军旅时光的感怀；"去年元夜时，花市灯如昼。月上柳梢头，人约黄昏后。今年元夜时，月与灯依旧。不见去年人，泪湿春衫袖"中表达了与所爱之人长时间分离的悲伤；"滚滚长江东逝水，浪花淘尽英雄。是非成败转头空。青山依旧在，几度夕阳红"诗句中对家国历史变迁的感叹等，这些诗句都包含着将时间作为审美对象的因素。我国大量民间神话故事中，都包含着"前生""转世"等情节，这些都可看作是文艺创作中借用时间跨度的调整以增强艺术张力的手段。这种情况还被运用到影视作品、穿越小说、科幻剧中，当"过去""当下""未来"不同的时间节点可以被自由重构，艺术叙事似乎也就更加从容了。不仅仅在艺术作品中，在现实生活和自然界中，时间的痕迹和作用也是处处可寻。有了时间维度的加入，在审视这个世界时，对象的丰富程度完全不同，个体的审美心理活动也变得更加复杂了。

一、体验时间

"时间"作为一个哲学、物理、政治和叙事学问题由来已久，这里要讨论的"时间之美"是将时间作为审美体验的对象，而不是哲学中认知的时间特点、时间类型（比如西方美学　中的"时间性"研究或中国古代道的恒常性时间性、禅宗刹那生灭的时间性等）或艺术作　品叙事中的时间修辞（比如文学叙事中的"区段化"或"断裂式""循环式"修辞等）。

时间并没有物质化的形态、气味、声音或温度，它并不能被我们的眼、耳、鼻、舌、身等感官系统直接感受到，那它又如何作为审美的对象产生价值意义呢？下面让我们先在艺术作品的鉴赏和生活用品的审视中来体验时间。

（一）从古诗中体验时间

念奴娇·赤壁怀古

苏轼

大江东去，浪淘尽，千古风流人物。故垒西边，人道是，三国周郎赤壁。乱石穿空，惊涛拍岸，卷起千堆雪。江山如画，一时多少豪杰。

遥想公瑾当年，小乔初嫁了，雄姿英发。羽扇纶巾，谈笑间，樯橹灰飞烟灭。故国神游，多情应笑我，早生华发。人生如梦，一尊还酹江月。

《赤壁怀古》开宗明义，千百年来，历史上出现过许多英雄人物，在特定的历史时空中，他们建功立业，炬赫一时，如三国周瑜，豪杰风流，雄姿英发，智胜曹兵，确立三足鼎立的格局，时人谁不仰慕他的姿容风采？然而长江后浪推前浪，伴随着时间的流逝，那些豪杰人物的伟大业绩，也如长江浪花不断拍打淘洗，逐渐褪色淡漠，变成了历史的陈迹。在这一怀古咏史名作中，苏轼在三国古战场赤壁，遥想当年人物，体味个体的力量和成就在漫长的历史时光面前的渺小，将时间作为审美体验的对象，以时间的未来视野观照作者本人人生和当下仕途的坎坷和得失，获得了超越小我现实苦恼、坚定乐观人生信仰的审美价值。

图 19-3　李成、王晓　《读碑窠石图》

（二）从画作中体验时间

《读碑窠石图》中，在冬日凄凉的原野上，一块古碑，几棵枯树，骑驴的老者伫立碑前，观看碑文。整幅画给人以人世沧桑，往事如烟之感。作者将人物与落尽树叶的枯树、年代久远的石碑并置一起，实际上是引入或在画面中构建了"时间"这一审美对象，老者观碑是对逝去历史的追忆，观者看画则会产生对时代变迁、沧海桑田变换的感慨。寂寥凝重的枯木杂林则是对往事寂寥的铺垫和渲染。在荒无人烟的山林或荒野中访碑寻古的传统，不仅是中国文人研究文字学、古物学的知识诉求使然，更是中国知识分子凭吊古迹，借助漫长历史时光留下的遗迹和吉光片羽，与历史和古人跨时空交流，引领自我超越现实困境的一种情感需求和独特的审美传统。

（三）从照片中体验时间

家庭影集是每个家庭的影像记忆库。对于父辈以上的长者而言，家庭影集承担着非常重要的追忆和怀旧的功能。

当大家翻看自己的家庭影集时，一定能感受到自己内心世界泛起的涟漪。通过那些老照片，也许我们与照片中有的长辈已经天人永隔，也许当时家里的物质环境今天已难觅踪迹，也许当时的我们在今天看来幼稚可爱，但当我们突然面对这些跨越时间的影像时，多少家庭往事历历在目，多少父母长辈的温情脉脉涌上心头。我们不禁感慨时间的力量，它偷偷地、不知不觉地改变了我们身边的一切，改变了我们自己，甚至是我们的身体。

现代的科技和影像技术帮我们留下了私人历史的影像和声音，时隔多年后我们重新面对这些自己曾经非常熟悉但现实中已经发生巨大变化的形象时，那些作为视觉文化或物质文化的现实物证，使我们产生遥想与回忆，继而引发喟叹的并非那些事物和形象本身，而是时间的力量。

二、当时间成为审美体验的对象

（一）时间的客观属性

时间的存在和运动规律是先于人类存在的，人类只能以自己非常有限的认知方式去不断接近它、理解它、体验它、享用它，却无法改变它。不论有没有人类，抑或人类能否认识到它，它都安然地存在和运动。作为天地宇宙运行的计量方式之一，时间也是大到苍茫宇宙、地球寰宇，小到个体生命的一生一世、一时一刻的基本坐标。从马克思主义唯物史观出发，我们必须承认，时间和时间的运动变化规律是不以人的意志为转移的客观存在，这是时间的客观属性。

（二）时间的文化属性

另一方面，假使没有作为生命体的人类或人类个体，时间便没有意义，因为"无我"，也就"无他"。

当一粒种子在母体中形成胚胎，生命降临开始，时间就开始具有了特殊意义，虽然这种意义是经我们人类自己赋予的：我们感受到的时间是根据人设定的计量单位（比如秒、分、时、天、周、月、年等）运动的。随着时间的滴答滴答，作为生命体的胚胎慢慢产生变化，五官开始形成，四肢、内脏成型。当发育完整，在母体内待够 10 个月，我们就呱呱坠地了。其后的日子里，不管我们能否意识到，时间都与我们须臾不离（须臾这个词，本身就是人类计量时间的一种刻度）。我们学会走路，开始感受人类的亲情、友情。每年春季天

图 19-4　黄河开河景象
　　每年春季天气转暖，冰雪消融，封冻的黄河又开始渐渐苏醒。冬封春开，年复一年，时间在这背后静静地发力，丝毫不以人的意志为转移。

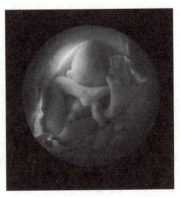

图 19-5　母体中的胎儿图像
　　生命从这时开始，时间也开始了。

图 19-6　时间之美（彭泰祺绘）

气转暖，冰雪消融，封冻的黄河又开始渐渐苏醒。冬封春开，年复一年，时间在这背后静静地发力，丝毫不以人的意志为转移。我们学习前人总结出的各种知识和经验，逐渐明确自己的理想，规划自己的未来，为此，我们甚至离开父母和家乡，到一个陌生城市求学或工作。我们开始邂逅爱情，那是一种充满魔力、很难用语言形容的体验，我们经历从未有过的幸福，当然也有可能感受无法比拟的痛苦和失落。好在随着时间的运动，幸福可以继续，痛苦终将过去。我们当中有人开始组建家庭，也开始孕育新的生命。有了新生命的降临而迫使成为父母的我们继续前行，有的人为了自己的理想百折不回、初心不改，有的人在现实中慢慢调校自己的生命轨迹……忙碌中偶然回首，发现上一代开始慢慢衰老，下一代渐渐成长。看着自己孩提时代的照片会清晰地感受到时间的力量，这一切都是无法改变的时间给我们带来的变化。原本并无情感和温度的时间，被人类赋予了感情和记忆，可以把它称之为时间的文化属性。将时间作为审美体验的对象，或者说，讨论时间之美，主要是讨论时间的文化属性，换言之，对时间的审美，归根结底是对文化存在方式和文化流变历程的审视和体验。

这只是生命个体对所经历时间的体验，在这种体验当中，把围绕时间轴线的生命历程作为审视的对象，获得情感的深化、心灵的润泽、思想的升华和心智的成长，而这些成效，则正是审美活动的自由、自觉的追求。

个体生命的时间在漫长的历史进程中毕竟是非常有限的，人类之所以区别于其他动物，

图 19-7　生命的节点（彭泰祺绘）

一个很重要的品质是我们总是会超越此生的时间限度，比如后辈要学习前人的知识，这些知识是在个体的生命开始之前就被前人发现的。传承这些知识，并在自己此生有限的生命中开拓新知，再传给后人，比如继承前人的经验，而不仅局限于在自己有限的生命中总结此生的经验。我们要用有生的时光创造一段自己的历史，虽然放在整个社会、民族和国家的视野中，生命整体的时间只是非常短小而局部的"一瞬"。因此，有必要对"时间"进行长度上的界定。

三、时间的长度

当时间成为审美体验的对象，时间会在个体的生命中留下痕迹，比如在母亲鬓边的白发中；时间会凝结在社会的景观中，比如在中国日益崛起的大国形象中；时间会浓缩在大自然的景观中，比如在沙漠瀚海倔强挺立的胡杨林中。因此，可以从时间长短的角度对作为审美体验对象的时间进行粗略的划分。

（一）作为审美对象的时间

短时段：指向自我的、个体的、本人的、家庭的时间等短时段概念，称为个体生命时间。

中时段：在长时段和短时段之间，比如城市、国家、民族等为主体的时段概念，称为社会时间。

长时段：往往指向人类的、生物的、大自然的甚至宇宙的等长时段概念，称为自然时间。

简单来说，当我们将自己的生命历程作为审美的对象，面对的时间的长度是短时段的，因为人类个体生命的长度一般不过百年；而当把社会的变迁作为审美体验的对象，面对的时间的长度都会大大增加；而当把诸如人类的文明演进、生物的进化、甚或天体宇宙的年龄作为审美体验的对象，时间的长度及其所包含的信息维度则大大增加了，这种情况被界定为长时段。

需要说明的是，以上这种对时间长度的界定是相对的，因为其一，长与短是相对的概念，面对不同的研究状况，可以给不同主

图 19-8　电影《白鹿原》剧照
　　迎接解放，游行的人群从象征旧社会的牌坊下穿过，呼应了影片叙事的时间长度。

图 19-9　左图为八国联军炮火轰炸后的北京，右图为今日的北京

　　城市景观的巨大变迁，凝结了中国国家形象在百年时间中的变化，其背后是中华民族的百年奋斗历程，当我们凝思这一特有的审美对象时，已经进入了对社会时间的体验。

体的时间属性进行更符合实际情况的界定，比如在地球年龄面前，也可以将原始社会形态的历史界定为中时段，而将某个城市的兴盛与消亡界定为短时段；其二，在很多情况下，长与短是互相纠缠，你中有我的，比如在长篇小说《白鹿原》中，白、鹿两家三代人的爱恨纠葛属于短时段，以白鹿原为镜像，浓缩着清末至新中国成立的时光中，封建社会向新社会转变的叙事背景则又可界定为中时段。当然，以上分类界定只是提供了一种方法和思路，并不是确定性的知识。

（二）时间与历史

　　将审美体验的对象——"时间"进行上述界定，是受到了法国年鉴学派第二代学者费尔南·布罗代尔（1902—1985）的《地中海与菲利普二世时代的地中海世界》一书中提出的历史研究的时段概念的启发，费尔南·布罗代尔认为历史有多个时间层面，在他三卷本的《地中海》中，每卷按照一种时间维度展开。第一卷以"地质时间"为中心，描写地理环境所代表的硬性边界，探讨生活在特定地理环境中的人如何在这些条件之上形成他们的经济生活、社会生活，这个过程被称为长时段，它的变化非常缓慢；第二卷探讨人口、经济波动的周期，和平与战争交替的周期以及在此周期内作为集体的人的生活，常常需要三五十年或一个世纪为时间范围，这就是中时段；第三卷讨论了"事件"，也即短时段，这种时间维度往往是瞬息万变的，但对个体而言却往往需要占据其生命中的很长时间。

　　在这样的启发下，可以对作为审美对象的"时间"给与以上粗略的区分和界定。要说明的是，历史和时间的概念虽然有着很大的不同，但毕竟历史是以时间为主轴延展出来的，没有"过去""当下""未来"这样的时间观念，自然也就没有历史的书写。不论是在博物馆里参观几亿年来地质的运动模型、某种生物的进化史；还是凭吊古迹、参观某一时期的文化遗址；抑或是通过生活中的蛛丝马迹回忆自己和家庭这些年的过往和变化，我们始终都在面对历史，同样在自觉或不自觉的审美活动中将文化属性的"时间"作为体验的对象。将时间作为审美体验的对象，特别是将远远超个体生命时间的社会时间景观（中时段）和自然时间景观（长时段）作为审美对象，要求必须调动个体生命感性经验之外的知识和理性经验的参与。这样，在审美体验中会发现，个体生命经验的阈限被大大地拓宽、拓长了，人生容量也就大大地增加了。

四、用生命体验时间

对时间的审美体验，并不像一般的视觉审美、听觉审美那样，以某种感官为基础。时间无形、无色、无味，如何才能成为审视和体验的对象呢？

（一）体验时间之美的条件

时间可以成为审美体验的对象，但它又是无声的、无形的，也就是说，它并不一定存在"美的形式"。它能够被人感知，首先要基于某种介质或"存在方式"，比如在前面的《读碑窠石图》中，古碑和寂寥的山林就是时间存在的"介质"，没有这种存在介质，我们就没法感受和体悟时间。这是时间成为审美对象的第一个条件：时间的物质化显现。

当时间物质化为某种具体的存在方式时，这种存在方式可能本身不见得也不必符合形式美学的需要，但它必须能引发审美主体的联想、理解和体验，即必须让审美主体进入"有我之境"。比如看到自己最亲近的长辈很多年前曾用过的某个物件，该物件并不需要符合形式美学的需要，但却可以成为审美体验的对象，通过对这一个体时间的物质化存在的审视、遥想、回忆和理解，将自我的生命时间和眼前之物联系起来，产生独特的审美体验和情感体验。即是说，时间成为审美对象，依赖审美主体、人的理解和联想，理解和联想是将审美主体与时间的关系作为体悟的对象。如不把时间和审美主体的生命结合起来，时间既不具有形式，也不具有内容，便没有审美的意义可言了。时间成为审美对象的第二个条件：审美主体从生命出发的理解和体验，或者说，用生命体验时间，必是以我观物的有我之境。如果没有这种深度的理解和体验，是不会感到时间给我们带来的情感影响的。

不同于其他审美，视觉的、听觉的乃至于味觉的、嗅觉的审美对

图 19-10 长城玉门关

玉门关遗址位于甘肃省敦煌市城西北 80 千米的戈壁滩上，是长城西端重要关口。现存遗址为汉代所建，出土汉代纸张、砚台、毛笔、织锦和记录政治、经济、生活的汉代竹简等。苍茫戈壁中，今已是人迹罕至处，但丝路雄关的遗迹凝结着两千年的历史光阴。

象，我们都是先在审美对象本身那里感受到形式的美，比如视觉中的造型、色彩等视觉形式美；听觉中的旋律、音色、节奏等听觉形式美；味觉中的醇厚、鲜甜、味觉层次等味觉形式美等。进而进入审美理解层面，获得完整的审美体验。对时间的审美体验，并不依赖时间物质化的外在形式美，它直指生命的体验和理解，不是对时间存在媒介的物质化形式美的审视。换句话说，对时间的体验，是对生命内容的体验，是美学心理活动，是在克服"物我利害冲突关系"，是对个人意志的引领或驱赶，即王国维所谓的"宏壮之美"。

在丝路古道上，淹没在戈壁沙丘中的几堆夯土，外形残损，已与一般土堆无二，在视觉形式上，没有什么特殊的形式美感，但如果你知道这几处夯土曾是通往西域的某个重要关隘，在这里，曾发生过重要战役，文献中记载着这里的各民族曾经商贸往来的繁荣，甚至迁客骚人贬谪途经此地的轶事等，面对这一时间的物化介质时，审美的对象就不是这几处黄土，更不是在这几个土堆中寻找造型、色彩之类的形式美，而是直指凝结在这些古迹上的时间和历史，在与这真实可感、有物可证的漫长的时间和历史的对话中，获得对个体生命的重新审视和感悟。这就是时间成为审美对象的第三个条件：体验时间与生命内容之间的关系，而非对时间存在媒介的物质化形式美的追求。

（二）体验时间之美的方式

用生命体验时间，时间可以表现为不同的时段，每当以自己的个体生命面对不同时段的时间对象时，审美体验的"难度"是不同的：我们很容易体会短时段的时间信息和审美价值，因为它和个体生命的共鸣最直接；对于那些中长时段的时间对象，仅靠感性的回忆、想象恐怕不能完成完整的审美体验，必须加入理性的思维，也即常说的审美理解。

由此将生命体验时间的方式大致分为两类：感性体验与理性体验。

在短时段的审美体验中，以回忆等感性体会为主要方式，体验个体生命在时间流逝和时光变动中的变化，获得感动、赞赏、叹惋等审美情感，引发反思个体生命历程、坚定生命信念等理性态度。

个体生命在长时段的审美体验中，仅仅通过回忆或其他感性体悟可能是不够的，因为那些时段远远大于个体生命所经历的时段，就像我们没法回忆清末或者民国的时光，是因为我们的生命从没有在那段时光中穿行过。因此就需要通过理性的认知辅以遥想为主要方式，获得对诸如悠远时空的崇高、一尘不变的永恒、沧海桑田等审美体验，在此基础上，引发对时间和历史规律的理解。

（三）体验时间之美的价值

上文提到，在体验时间之美的方式上，审美主体对短时段时间与个体生命的体验，往往借助回忆、反思等方式；审美主体对长时段时间的体验，仅靠感性的遥想和回忆是不够的，必须依赖理性的认知为先导。前者更接近情感的体验（当然最终也向着理性迈进），后者则更接近理性体验（当然也包含着审美的情感体验）。由此可以看到：审视时间之美包含着感性和理性两方面的收获，是"情思兼备"的。从美育与智育的关系上说，体验时间之美，遵循着"以美启智""以智益美"的现实规律。

那么，体验时间之美究竟有什么价值或意义呢？

体验和审视时间，并不仅是追忆个体或家庭的过去，也包括回溯国家甚至人类的历史。作为美育的内容，后者与从属于智育的历史学的目标和价值

图 19-11　秦始皇陵兵马俑
　　陕西西安秦始皇陵兵马俑，面对它时，我们既能感受到改变历史发展的伟大力量和巨大事件的"永恒"性，也能感受到作为个体生命的"瞬间"性。

追求是有明显的区分的，智育的第一目标是"认知"，即获得认知世界规律的能力，美育的首要目标则是"体验"，即获得与世界"共情"的能力。具体而言，追溯并尽可能靠近那些永远难以企及的往事真相，属于知识学的范畴；对时间的审美体验则超越自己的生命历程，属于价值学的范畴，这与人生态度的转换、人生情感的陶冶、个体心智的成熟、生命理解的升华等效果密切相关。

对时间之美的审视，归根结底是在审视时间和生命的关系，也是体验时间之美的价值所在。在这两者的关系中，可以总结出两种状态，即生命面对时间长度的两极代表："瞬间"与"永恒"。

当从个体生命出发，面对长时段的时间时，审美对象能提醒个体生命是长时段中的"瞬间"。比如当我们站在秦陵兵马俑墓葬坑前，看着2000多年前的兵勇战车组成的威武"三军"军阵，遥想当年秦王嬴政率军击败六国、统一中国的伟业，想到无数鲜活的生命在这一场"霸业"中灰飞烟灭，即便当年功业如此、对后世社会政治影响巨大的秦始皇，今日也无非枯骨蒿粉，消弭在时间的长河里，正所谓"万里长城今犹在，不见当年秦始皇"。正是在这漫长的时间面前，我们能强烈地体验到个体生命的"瞬间"，也正是体会到这种瞬间，我们才能从当下"小我"的失落或得意中超越出来，因为当下我们不论经历怎样的情绪、情感，都只是"瞬间"而已。这样，我们便在对时间的审美中提升了当下的人生态度和价值立场。而另一方面，从历史人物和历史事件的长时段维度出发，感受超越个体生命的时间经验，对象便呈现出"永恒"的属性。比如从2000年前的政治人物、统一六国、开启封建大一统社会的巨大历史事件出发，在看到个体生命在"瞬间"的同时，另一面则是历史人物和人民力量穿越个体生命的"永恒"。这是生命与时间关系的两面，也是时间标记的"两极"。当在时间和生命的关系中审视对象时，会发现价值总在这两极间之间的数轴上变化，产生无穷多的意义节点。

当然，这需要我们在审美体验实践中去慢慢体悟。

第二十讲　书法之美：情感表达与
自我发现

20

王　伟

　　著名美学家宗白华说："中国的书法，是节奏化了的自然，表达着深一层的对生命形象的构思，成为反映生命的艺术。中国书法艺术自诞生以来，汇聚了数千年无数先辈的智慧与审美意识，既传承了中国文化传统，也囊括了千年来华夏民族的美学变迁。自甲骨文开始，到魏晋时期以后，书体逐渐完备，众多书法家在书写中不断自我反省，在艺术作品与艺术理论发展中呈现了个人魅力，书法艺术因此而具生命力。

学习导入

　　熊秉明,是著名法籍华人艺术家,哲学家,在其著作《中国书法理论体系》中谈道:"中国有一门书法,是处在哲学和造型艺术之间的一环,比起哲学来,它更具体,更有生活气息,比起雕刻来,它更抽象,更空灵。书法是中国文化核心的核心,是中国灵魂特有的园地。"①这段话,尤其是关于"核心"的论点,广泛受到现代书法家与艺术理论家的认可。那么书法何以成为中国文化的核心呢?这种"核心"对于我们的人生有何启迪?

一、中国书法审美

　　中国书法历史悠久,源远流长,其美学价值和审美意蕴深厚而独特。要想深入理解书法为何美,如何审美,势必要追溯文字的形态演变线索。从甲骨文、金文,到篆书、隶书、楷书、行书、草书,书体的演变承载着历史的痕迹和文化的积淀,也无法绕开书法审美的起源与变化。不同历史时期,人们对书法的审美标准和价值判断都有所不同,这些变化反映了社会文化的变迁,也体现了书法艺术的多样性和包容性。只有对这些历史背景有了大概的了解,才能真正踏入书法文化的大门,领略书法的文化底蕴,从而更好地理解书法审美的价值与意义所在,感受书法艺术的独特魅力和无穷韵味。

图20-1　祭祀狩猎涂朱牛骨刻辞(正面、局部、背面)

(一)情感书写的载体

　　在纸张制作技术没有出现与成熟之时,古代文字书写载体经历了由硬质载体(如龟甲、兽骨、青铜器、石碑、竹木简等)向软质载体(绢帛、纸张等)的转变,这种载体的转换主要是受限于当时生产力与生产水平的发展,随着书写载体的丰富与完善,书法家会有意识地选择不同的材质用于不同的事项书写。

中国书法的起源最早可以追溯到殷商时期的甲骨文，是目前可考最早成体系的文字，大约有 3000 多年的历史，1899 年由清代学者王懿荣发现，随后大量甲骨文遗迹出土于河南安阳遗址。甲骨文是商朝晚期王室用于占卜记事而在龟甲或兽骨上契刻的文字，这种进行占卜问询的仪式，本就带有强烈的敬畏之心与期待的情感在其中。早期的人类在自然面前是相对弱势的，无法抵挡野兽与自然灾害的侵袭，所以对自然界的力量抱有敬畏之情，宗教信仰也随之孕育而生。

商代后期，人类进入青铜器时代，青铜器铭文是在青铜器皿上铸造的文字。古人称青铜器为吉金，故青铜文也称金文。青铜器作为甲骨文之后，文字的第二大载体，其功用涉及礼器，祭祀，丧葬与生活用具等方面。当前考古材料出土的青铜文，书法内容以记录、歌颂先王功绩和历史事件为主。内容中带有书者对于先人的追思与敬佩之情，也有对于后代寄予殷切嘱托的真挚情感。故而，当今天欣赏这些相对比较陌生的书体时，了解作品背后的文化与文字本身内容，有助于更好地走进作品，体会其中的情感表达。

后母戊鼎是中国商代后期（约公元前 16 世纪至公元前 11 世纪）商王武丁的儿子为祭祀母亲铸造的，是迄今世界上出土最大、最重的青铜礼器，现藏中国国家博物馆。后母戊鼎及其铭文承载着商王武丁之子对母亲的缅怀，将一份母子深情传递给后世。铭文字体笔势雄健，形体丰腴，展现出一种力量感，这种风格与司母戊鼎本身的厚重造型相得益彰，共同构成了鼎的威严与庄重。铭文的笔画起止多锋芒毕露，间用肥笔，但并不显得笨拙，反而收刚柔相济之妙。这种处理方式使得铭文在视觉上具冲击力和动态美，让人在欣赏这尊青铜巨作的同时，也能深刻感受到千年深情与厚意。

广义的石刻包括墓碑、碣石、摩崖、功德碑、墓志、塔铭、造像、石经、经幢等形式。不同的名称代表着不同的功用，蕴含的情感主要包括对已逝亲人的悼念之情，对功臣、明主的赞颂敬仰之情，对神明的敬畏与信仰之情等。

石鼓文，被称为"石刻之祖"或"猎碣"，因刻在形状似鼓的石头上而得名，篆刻时间不详，据学者考证大约是在秦始皇统一六国前的先秦时期。石鼓文用四言诗记述了春秋时秦国国君的一次猎祭活动，字形结构整齐而略呈长方，平行线条多作排列装饰，严谨茂密。体势整肃，端庄凝重，笔力稳健。章法疏朗，竖呈行，横有列，字距匀称，行间分明。线条较金文更加匀整圆润，展现出一种古朴雄浑之美。通过篆刻石鼓文，书者表达了对国君的敬仰或对猎祭活动的赞叹等。

简牍主要指竹简和木牍。在春秋战

图 20-2　商代后母戊鼎及铭文
（铭文图片来自《商周青铜器铭文选》第一册第 3 页）
中国历史博物馆藏，1938 年河南省安阳市殷墟武官村出土。

图 20-3　《侯马盟书》　　图 20-4　先秦《石鼓文》

国时期，简牍作为主要的书写载体，被广泛用于记录各种信息。出土的从春秋时期至汉代的简牍，为书法研究提供了大量的史料信息，也展示了"隶变"（由篆书向隶书演变）的过程。同时期还出现了帛书，即将文字写在丝织品上，如素（白绢）、缣、纱、罗、绫、绢等。帛书柔软轻便，幅面宽广，但因价格昂贵、不易修改，使用范围有限，功用与逐渐相类似。东汉时期，随着社会的逐渐稳定，生产力的发展，官员蔡伦改进造纸工艺，发明了质地细腻的"蔡侯纸"，使得纸张的质量大大提高，并逐渐成为文字书写的主要载体。随着书写材料的基本完善，社会的稳定，各书法家有更多的机会研究书法的笔法与艺术性，在研究中不断地发现自我、表达审美与人物情感。

（二）书法艺术独立审美的形成与演变

魏晋南北朝时期，书法的各书体经过前面数个朝代的更迭，已基本完备，形成了大篆（先秦）—小篆（秦汉）—隶书（秦汉）—章草（隶书的快写，如陆机《平复帖》）—楷书（汉魏）—行书（汉魏）的大致发展脉络。得益于造纸技术的改进，楷书、行书与草书（区别于章草，主要是行书与楷书的快写）书写速度较快，实用性大于篆隶，逐渐成为主流书体。各书法理论在这一时期层出不穷，研究书法为何而美，如何美等问题，对于笔势、运笔等技法方面了

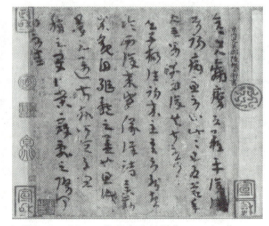

图 20-5　陆机　草书《平复帖》

深入研究。书家们在不断的书写过程中，发现自我，形成个体审美观念从而促使书法艺术独立审美逐渐形成。书家有意识将自身的情感状态表达在书写过程中，外化于作品本身。这在前面数个朝代中是没有的，故而魏晋南北朝时期被称为审美自觉的时代。

关于文字的起源，东汉许慎在《说文解字序》中，提到了"黄帝之史仓颉见鸟兽蹄远之迹，知分理之可相别异也，初造书契……仓颉之初作书，盖依类象形，故谓之文，其后形声相益，即谓之字。"后世基本认同并沿用了仓颉造字之说。至于书法之美，在目前可见较早的几篇书论当中，更多的是关于"天然"与"自然"之美的追求，这种审美追求，一方面是受到了道家"无为"与"自然"的哲学思想影响，另一方面则是书法艺术依托于文字象形，二者的产生基础本就是源于自然。故而在东汉至魏晋南北朝的这段时期内，一部分书法技法理论文章，如蔡邕《九势》卫恒《四体书势》卫夫人《笔阵图》等书论中，既有关于"自然"的注解，如"夫书肇于自然，自然既立，阴阳生焉"，也有对于各书体的描绘，如卫恒《四体书势·隶势》"或穹窿恢廓，或栉比鍼裂，或砥平绳直，或蜿蜒缪戾，或长邪角趣，或规旋矩折"，还有对各笔画形状特征的描绘"横如千里阵云，隐隐然其实有形。点如高峰坠石，磕磕然实如崩也。"这些理论证明了在书法审美起源之时，文艺自觉之时，人们对于自然的崇拜与敬畏之情促使书法理论向其靠近、模仿，以及道家的哲学思想共同影响的结果。

清代梁巘在其《评书帖》中结合董其昌等人的理论，对前朝书法审美的阐释做了提炼，将历代书法审美趣尚归结为："晋尚韵，唐尚法，宋尚意，元明尚态"，这个总结被今天的书法史所沿用。在本讲中，也沿用此说法，对书法的各时代风尚做一个简单阐述。

隋唐时期，受科举制选官原则的影响，众多楷书名家都出自这一时期，著名的"颜筋柳骨"，初唐四家"欧虞褚薛"等皆是以楷书作为参考书体，隋唐时期的书法艺术被后世理论家认为是崇尚法度的时期，楷书在这一时期经历了众多书家的各种尝试，字法、结构趋于稳定、严谨，楷书的端庄、有法度也更能代表一个朝代的繁荣气象。两宋时期，楷书的日益僵化已经无法使宋人在该领域有大的建树，从欧阳修等人开始，士官文人的自我意识逐渐觉醒，蔡襄、苏轼、黄庭坚（图六）、米芾为主的宋四家主张追求书法中"我意"与"意趣"的表达，而行草书更有助于其思想的表达与阐发，故而在宋以后，楷书基本是作为书家锤炼基本功的书体，行草书则广为文人书家所使用。这一时期文人审美意识的逐渐觉醒与自我情感表达深入人心。

元朝的书法艺术，受蒙古人的高压统治，汉族文人士大夫也无法在性格与书风上大肆张扬，宋人长期的尚意书风的影响，致使书法艺术逐渐背离经典与传统，以赵孟頫、鲜于枢、康里子山为主的一大批书家进行了反思与内

图 20-6　黄庭坚，行书《松风阁诗》

图 20-7　赵孟頫，《玄妙观重修三门记》

省，开始上溯晋唐，向二王等经典中平和慰藉、不激不厉的风格学习，回顾赵孟頫等人的书法，往往会被他作品中的优雅、平静之感吸引，而之所以造成这种原因，除了汉人在元人治下需要隐藏锋芒之外，其中也有赵氏对于魏晋时期天然飘逸，清谈放浪的自由气息的追思。

明清时期商品经济快速发展，这一时期中国书画史上，著名的吴门四家、扬州八怪等画家中有一部分是以售卖书画作品为生的专职书画家，这一时期王阳明的心学大行其道。经历了明初馆阁体的循规蹈矩之后，这些更注重个人情感抒发的书家大放异彩，书画用纸的制作技术也逐渐完善，书法作品由小而精的长卷式逐渐向大型的竖轴作品过渡，大字行草书开始出现。同时，随着名家访碑活动日渐增多，一些书家开始有意识地在书法作品中融入碑刻的意味。在清人的总结中，认为元、明书法尚态，元、明书法各有其"态"。元代的书法更多的是注重书法中字形的姿态，而明代的书法尚态，是书家本人对于书法的态度，如明代著名书家：王铎、祝允明、张瑞图、董其昌等人更多是在继承传统的基础上进行反思，放大自身对于书法的感受与态度。回看明代的书法艺术，会发现其很难以一种主流书体概括全部形象，正是因为这些书家每个人对于书法的感受力与表现都有所相异，故而在行书、草书、小楷方面都有所建树。清代书法是碑帖两派互相抢夺话语权的时代，这一时期随着金石考据学的兴起，许多书画家开始有意识地将碑刻的隶书、篆书通过临摹吸收转换成新的笔法与取法对象，篆、隶书空前繁荣，加上著名学者阮元、包世臣、康有为等人对北碑、南帖的分述与比较，碑派思想深入人心，这一时期的书法风貌更为多元丰富，取法对象开始由帖学转向碑刻，书写中更加注重线条的质感与力量。赵之谦、吴昌硕、康有为等人是这一时期的典型代表。

一个时代的书法发展与取法是多元的，一个字或风格并不能全部概括那个时代，历史大浪淘沙，史学家在总结时代风貌的时候，需要有所取舍，将更有代表性的书家与书风提炼出来，以示后学。而在学习历史、体会古人智慧与审美的过程中，除了主动掌握大体书法史框架，同样不能忽视其他支线，书家不断在书写过程中发现自我，进行反思，将自

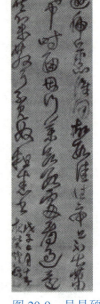

图 20-8　王铎行草书　　图 20-9　吴昌硕篆书《五言联》

己的审美理念贯彻下去。蕴含情感的作品，正是书法艺术的魅力所在。

二、书法作品中的情感抒发与魅力

书法家是书法艺术创作的主体。古代社会的书法艺术多属于精英艺术，这些精英人士不仅掌握了财富、权利，还掌握了艺术、历史的话语权。这些塑造、推崇审美观与书法艺术的精英，往往成为引领时代潮流，推动书法艺术发展的关键人物，对书法史产生了深远的影响。

下面以天下第一行书、天下第二行书两个具体例子，体会书法在书法家自我发现与情感表达方面的作用。

（一）二王父子与天下第一行书《兰亭序》

王羲之与王献之是东晋时期的著名书法家，二人在当时担任朝中要官，其家族在魏晋时期声名显赫，整个家族中多人擅长书法，以书名世。二者之所以能够对中国书法产生持续且深远的影响，最主要的原因在于他们二人改变古体的字形与姿态。

王羲之（303-361），字逸少，官至右军将军，会稽内史，世称"王右军"。书承家学，少学卫夫人，后师叔父王廙，博采众长。他在汉代张芝、魏国钟繇的基础上，将草书笔势进行拓展，突破了以单字为造型单位的古法，形成了大于单字结构的"字群结构"，这是区别汉魏旧体草书的关键标志。其行书逐渐摆脱了隶书韵味，开始以楷书的结体书写行书，并在行书中加入个别草字，使整体面貌变化更加丰富。其《兰亭序》被称为"天下第一行书"的主要原因，一方面，这是第一件带有新体意味的大型长卷行书，时间上比较早，另一方面，这件作品作于农历三月三日雅集之时，王羲之酒后挥就，全篇用笔细腻，具有强烈的变化性与随机性，文中流露出欢聚的愉悦。然而，在欢乐的表象之下，也有对时光易逝、人生短暂的感慨。文中对兰亭周围自然景色的描绘，展现了其对大自然的热爱和敬畏。他笔下的山水、草木、气流、鸟鸣，充满了生机和活力。王羲之在唐代李世民的推崇下奠定了其"书圣"的超凡地位，直至成为帖派书法的正统。

书法史上围绕"天下第一行书"发生了很多故事，关于兰亭雅集这个事件以及《兰亭序》是否真实发生并被王羲之现场写出的话题，从宋代起就有学者不断质疑，于清代和新中国成立后愈演愈烈，曾经引发过三次国内大论辩，尽管至今也无法定论真伪，但《兰亭序》本身已经成为浓烈的文化符号，中国书法发展根基的一部分，其艺术价值、文学价值以及千年来围绕"兰亭"所产生的文化价值已经向世人证明了其重要性。历史的神秘面纱只能随着科技与考古的进步缓慢揭开，但历史的厚重与文化的传承无法被真伪之辩中断或全盘颠覆，需要在小心求证的过程中，用心感受中国书法文化的魅力，并不断在传承中为其增添更多的时代色彩。

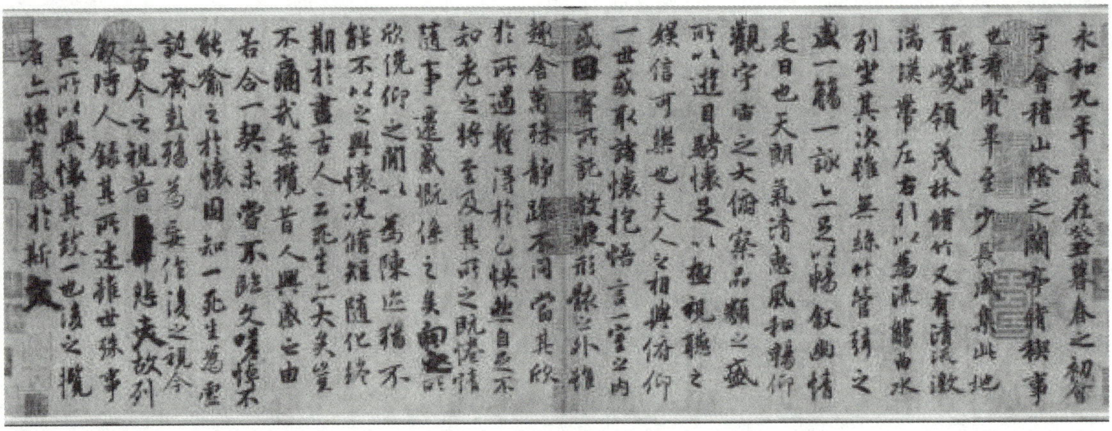

图 20-10　《兰亭序》局部

原文如下：

永和九年，岁在癸丑，暮春之初，会于会稽山阴之兰亭，修禊事也。群贤毕至，少长咸集。此地有崇山峻岭，茂林修竹；又有清流激湍，映带左右，引以为流觞曲水，列坐其次。虽无丝竹管弦之盛，一觞一咏，亦足以畅叙幽情。

是日也，天朗气清，惠风和畅。仰观宇宙之大，俯察品类之盛，所以游目骋怀，足以极视听之娱，信可乐也。

夫人之相与，俯仰一世，或取诸怀抱，悟言一室之内；或因寄所托，放浪形骸之外。虽趣舍万殊，静躁不同，当其欣于所遇，暂得于己，快然自足，不知老之将至。及其所之既倦，情随事迁，感慨系之矣。向之所欣，俯仰之间，已为陈迹，犹不能不以之兴怀。况修短随化，终期于尽。古人云："死生亦大矣。"岂不痛哉！

每览昔人兴感之由，若合一契，未尝不临文嗟悼，不能喻之于怀。固知一死生为虚诞，齐彭殇为妄作。后之视今，亦犹今之视昔。悲夫！故列叙时人，录其所述，虽世殊事异，所以兴怀，其致一也。后之览者，亦将有感于斯文。

王献之（344-386），字子敬，累迁中书令，世称大令，王羲之的第七子。其书法源自家学，并在王羲之的基础上将行草书笔势连绵更进一步，其书法被后世书论家们称为"破体"，王献之之所以有这种创新及变化，是由于他曾对其父亲建议改体："古之章草，未能宏逸。今穷伪略之理，极草纵之致，不若稿行之间，于往法固殊，大人宜改体。"此时王羲之年岁已高，改体的建议只能由王献之自己践行。

王献之《十二月贴》《鸭头丸贴》《中秋帖》等行草书展示了其书法是如何行"草纵"之势的，相比于其父和前人，王献之的行草书更加新妍，展现了书法的线条与笔势之美，气息连绵的大字行草书当始于此人。《鸭头丸帖》字数不多，鸭头丸作为一种中药丸，在魏晋时期被视为养生佳品，具有利尿消肿的功效。帖文"鸭头丸，故不佳。明当必集，当

与君相见"表达了王献之对鸭头丸药效的个人看法以及
与友人相聚的期待，体现了王献之与友人之间的深厚情
谊和对交流的重视。

二王父子各自在前人的基础上创新，改变了旧体面
貌，二人在新体上各有建树，王羲之的行书变化多姿，
王献之的行草气息绵长，唐人张怀瓘曾评价二人道："逸
少秉真行之要，子敬执行草之权。"该评价一语中的，
唐太宗李世民曾评价王羲之书法"尽善尽美"，今体书
法经过王羲之的改造，王献之的推进，书法的笔意、体
势、结构、章法变化更为丰富多样，更加适合书家进行
抒情达意、"以形写神"的表达，是魏晋风度的典型代表，

图20-11　王献之　《鸭头丸帖》

后世的书法家们从二人这里源源不断地汲取所需要的元素，可以从他们的成就与经历中感
受到二人在书写过程中的反思与情感表达，尤其是他们勇于在继承前人的基础上开拓创新，
引领时代值得我们学习。

（二）颜真卿与天下第二行书《祭侄文稿》

颜真卿（709-785）是唐代的著名书法家，与二王父子同样祖籍出自山东琅琊（今山
东省临沂市），官至太子太师，世称"颜鲁公"。其颜氏家族是自魏晋时期成为世家望族，
历经数朝而未衰。颜氏时代以儒学思想治家，家族书学历来注重篆籀、隶书功底，故而颜
真卿的楷书在初唐欧阳询、褚遂良等人瘦硬清健的基础上承续家学，进行拓展，使变得更
加雄强大气，如《颜勤礼碑》《麻姑仙坛记》等楷书作品，用笔丰腴宽博，有篆隶的韵味，
更能代表盛唐的气象。这一楷书面貌对后世同样产生了深远的影响，中晚唐以至于清代民
国时期，都一直有颜体书法追随者，这一书体结字端庄大气，很适合用作榜书、牌匾以及
广告等用途。

除了大众熟知的颜体楷书，颜真卿为官清正廉明，尽职忠勤，其行书《祭侄文稿》，

图20-12　颜真卿　《颜勤礼碑》

是为祭其侄颜季明而作，在安史之乱年间，颜杲
卿与颜真卿兄弟二人分别在河北、山东分别奋力
抵抗，颜季明是颜杲卿的第三子，在反抗叛乱中
联络平原、常山，起到了很大的作用，叛军攻陷
常山，颜杲卿被俘后遭凌迟，颜季明则死于战乱，
被砍掉头颅。叛乱平定后，颜真卿寻找战死的亲
人尸骨进行安葬，仅寻得其侄的头颅，在这种哀
思沉痛，悲愤交织的情况下，写出了千古名作——
《祭侄文稿》。作品本是祭文，无意进行艺术创作，

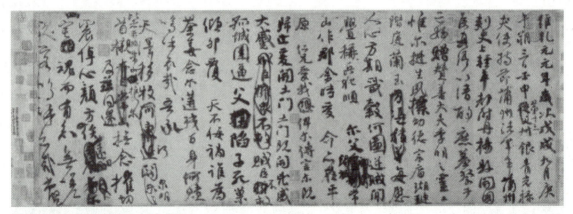

图20-13 颜真卿 《祭侄文稿》

行文途中有多次的涂抹、删改，但颜真卿深谙笔画与结构，节奏随着情感的变化产生浮动，观者似乎可以在观赏的过程中跟随着节奏的快慢，感受到颜真卿各种复杂的情感。一幅艺术作品，摒除掉刻意为之的设计之后，利用熟练的技法进行情感的专注表达，无论是作品背后的故事，还是作品本身的艺术性，都是充满了随机性与独特性，无愧于天下第二行书的名号。

原文如下：

维乾元元年，岁次戊戌九月，庚午朔，三日壬申。第十三（从父涂去），叔银青光禄（大）夫使持节蒲州诸军事，蒲州刺史，上轻车都尉，丹阳县开国侯真卿。以清酌庶羞。祭于亡侄，赠赞善大夫，季明之灵。曰：惟尔挺生，夙标幼德，宗庙瑚琏，阶庭兰玉。（方凭积善涂去）。每慰人心，方期戬穀。何图逆贼间衅（衅），称兵犯顺。尔父竭诚。（□制涂去改被胁再涂去）。常山作郡，余时受命，亦在平原。仁兄爱我，（恐涂去）俾尔传言。尔既归止，爰开土门，土门既开，凶威大蹙（贼臣拥众不救涂去），贼臣不（拥涂去）救，孤城围逼，父（擒涂去）陷子死，巢倾卵覆，天不悔祸。谁为荼毒，念尔遘残，百身何赎，呜乎哀哉！吾承天泽，移牧河关（河东近涂去）。泉明（尔之涂去）比者，再陷常山，（提涂去）携尔首榇，及兹同还。（亦自常山涂去）。抚念摧切，震悼心颜，方俟远日（涂去二字不可辨）。卜（再涂去一字不可辨）尔幽宅，（抚涂去）魂而有知，无嗟久客，呜呼哀哉，尚飨。

除此之外，颜真卿还有一件行书作品《争座位帖》，这幅作品写于764年，正值郭子仪父子成功击退由仆固怀恩勾结的吐蕃与回纥发动的入侵，凯旋归来之际。唐代宗与朝中文武百官在长安城隆重迎接，然而，尚书右仆射郭英乂在安排百官座位时，为取悦宦官鱼朝恩，竟将其座位不合规矩地排在尚书之前，此举引起了颜真卿的强烈不满。为维护朝廷纲纪，面对此不正之风，颜真卿敢于直谏郭英乂，其忠义之气概，跃然纸上。这件作品书写于特定的历史场景与情绪之中，起笔大多藏锋，收笔处几乎笔笔回锋，运笔自然，点画拙朴、厚重，用笔上融入篆籀笔意，线条圆转雄健，整幅作品看上去气魄充足，饱满浓密。宋代书法家米芾评价道："字字意相联属飞动，诡形异状，得于意外，世之颜行书第一书也。"颜真卿的两件行书作品让人感受到情感在艺术创作中的重要性，以及情感是如何融入艺术创作的。

图 20-14　颜真卿　《争座位帖》局部

　　颜氏书法在宋代的影响力堪称巨大，被誉为书法史上继王羲之、王献之之后的第二座高峰。这一崇高的地位不仅仅源于颜真卿书法艺术的雄秀独出，更在于他那忠义正气的人格魅力，这也是他广受后世肯定的主要原因之一。宋人对其书法推崇备至，曾广泛搜集其各种刻帖，集成《忠义堂帖》，欧阳修、苏轼、米芾等书法大家也都曾师法颜真卿，足见其影响之深远。

　　颜真卿在书法艺术上的成就不仅体现在楷书上，他以篆籀笔意写楷书和行草书，这在书法史上是一次全新的尝试。颜真卿书法的情感表达，除了他继承家学篆籀传统的独特性之外，更重要的是他能够面对时代和生命中的沉痛瞬间、愤怒场景作出深刻的应对。他将文字与书法作为情感宣泄的出口，借助笔墨抒发内心的悲愤和忠诚，这种将个人情感与书法艺术紧密结合的创作方式，为后人提供了心理疗愈的可能。颜真卿的书法是当代人学习、借鉴和疗愈心灵的重要资源。

三、从笔墨到心性：书法与文化修养的互动

（一）书法对心性的修养作用

　　书法理论与审美观念深受文人的哲学思想影响。从汉代开始，儒家的经世致用、道家的顺应自然、禅宗的空明简淡以及王阳明心学等哲学思想，都在书法理论中有所体现。这些哲学思想为书法艺术提供了深厚的理论支撑，也使得书法艺术在发展过程中，不断融入了中华传统文化的精髓，书法家们在生活、哲学与艺术之间的循环互动中找到了他们得以展现修养与提升修养的方式。

　　如儒家的经世致用理念在书法理论中有着显著的体现。这一理念强调实用性和社会责任感，书法家们不仅将书法视为一种修身养性、表达情感的艺术形式，还十分注重书法作品的实用性和社会价值。赵壹的《非草书》便是站在儒家的经典立场上进行反思，对当时社会上过度追求草书艺术而忽视其实用性的现象进行了批评。明代项穆的书论著作《书法雅言》也是以儒家的中和思想作为其书法审美的关键所在。道家的顺应自然哲学对书法产生了深远的影响，道家强调"道法自然"，认为万物都应顺应自然规律而行，在书法中，这种思想体现为追求自然流畅、不刻意雕琢的书写风格，强调书法的随意性和即兴性。魏

晋时期的书法家们崇尚自然的审美观，明显是受到了老庄思想的影响，宋人"尚意"书风的形成也有道家哲学的影子。禅宗的空明简淡境界对书法艺术的审美观念也产生了重要影响。禅宗追求心灵的纯净和超脱，这种思想在书法中表现为追求简约、空灵的艺术风格。晚明的董其昌便是这一风格的代表，他的书法行距一般都比较宽，刻意营造了一种空灵简淡的氛围。而近代的弘一法师，对比其出家前的书法，出家后的作品禅意十足，尽管不以空灵取胜，但是别有一番宁静清雅的韵味，在质朴中仿佛可见佛家的空明之感。

此外，王阳明的心学也对书法产生了重要的影响。心学强调"心即理"，认为人的内心是认识世界的根源。在书法中，这体现为书法家通过书法创作来表达自己的内心世界和情感状态，追求"心手相应"的境界。书法家们在创作过程中，往往将自己的情感、对生命与自我的内省都融入到笔墨之中，使书法作品成为他们内心世界的真实写照。一位文人、书法家一生可能会接触多种不同的哲学思想，其审美观念也不是固定不变的，有时候一个时代审美风尚的形成，除了杰出人物的引领，各哲学思想都在其中有所参与，我们无法完全将某一哲学思想归结成是某一审美观念形成的原因，要在了解作品、书家本身的经历、书法所处的时代之后，才能够更好体会艺术作品的气息与魅力。中国哲学与文化的魅力就在于其并不是完全互相敌对的一种状态，而是古人用智慧，将哲学巧妙融入在自己的生活中，按需取用。这也是书法学习者向书法家学习的地方，将一切可用的思想与知识都内化成自我成长与生存的动力，是老祖宗教给我们的生存哲学。

书法需要长期的练习和坚持，这是书法家能够有所建树的必经阶段。王羲之曾对自己的书法水平有着很深的自信，张芝、钟繇是当时地位崇高的古代书法家，王羲之评价二人道："吾书比之钟、张，当抗行，或谓过之，张草尤当雁行。然张精熟，池书尽墨，假令寡人耽之若此，未必谢之"。可见自负如他，也认为张芝在书法方面下的工夫是他所不及的，王羲之曾经也在王献之七、八学书时，从其身后夺笔不成，便感叹道："此儿书，后当有大名"。可见书法需要长久为功，"工夫"与"精熟"也是古今书法审美与品评的一项重要指标，想要随心借由书法发挥性情，创作佳作，必须有精湛熟练的技法作为支撑。学书者不仅是在学习技法，打磨基础，同时也是在借助学习照见古人，体悟古人的精神与思想。

生活中的一些事情也往往成为书法家艺术创作与技法提升的灵感源泉。唐朝著名草书家张旭，相传他见公主与担夫争道，又闻鼓吹而得笔法之意，在河南观看公孙大娘舞剑而悟得草书之神。同时期的狂草书家怀素曾"观夏云多奇峰"悟得草书意境，宋代诗人与书法家黄庭坚曾说"元祐间书，笔意痴顿，用笔多不到，晚入峡见常年荡桨，乃悟笔法。"⑫书法家们在学书过程中遇到困难与疑惑的时候，往往会从生活中寻找灵感与解决方法，寻找答案的过程，既是对其心性磨练，又在自然与生活中净化了心灵。

优美的字体和篇章结构能够带来愉悦和满足感，使书法家在创作过程中获得精神上的享受。书法创作过程也是书法家自我反思和心性修养的过程。在书写过程中，书法家需要不断审视自己的内心世界，调整心态，调节好情绪，以达到最佳的创作状态。这种自我反思有助于书法家更好地认识自己、提升自己。

（二）笔墨与文化：书法作品中的心性探索

书法不仅仅是汉字书写的墨迹输出，更是书写者内心的外化表达。外在的是手上的功夫，即技巧；心性一方面指本性；另一方面，也指心理现象或心理活动的本体，能够生发并主导所有心理活动。

从艺术层面审视，书法以其独特的审美价值和表现力，为其他艺术门类提供了丰富的滋养与拓展空间。尤其在国画领域，书法作为题跋或落款的应用历史悠久，从宋朝时期仅有穷款，到元代开始有印章的结合，到清代时中国绘画完成了诗书画印的有机结合，有艺术家认为，这种艺术形式代表了中国艺术的最高境界。书法在记录乐谱、词曲以及瓷器装饰等方面的应用，同样展现了其跨领域的艺术渗透力与文化影响力，它以文字为基础，广泛参与并深刻影响了中国社会文化的各个方面，堪称中国文化的缩影。这些画作的落款与题跋，承载着作品创作的时间、作者等基本信息，还往往蕴含了作者的创作心得、自我反思、情感抒发乃至诗词创作，为后世提供了宝贵的第一手资料。尤其在古代书画作品的流传过程中，历经收藏家与鉴赏家的品鉴与收藏，留下的题跋、藏印等信息，成为了近现代书画鉴藏家辨别真伪、追溯作品源流的重要依据，同时也是史学研究者、书法史学者不可或缺的图像与文献资源。这些综合性的要素，加之书法艺术本身跨越数千年的发展历程，不仅见证了时代审美风尚的变迁，还深刻融合了传统哲学的精髓与各艺术门类的精髓，正是基于这样的文化背景与深远意义，熊秉明先生才会作出"书法是中国文化核心的核心"这一深刻论断。

在赵孟頫的《秀石疏林图》中，他自题了一首七言绝句："石如飞白木如籀，写竹还应八法通。若也有人能会此，须知书画本来同。"通过诗词的创作和题跋的书写，赵孟頫实现了自我反思和心性修养的提升，即借助文字梳理自己的思想情感，加深对艺术、生命等的理解。"石如飞白"：指的是他用飞白书的笔法画石头，笔画中丝丝露白，"籀"指的是篆书，这里指他用篆书的笔法来画树木，强调中锋用笔的力度和韧性。"八法"指的是书法中的永字八法，即点、横、竖、撇、捺、提、折、钩八种基本笔画。赵孟頫认为画

图 20-15　赵孟頫　《秀石疏林图》

竹也应该遵循这些书法的基本法则，以达到形神兼备的效果。除了赵孟頫本人的题跋外，《秀石疏林图》还附有柯九思、尾素、王行等多人的题跋。这些题跋表达了对作品的赞赏和感慨，也提供了作品流传过程中的重要信息。这一时期是赵孟頫艺术创作的高峰期，也是他"以书入画"理念形成和发展的重要阶段。作品透露出他对书画艺术的深刻理解，体现了他对艺术风格的探索和尝试。这种探索过程本身就是自我发现的过程。

书法不仅是汉字书写的艺术表现，更是书写者心性的外化表达。汉代赵壹在《非草书》中所言："凡人各殊气血，异筋骨；心有疏密，手有巧拙；书之好丑，在心与手，可强为哉？"书法通过笔墨的运用，将书法家的心性、情感、气质等内在特质外化为具体的艺术作品，使观者能够从中感受到书法家的内心世界。同时，书法实践也是心性修养的过程，它要求书法家具备专注力、耐心和审美能力，通过长期的练习和创作，不断提升自我和心性修养的水平。这种互动关系促进了书法艺术的发展，深刻影响了中国文化和社会生活的各个方面。

可以说，书法一直在中国传统文化与传统哲学的影响下不断发展，它深植于中华大地的土壤，成为中华文化的重要组成部分。我们从著名的书法作品中，既可以感受到那个时代的精神风貌，也可以从书法家的笔触中，感受到他们的人格魅力和精神追求。书法艺术与书法理论，无疑是中国文化与哲学的生动烙印。它们以独特的艺术形式，展现了中华文化的博大精深和哲学思想的深邃内涵。每一幅书法作品，都是书法家对于世界、人生、自然的独特感悟和表达，都是中华文化与哲学思想的生动体现。因此，我们研究书法艺术，除了是在欣赏其美的形态，更是在深入探寻中华文化与哲学的深厚底蕴。

中国书法艺术，源远流长，博大精深，其历史之悠久，影响之深远，堪称世界文化之瑰宝。二王父子（王羲之、王献之）与颜真卿，作为书法史上的璀璨明星，他们的作品无疑是书法艺术的高峰，但绝非全部。这三位大师，更像是引领我们踏入书法艺术殿堂的钥匙，开启了一扇通往无尽美学探索的大门。唐代，除了二王的传承者，还有张旭与怀素，他们以狂草闻名，书风豪放不羁，充满浪漫主义色彩，为书法艺术注入了新的活力。及至宋代，苏轼、黄庭坚、米芾三人崛起，他们的书法各具特色，不仅技艺高超，更蕴含深厚的个人情感与哲学思考，展现了书法艺术的个性化发展。元代赵孟頫，一心复古，追求魏晋风骨，其书法既有古韵又不失创新，为后世所敬仰。明代，徐渭以其独特的艺术风格和坎坷的人生经历，为书法艺术增添了一抹悲壮的色彩，被誉为"中国

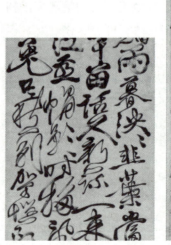

图 20-16　徐渭　《草书七律诗轴》局部

的梵高"；而董其昌的书法则充满了禅意与空灵，给人以超脱世俗之感。清代，书法艺术更是全面开花，众多艺术家在继承前人的基础上，不断创新，形成了各自独特的艺术风貌。他们的作品，无论是技法还是情感表达，都展现了书法艺术的无限魅力。当你手握这把通往书法艺术世界的钥匙，定会被其中蕴含的深厚文化底蕴和生命美学所吸引，不断深入探索，为这一优秀传统文化的博大精深所折服。每一次的品味与欣赏，都是一次心灵的洗礼，让人在笔墨之间，感受到生命与文化的共鸣。

体验活动

1. 根据本文中所介绍的书法家以及书法作品，找到自己喜欢的一种，尝试临摹。

2. 根据自己所喜欢的书体和风格，创作一幅书法作品，内容要求自作诗文或自己深有体会的网络文案，字数自定。

思考

1. 经过本讲的学习，你是否认同书法是中国文化核心的核心？为什么？

2. 你认为一个好的书法家应当具备什么样的品质？

3. 你认为书法艺术可以在生活中带给你怎样的力量？

［1］马特 . 论美国 "荒野" 概念的嬗变与后现代建构 [J]. 文史哲 , 2018(3): 120-129.

［2］叶朗 . 美学原理 [M]. 北京 : 北京大学出版社 , 2009.

［3］柯进华 . 荒野与人性 : 爱德华·O·威尔逊的荒野观研究 [J]. 自然辩证法研究 , 2019, 35(7): 34-40.

［4］吉永华，P. Mansuelle、徐科，等 . 东亚钳蝎昆虫毒素 BmK IT 的初级结构研究 [J]. 中国科学 (B 辑), 1993(1): 46-52.

［5］童青春 , 吉永华 . 一类新型的抗菌活性肽——生物防御素 (Defensin)[J]. 生命科学 ,1999,(3):117-120.

［6］陈宜瑜 . 生物学大辞典 [M]. 北京 : 科学出版社 , 2017.

［7］陈冰 , 吉永华 . 短肽蝎毒素的结构分类与功能特征 [J]. 生物化学与生物物理进展 , 2001, 28(1): 44-48.

［8］左小潘 . 两种新型钠通道的分子克隆与比较药理学研究 [D]. 北京 : 中国科学院研究生院 , 2005.

［9］吉永华，徐科，寺川进 . 东亚钳蝎毒中一个软瘫型抗昆虫神经毒素 (BmK IT2) 的初级结构研究 [J]. 科学通报 , 1994, 39(3): 269-272.

［10］马特 . 论美国 "荒野" 概念的嬗变与后现代建构 [J]. 文史哲 , 2018(3): 120-129.

［11］吉永华，服部，宏之，等 . 东亚钳蝎 4 个软瘫型抗昆虫神经毒素的纯化及其分子特征 [J]. 中国科学 (B 辑), 1993(9): 923-930.

［12］温学诗 . 仙女座大星云 [J]. 太空探索 , 2005(8): 40-42.

［13］骆团结，李慧，赵小平 . 大地之美 : 千姿百态的地貌 [M]. 北京 : 北京出版社 , 2012.

［14］周斌，杨庆光，梁斌 . 工程地质学 [M]. 北京 : 中国建材工业出版社 , 2019.

［15］于文书 . 画说动物精神 [M]. 上海 : 上海百家出版社 , 2009.

［16］蒋志刚 . 聚焦动物迁徙奇观 [J]. 知识就是力量 , 2018(8): 16-19.

［17］陈见星 . 塞伦盖蒂 非洲草原史诗般的大迁徙 [J]. 森林与人类 , 2014(5): 154-161.

［18］江泓 . 海陆空迁徙之最 [J]. 知识就是力量 , 2014(3): 36-41.

［19］毛颖 . 迁徙之王 : 北极燕鸥 [J]. 科学 FANS, 2018(10): 6-7.

［20］李建立 . 蛇岛蝮蛇的选择与适应 [J]. 沈阳师范大学学报 (自然科学版), 2004, 22(1): 57-60.

［21］李建立 . 蛇岛知多少 [J]. 大自然探索 , 2006(10): 45-49.

［22］牛宏宝 . 现代西方美学史 [M]. 北京 : 北京大学出版社 , 2014.

［23］张世英 . 哲学导论 [M]. 3 版 . 北京 : 北京大学出版社 , 2016.

［24］邱正伦 . 艺术美学教程 [M]. 重庆 : 西南师范大学出版社 , 2002.

［25］王一川 . 美学与美育 [M]. 2 版 . 北京 : 中央广播电视大学出版社 , 2008.

［26］朱良志 . 中国美学十五讲 [M]. 北京：北京大学出版社 , 2006.

［27］王受之 . 世界平面设计史 [M]. 北京：中国青年出版社 , 2002.

［28］杨悦 . 装饰绘画 [M]. 北京：中国水利水电出版社 , 2011.

［29］高中羽 . 设计解决 [M]. 重庆：重庆大学出版社 , 2010.

［30］李学英 , 舒彤 . 中国传统图案赏析 [M]. 石家庄：河北美术出版社 , 1992.

［31］陈怀恩 . 图像学：视觉艺术的意义与解释 [M]. 石家庄：河北美术出版社 , 2011.

［32］孙玉祥 . 周易象意 [M]. 2 版 . 沈阳：辽宁人民出版社 , 2017.

［33］朱光潜 . 西方美学史 [M]. 2 版 . 北京：人民文学出版社 , 1979.

［34］陈军 , 李震 , 吕云飞 , 等 . 疼痛共情：一个新的生物 - 社会心理 - 行为学实验动物模型 [J]. 生理学报 , 2015, 67(6): 561-570.

［35］韩济生 . 神经科学 [M]. 4 版 . 北京：北京大学医学出版社 , 2022.

［36］PIGMAN, GW. Freud and the history of empathy[J]. The International Journal of Psycho-Analysis, 1995, 76 (Pt 2): 237-256.

［37］鲁迅 . 且介亭杂文末编 [M]. 北京：人民文学出版社 ,1951.

［38］李泽厚 . 美学三书 [M]. 合肥：安徽文艺出版社 , 1999.

［39］恩格斯 . 自然辩证法 [M]. 于光远 , 译 . 北京：人民出版社 ,1984.

［40］黑格尔 . 美学 [M]. 朱光潜 , 译 . 北京：商务印书馆 ,2010.

［41］阿诺德·伯林特 . 生活在景观中 [M]. 陈盼 , 译 . 长沙：湖南科学技术出版社 ,2006.

［42］杨振宁 , 张美曼 . 美和理论物理学 [J]. 自然辩证法通讯 ,1988(1):1-7.

［43］刘仲林 . 论科学美的本质 [J]. 天津社会科学 , 1984(1): 55-60.

［44］吴全德 . 对称、反对称、对称破缺 [J]. 科技文萃 , 2005(9): 100-108.

［45］BALL P. Neuroaesthetics is killing your soul[J]. Nature, 2013.

［46］VARTANIAN O, GOEL V. Neuroanatomical correlates of aesthetic preference for paintings[J]. Neuroreport, 2004, 15(5): 893-897.

［47］康德 . 判断力批判 [M]. 邓晓芒 , 译 . 北京：人民出版社 ,2010.

［48］海德格尔 . 对亚里士多德的现象学解释：现象学研究导论 [M]. 赵卫国 , 译 . 北京：华夏出版社 ,2012.

［49］亚里士多德 . 形而上学 [M]. 吴寿彭 , 译 . 北京：商务印书馆 ,1997.

［50］周春生 . 悲剧精神与欧洲思想文化史论 [M]. 上海：上海人民出版社 , 1999.

［51］葛宗辉 . 中国戏曲舞台的“有我之境”与“无我之境”[J]. 艺术教育 , 2019(8): 107-109.

［52］徐科 , 吉永华 , 屈贤铭 . 穴居狼蛛毒中一个抗菌活性多肽的鉴定和纯化 [J]. 动物学报 , 1989(3): 300-305.

［53］冯友兰 . 活出人生的意义 [M]. 北京：中国友谊出版公司 , 2017.

［54］徐科 , 吉永华 , 屈贤铭 . 穴居狼蛛毒中一个抗菌活性多肽的鉴定和纯化 [J]. 动物学报 , 1989(3): 300-305.

［55］吉永华, 徐科. 穴居狼蛛毒中抗菌活性物质的耐热及缔合性质 [J]. 动物学报, 1991(3): 258-262.

［56］中共中央文献研究室. 邓颖超文集 [M]. 北京：人民出版社, 1996.

［57］江泽民. 江泽民文选 - 第一卷 [M]. 北京：人民出版社, 2006.

［58］张永红, 王少光. 习近平"生命共同体"理念蕴含的主客之辨、道器之合 [J]. 思想理论教育, 2020(5): 36-41.

［59］上海书画出版社华东师范大学古籍整理研究室. 历代书法论文选 [M]. 上海：上海书画出版社, 1979.

［60］朱关田. 中国书法史 - 隋唐五代卷 [M]. 南京：江苏教育出版社, 1999: 157-170.

［61］上海书画出版社华东师范大学古籍整理研究室. 历代书法论文选 [M]. 上海：上海书画出版社, 1979: 54.